AF393216

Heinz Behrends (Hg.)

Predigen und staunen

Predigten von Hans Werner Dannowski

Mit einem Vorwort von Ralf Meister

Vandenhoeck & Ruprecht

Bibliografische Information der Deutschen Nationalbibliothek:
Die Deutsche Nationalbibliothek verzeichnet diese Publikation in der
Deutschen Nationalbibliografie; detaillierte bibliografische Daten sind
im Internet über https://dnb.de abrufbar.

Umschlagabbildung: © Avgustus – Adobe Stock
Umschlagabbildung hinten: © Christoph Dannowski

Satz: SchwabScantechnik, Göttingen
Druck und Bindung: CPI buchbücher.de, Birkach
Printed in the EU

Vandenhoeck & Ruprecht Verlage | www.vandenhoeck-ruprecht-verlage.com

ISBN 978-3-525-55288-9

Inhalt

Vorwort

Eine der großen Gaben von Hans Werner Dannowski war seine Sprache. Seine Predigten waren keine Belehrungen, sondern geistlich anspruchsvolle Erkundungen. Erkundungen, die sich – auf der Suche nach Gott – dieser Welt auslieferten und eine anspruchsvolle Sprache fanden. Diese Leidenschaft für das Wort ist sein Markenzeichen geblieben. Er war nicht das, was man einen »wortgewaltigen« Prediger nennt. Gewalt war ihm fern, und er näherte sich feinsinnig seinen Predigtgedanken. Hans Werner Dannowski hat damit in unserer Kirche eine Predigtkultur geprägt, die bis heute Maßstab geblieben ist. Die Leidenschaft des Redners war ihm immer Anreiz und Pflicht zugleich. Oft harte Pflicht. Wenn er Schweres leicht machte und uns Fernes nah brachte, dann hatte er dafür lange in Gedanken und im Wort gearbeitet. Auch in seinem Zweifel und seiner leidenschaftlichen Suche, in Christi Verheißung zu leben, hat er mit einem aufgeklärten Gestus Menschen neugierig gemacht auf ein undogmatisches Christentum und dabei fröhlich viele Grenzen übersprungen. Für den Glauben an die Auferstehung brauchte Hans Werner Dannowski das, womit er anderen so nahekam: Poesie. Hans Werner Dannowski schrieb einmal: »Die Auferstehung kommt nicht aus der Überzeugungskraft der Vernunft, sondern aus der Klarheit und Würde der Poesie. Es bleibt das Entscheidende, dass Menschen vom Sog der neuen Welt in der Auferstehung Christi erfasst werden und in den Lobgesang einer neuen Welt einstimmen.«[1] Poesie war für ihn nicht nur Sprache. Sie war für ihn ein Geschmack für die Ewigkeit.

---

1 Hans Werner Dannowski (2012): Der Himmel lacht. Bachs Kantaten im Rhythmus des Jahres. Hannover: LVH, S. 52.

Predigen und staunen. Aus einer guten Predigt geht man mit Staunen. Wenn Platon seinen Sokrates sagen lässt, das Staunen sei der Anfang der Philosophie, so gilt es umso mehr für Theologie. Das erstaunte Innehalten vor etwas Unglaublichem ist eine geistliche Grunderfahrung, die im theologischen Nachdenken ihre Erhellung findet. Hans Werner Dannowski hat uns ins staunende Nachdenken gebracht, weil er uns Christus so offenbart hat, dass wir aus dem Staunen nicht mehr herauskamen.

Heinz Behrends hat 44 Predigten und 3 Rundfunkandachten von Hans Werner Dannowski zusammengestellt. Überraschendes zu den Festtagsperikopen, Gedanken zur menschlichen Existenz, brillante Erzählungen und die letzten Predigten von Hans Werner Dannowski. Wir danken Hans Werner Dannowski für Predigten mit langer Wirkungsgeschichte und Heinz Behrends mit Worten von Bert Brecht:

> Aber rühmen wir nicht nur den Weisen
> dessen Name auf dem Buche prangt!
> Denn man muss dem Weisen seine Weisheit erst entreißen.
> Darum sei der Zöllner auch bedankt:
> Er hat sie ihm abverlangt.

Ralf Meister, Landesbischof der Evangelisch-lutherischen Landeskirche Hannovers

Predigen und staunen

Zu den Predigten

Hans Werner Dannowski ist einer der Pioniere der neuen Homiletik nach der Dialektischen Theologie. Aus einer dogmatisch richtigen Wortgewalt wird eine differenzierte Wahrnehmung der Lebenswirklichkeit der Hörerinnen und Hörer. Sie sind Hörer unter den Gesetzmäßigkeiten der Kommunikation. Textbezogen und hörerorientiert wird die Predigt. Dem geht eine lange geistesgeschichtliche Entwicklung voraus. Seit Aristoteles konzentriert sich das Erkennen und seine sprachliche Vermittlung auf die Inhaltsebene. Von einer Wirklichkeit (Subjekt) wird eine andere Wirklichkeit (Objekt) ausgesagt. »Der Baum ist grün.« Die Theologie im Mittelalter verästelt sich auf diesem Hintergrund immer mehr, Aussagen über Gott zu machen. Die Philosophie Kants macht auf den subjektiven Anteil am Erkenntnisprozess aufmerksam. Die Erkenntnistheorie der Naturwissenschaften versucht, den subjektiven Anteil auszuschalten. Wittgenstein stellt in seiner Philosophie der idealen Sprache jede religiöse Sprache infrage, da sie nicht an der Realität überprüft werden könne. Theologie erschöpfe sich in Tautologien im Sinne von »Das Pferd ist ein Gaul«. (»Gott ist Liebe«, »Christus ist der Sohn Gottes«.) Die Redeform diene zur Stabilisierung labiler Menschen. Wittgensteins Theorie gerät in eine Krise. Was kann man dann noch aussagen? »Worüber man keine Aussagen machen kann, darüber sollte man schweigen.« Er selbst schweigt 10 Jahre lang. Er entwickelt die Sprachspieltheorie. Wir erlernen die Wörter nicht durch Definition, sondern durch den sozialen Zusammenhang, in dem wir sie hören. Worte haben emotionale Erlebnisqualität (Heimat, Narbe, Fünfjähriger, Krebs). Worte müssen aus dem kommunikativen Kontext gehört werden. Das Beispiel Dannowskis vor Vikarinnen und Vikaren war immer: Der Unteroffizier sagt zum Gefreiten: »Es zieht.« Der Gefreite macht die Tür zu. Die Mutter sagt dasselbe zu ihrem pubertierenden Sohn: Er rührt sich nicht vom Fleck. »Was hast du gesagt?« Die Linguisten John Austin und John Searle entwickeln diese Erkenntnis zur Sprechakt-Theorie weiter. Sprechen ist Handeln. Der Satz »Es zieht« bringt jemanden zum Handeln. Sprechen schafft Wirklichkeit (»Ich liebe dich«). Es gibt beschreibende Verben, die die Inhaltsebene ausdrücken, aber es gibt auch performative Verben, die Beziehungen ausdrücken. So lernen wir dann bei Dannowski die Vielfalt der Sprechakte anzuwenden. Der Aussagesatz »Die Sonne kommt heraus« löst den Impuls aus »Lasst uns losgehen«. Erzählelemente aus Alltag, Biografie, Literatur, Film fließen in die Predigt ein.

Die Homiletik nimmt den Verständigungsprozess zwischen Sprecher und Hörerin ernst. Er scheut sich nicht, Ich zu sagen. Predigten werden auch persönliche Bekenntnisse. Die homiletischen Erkenntnisse aus den Humanwissenschaften sind nahe an den Texten der Bibel. Die Hauptbegriffe sind Beziehungsworte (Gnade, Vertrauen, Liebe, Rechtfertigung, Barmherzigkeit). So werden sie selbst dem Sakramentsbegriff gerecht. Die Sakramente reden nicht nur von Wirklichkeit, sondern schaffen sie. Gemeinschaft, Teilhabe an dem Gekreuzigten und Auferstandenen. In der Marktkirche Hannover wird seit den 1950ern jeden Sonntag Abendmahl gefeiert.

Dannowski hat die Erkenntnisse über den Kommunikationsprozess umgesetzt und gelehrt. Die Frage an den Prediger, die Predigerin ist fortan: Hat sie/er mich getröstet, belehrt, ermutigt, geärgert, gekränkt, verwirrt? Was ist auf der Beziehungsebene gelaufen? Was hat er gesagt, was habe ich gehört? Nachdenkliche Anfrage an die Sprecherin und den Hörer: Wer redet hier mit wem aus welchem Motiv mit welchem Interesse? Die Beziehungsebene entscheidet darüber, wie Inhalte gehört werden. Die Kunst: dass Gott vorkommt auf der Inhalts- wie Beziehungsebene.

»Wir müssen von Gott ehrfürchtig reden, d. h. immer wieder auf der Beziehungsebene spüren lassen, dass wir selber unter Gott stehen d. h. tastend, fragend, hoffend von ihm reden, wobei er der umfassende Horizont und Raum ist, in dem wir uns bewegen und sind. Dieser Transzendenzcharakter Gottes kann auch dadurch verdeutlicht werden, dass wir jede Aussage über Gott als Glaubenserfahrung eines bestimmten Menschen oder einer bestimmten Gruppe kenntlich machen, d. h. den begrenzten Ort und die begrenzte Perspektive kenntlich machen, von der aus hier von Gott geredet wird, der in sich selbst unaussprechlich und unbegreiflich ist. Durch die Angabe des Standortes von Gotteserfahrungen wird zugleich der Hörer ermutigt, seine eigene bisherige Gotteserfahrung ernst zu nehmen und mit solchen verwandten und entgegengesetzten Perspektiven zu vergleichen. Dadurch erlebt sich der Hörer auch respektiert in seiner eigenen unverfügbaren Freiheit; nur wo er sich als Ebenbild Gottes behandelt fühlt, kann er evtl. sich für den Gott interessieren, von dem wir (auf der Inhaltsebene) reden«[2].

Hans Werner Dannowski steigt fast immer mit einer Reaktion auf den Text ein. Er ist gleich mittendrin, Motivation beim Hörer, bei der Hörerin wird nicht durch Szenen erregt, sondern durch Staunen, Erregung über den Text, sogar ersten Widerstand: »Ich liebe die Worte nicht, aber es muss wohl sein«. Den Text ernst nehmen. Keine Umwege.

Dann gibt er aus dem Text seine Entscheidung für das Thema an. Er konzentriert den Inhalt des Textes auf ein Grundthema menschlicher Existenz (z. B. Freiheit und Ordnung im Gleichnis von den zwei Söhnen, das Weinen beim Weinen Jesu über Jerusalem). Keine Scheinaktualität. Aktuelle Ereignisse werden nicht verschwiegen, sind aber nicht dominant. Es geht um die immer aktuellen existenziellen Fragen des Menschen.

Fortan häufen sich die Begriffe Leben, Menschen, Menschlichkeit, Ich und Du, der andere. Nahe am Menschen und seiner Wirklichkeit, seiner Lebenswelt und seiner psychischen Konstitution ist er. Das Thema wird dann im Dialog der differenzierten Erfahrungen von Menschen entfaltet. Durch Wiederholung des Bibeltextes vergewissert er sich und dem Hörer immer wieder, dass er mitten in unserm Leben, aber nahe am Text ist. Es mündet immer in einen christologischen Bezug (»Jesus Christus«, »der Mann von Nazareth«). Die Botschaft der Texte wird im Gespräch mit der Lebenswirklichkeit tastend erkundet. Die Auslegung ist immer öffnend, zukunftsorientiert durch die Botschaft des Auferstandenen. Worte

---

2   Dannowskis Leitlinien für unser Reden von Gott, 22.–24. Oktober 1979 in einem homiletischen Seminar im Pastoralkolleg in Münster.

wie Dimension, Perspektive, Horizont prägen nicht nur seine Predigten, auch seine Vorträge. Er hat Respekt vor den Geheimnissen der Texte. »Der Text ist noch nicht ausgeschöpft«. »Man könnte noch mehr sagen«. »So vieles wäre noch zu bedenken«. »Heute nur eins«.

Der Prediger, der das »Ich« als Zeuge des lebendigen Gottes ernst nimmt, scheut persönliche Bekenntnisse nicht.

Und nicht selten ruft er mit der Autorität des Auslegers und des Predigers zum Handeln auf. Die Sprechakt-Theorie macht Mut zur appellativen Rede, die nicht dem Verdacht des Pathos unterliegt. Jede Predigt schließt mit einer Zusammenfassung seiner Predigtgedanken.

Rhetorisch gekonnt führt er die Hörerin, den Hörer. »Ich darf Sie bitten, mir für eine Predigtlänge zu folgen«. »Lassen Sie mich mit einer sanften Steigerung beginnen«. »Also, machen wir uns an die Arbeit«. »Lassen Sie uns in die Geschichte hineinspringen«. »Ich komme zum Schluss«.

Er geht in den Dialog mit der Hörerin, dem Hörer: »Ich will mit Ihrer Hilfe versuchen …«

Er bezieht sich immer mit ein: »Ihnen und mir«. »Auch bei mir ist das nicht undenkbar«.

Er ist für ungewöhnliche Auslegungen gut. Die Apokalypse in Matthäus 24 verwandelt er in »Leben wagen«.

Schon früh wendet er die gerechte Sprache an. »Jeder und jede«. »Jüdische Bibel«.

Es geht immer um die Anwendung der Regeln einer gelungenen Kommunikation, deren Gesetzmäßigkeit in der Sprechakt-Theorie zu erkennen ist. Sie schaut auf die Lebensformen von Rednerin und Hörer, aus denen Sprache erwächst.

»Gelungen ist eine Predigt, wenn der Hörer verstanden hat, worum es dem Prediger ging: Wenn er Inhalt und Beziehung nachvollziehen kann«, sagt Dannowski:

»Erfolgreich ist eine Kommunikation, wenn der Hörer dies auch innerlich bejaht. Gelungene Predigt stellt Redner und Hörer in eine gemeinsame Situation. Erfolgreiche Predigt lässt sie gemeinsam weitergehen. Der Erfolg ist unverfügbar, ist ein Werk des Heiligen Geistes. Homiletische Arbeit muss sich am Gelingen, darf sich nicht am Erfolg der Predigt orientieren, könnte letztlich sonst nur heißen, den Leuten nach dem Munde zu reden«[3].

Seine Predigten sind ein einziges Staunen über die Texte, ihre Botschaft, ihre Ermutigung, über den Gott, der in Christus lebendig, leibhaftig, Mensch wird. Die Hörerin und der Hörer gehen angeregt, angefragt, ermutigt in ihren Alltag zurück und entdecken mit Staunen, dass Gott mitten in ihrem Leben wirkt.

Kommunikationsbasis der Predigt ist das »Ich-jetzt-Hier«, sagt Dannowski, ein »Sprachspiel« zwischen Prediger und Hörenden. Deshalb sagt er: »Auf Nachgeborene wirken gedruckte Predigten zumeist langweilig«. Vieles zwischen den Zeilen sei nicht mehr erfassbar.[4] Ich als Herausgeber höre seine Mahnung wohl, dennoch wage ich dieses Buch, denn die Predigten Dannowskis sind Beispiele einer beeindruckenden Predigt-Kunst, einer großen Liebe zu den biblischen Texten und ihrer Vermittlung ins Leben.

Kriterien der Auswahl aus 500 vorliegenden Predigten von Hans Werner Dannowski waren, den ungewöhnlichen Predigtstil zu dokumentieren, der nachhaltig wirkt und der aktuellen Predigergeneration guttut. Textbezogen, christologisch nicht in vorgeprägten Formeln, erzählend, begeistert, rhetorisch beispielhaft. Christologisch predigen, den 2. Artikel ernst nehmen. Respekt vor der Tradition des ersten Testaments.

Weitere Kriterien der Auswahl: Überraschende Auslegungen. Mut zu Bezügen aus Literatur, Film, Kunst. Das Buch ist eine Fundgrube für Predigt-Ideen.

Schließlich: Respekt und Dankbarkeit des Herausgebers für einen authentischen Christen und Prediger und Freund.

---

3   Hans Werner Dannowski (1985): Kompendium der Predigtlehre. Gütersloh: Gütersloher Verlagshaus, S. 124.
4   Ebd.

Die Auswahl der Predigten folgt der Reihe des Kirchenjahres. Alle Texte sind in die neue Perikopenordnung aufgenommen.

Wenn nicht besonders angemerkt, sind die Predigten in der Marktkirche Hannover gehalten.

Dieses Buch ist Hans Werner Dannowskis Ehefrau Edith gewidmet, die seine Predigten in Liebe und Kritik begleitet hat, und der verstorbenen Sekretärin Linde Sturm. Sie hat jeweils am Montagmorgen die Predigten in eine lesbare Fassung gebracht.

Dank zu sagen ist Jana Harle, Mitarbeiterin im Verlag, für die sehr gute fachliche Begleitung sowie der Marktkirche Hannover, dem Ev.-luth. Stadtkirchenverband Hannover und der Ev.-luth. Landeskirche Hannovers für finanzielle Förderung des Buchprojektes.

Heinz Behrends

Mehr Leben wagen

1 Und Jesus ging aus dem Tempel fort und seine Jünger traten zu ihm und zeigten ihm die Gebäude des Tempels. 2 Er aber sprach zu ihnen. Seht ihr nicht das alles? Wahrlich, ich sage euch: Es wird hier nicht ein Stein auf dem andern bleiben, der nicht zerbrochen werde. 3 Und als er auf dem Ölberg saß, traten seine Jünger zu ihm und sprachen, als sie allein waren: Sage uns, wann wird das geschehen? Und was wird das Zeichen sein für dein Kommen und für das Ende der Welt? 4 Jesus aber antwortete und sprach zu ihnen. Seht zu, dass euch nicht jemand verführe. 5 Denn es werden viele kommen unter meinem Namen und sagen: Ich bin der Christus, und sie werden viele verführen. 6 Ihr werdet hören von Kriegen und Kriegsgeschrei; seht zu und erschreckt nicht. Denn das muss so geschehen, aber es ist noch nicht das Ende da. 7 Denn es wird sich ein Volk gegen das andere erheben und ein Königreich gegen das andere; und es werden Hungersnöte sein und Erdbeben hier und dort. 8 Das alles aber ist der Anfang der Wehen. 9 Dann werden sie euch der Bedrängnis preisgeben und euch töten. Und ihr werdet gehasst werden um meines Namens willen von allen Völkern. 10 Dann werden viele abfallen und werden sich untereinander verraten und werden sich untereinander hassen. 11 Und es werden sich viele falsche Propheten erheben und werden viele verführen. 12 Und weil die Ungerechtigkeit überhand nehmen wird, wird die Liebe in vielen erkalten. 13 Wer aber beharrt bis ans Ende, der wird selig werden. 14 Und es wird gepredigt werden dies Evangelium vom Reich in der ganzen Welt zum Zeugnis für alle Völker, und dann wird das Ende kommen. (Mt 24,1–14)[5]

---

5 Übersetzung der Bibeltexte, soweit nicht angemerkt, nach Luther 1984.

Liebe Gemeinde! »Das alles aber ist der Anfang der Wehen. Und weil die Ungerechtigkeit überhand nehmen wird, wird die Liebe in vielen erkalten. Wer aber beharrt bis ans Ende, der wird selig werden«.

Von dem Generaldirektor einer großen Firma las ich kürzlich. Er befand sich im Warteraum der Entbindungsstation eines Krankenhauses. Während andere erwartungsvolle Väter nervös in Zeitschriften blätterten oder im Gang hin- und herliefen, saß er an einem Tisch bis an die Ohren in einen Berg Schriftstücke vertieft, die er seiner dicken Aktentasche entnommen hatte. Nach ein paar Stunden kam eine Schwester zu ihm. »Es ist ein Junge, Herr Direktor«! »Fragen Sie ihn, was er will«, sagte er, ohne von seiner Arbeit aufzublicken.

Wenn die Geschichte nicht wahr ist, liebe Freunde, so ist sie zumindest gut erfunden. Und lassen Sie mich diese – meinetwegen erfundene – Begebenheit zunächst nicht persönlich und individuell, sondern kollektiv und metaphorisch zur Aufschlüsselung unseres Predigttextes gebrauchen. Der Zustand der Welt wird mit den Wehen einer Frau verglichen. Es ist etwas im Kommen. Es ist etwas gezeugt, und es reift und wächst bis zur Geburt. Aber wenn es geboren ist, wenn das Neue da ist, werden wir ihm anders begegnen können als mit der zerstreuten Antwort: »Fragen Sie ihn, was er will«? Werden wir begreifen können, können wir noch verstehen, worum es bei dem allen geht?

Wir leben in einer ungeheuren Zukunftsorientierung. So maßlos ist diese Zukunftsorientierung, dass es schon wieder interessant und wichtig wird, wenn auch mit schlechtem Gewissen manchmal, sich mit der Vergangenheit zu beschäftigen. Ja, man hat mit vollem Recht von einem »Zukunftsschock« gesprochen, unter dem wir alle stehen. Die Moden kommen und gehen in einem immer schnelleren Wechsel. Die Nachrichten überfluten uns. Die Ereignisse überstürzen sich. Ich komme nach zehn Jahren in eine Stadt und erkenne sie nicht wieder, so vieles hat sich inzwischen verändert. Die Geschwindigkeiten nehmen zu, die Zukunft wird geradezu angesogen. Vierzehn Tage, drei Wochen, vor der Adventszeit gehen schon die Lichterketten an, als könne man es nicht mehr erwarten. Wenn wir Weihnachten feiern, wird insgeheim in den Geschäften schon auf Karneval und Ostern umgerüstet. Und deutlich wird in dem allen das Ökonomische als die treibende Kraft sichtbar, die unsere Gesellschaft überhaupt noch zusammenhält. Stillstand ist Rückgang. Anpassung an Fortschritt und Entwicklung ist gefragt, in denen es anscheinend keine Stabilität, keine Ruhe und kein Zurück mehr gibt. Und die Neurosen, die tiefen Beschädigungen des Menschen nehmen zu. In einem apokalyptischen Taumel der Beschleunigung stürzt sie auf uns zu und mit ihr all das, was Jesus in seiner letzten großen Rede vor seinem eigenen Ende in Jerusalem benennt: Kriege und Kriegsgeschrei, Hungersnöte und Erdbeben, Hass und Ungerechtigkeiten, Erniedrigung und Verfolgung für viele, viele Menschen. »Und weil die Ungerechtigkeit überhand nehmen wird, wird die Liebe in vielen erkalten«: Wahrlich, ein »Zukunftsschock« von globalem Ausmaße ist das. Wie mag das alles, alles enden?

Aber in diese Bewegung zum Ende hin ist eine andere Entwicklung hineingewoben. In die Erfahrung der Zeit und der Veränderung hinein stellt der Glaube seine Weichen. Der Glaube könnte wissen, dass eine Zeit ohne Ewigkeit sich selbst erschöpft. Der Glaube könnte wissen, dass eine Zukunft ohne Ewigkeit in sinnlose Veränderungen mündet. Der Glaube könnte wissen, dass eine Welt ohne Gott zum Teufel fährt. Vor allem aber: Der Glaube sieht, er ahnt, er lebt mitten im Alten, in der sich verbrauchenden Zeit den Anbruch eines Neuen. »Das alles aber ist der Anfang der Wehen«. Es ist etwas im Kommen. Es ist etwas gezeugt, und es reift und wächst bis zur Geburt. Johannes Jourdan hat es in einem Gedicht so gesagt:

> Wenn du wartest, drehst du dein Gesicht
> In den Wind, der erst morgen zu wehen beginnt.

Vom Warten des Glaubens redet er, und ich könnte die Verse im Sinne meiner Gedanken so verändern, dass ich sage:

> Wenn du wartest, drehst du dein Gesicht
> In die Richtung, aus der ein leiser Hauch kommt.
> Noch ist er ohne Gestalt. Noch weiß du nicht,
> ob er den Duft des Südens oder das Eis des Nordens
> in seinen Händen hat. Du wirst es aber bald erfahren.

Ob wir es wagen, uns im Sinne unseres Predigttextes mitten im Alten, mitten unter den Zeichen des Todes und des Endes dem Prozess einer Geburt, dem Werden eines Neuen zu überlassen? Ob wir es auf uns nehmen, uns gegen den Sog des apokalyptischen Chaos, gegen den Zukunftsschock zu wehren, und zu beharren, zu warten, auszuharren bis ans Ende – im Namen des Gottes, der in Christus die Geburt des Neuen gewagt hat? Zwei Schritte möchte ich gerne in dieser Richtung mit Ihnen gehen:

Den ersten Schritt: Mitten in dem Schock, der auf uns zustürzenden Zukunft, mitten in all den bedrängenden Nöten, Problemen und Aufgaben, wir haben Zeit. Wir haben uns die Zeit genommen, zum Gottesdienst zusammenzukommen. Ich glaube nicht, dass einer moralisch gebessert aus diesem Gottesdienst hinausgeht. Ich glaube nicht, dass einer belehrt aus dem Gottesdienst herausgeht. Was wäre ein Prediger, wenn er andere Menschen bessern oder belehren könnte. Und wenn es doch geschieht, so ist es nicht sein Verdienst. Nein, ein Gottesdienst ist eine Zusammenkunft ohne einen unmittelbaren Zweck. »Hier stößt Eile auf Zeit«, steht an einem Gotteshaus geschrieben. Wir nehmen uns die Zeit, uns Gott zuzumuten, im Verarbeiten der Gedanken, in der Stille. Und zwischendurch und hinterher gibt es hoffentlich auch die Zeit, uns den anderen zuzumuten.

Manchmal höre ich jemanden stöhnen darüber, dass die Gottesdienste der Marktkirche fast anderthalb Stunden dauern, und das ist manchmal ja auch sehr lang. Aber wenn es recht zugeht, dies ist doch schließlich ein Ort, an dem wir einander die falsche Sorge um die Zeit ausreden, einander ermutigen, uns nicht um den morgigen Tag zu sorgen, sondern im Heute Gottes zu leben. Wer mit der Geburt des Neuen, wer mit dem Kommen des Herrn rechnet, der hat Zeit. Wir schaffen ja so wenig, nicht, weil wir uns zu wenig, sondern weil wir uns viel zu viel zumuten. Gott braucht nicht unsere Übermenschen, die großen Dinge schafft er selbst. Ein erlöster Umgang mit der Zeit, das ist so etwas ungeheuer Wichtiges für mich und für uns, für unsere dem Ende und dem Ziel zugehenden Geschichte.

Der andere Schritt: Mitten in dem Zusammenbruch der Zeit und der Geschichte, mitten unter dem Zeichen des Endes, wir trauen dem Leben, weil Gott es in Christus mit uns lebt. Ein Wort des

Märtyrers Alfred Delp ist dies, und es hat wahrscheinlich deshalb den Klang des neuen Lebens, weil es im Angesicht der Anfechtung und des Endes gesprochen wurde. Dem Leben trauen, das gilt ja besonders für den Bereich, in dem das Leben am tiefsten gefährdet ist, wo es deshalb auch am meisten Vertrauen braucht, wenn das Leben scheitert, wenn wir schuldig werden.

Es ist um manche Christen herum, und wer könnte sich da ausnehmen, eine Atmosphäre von Leblosigkeit oder von Bissigkeit. Ich vermute, dies kommt daher, weil viele Christen fürchten, schuldig zu werden, wenn sie mehr Leben wagen. Sie haben recht mit dieser Befürchtung. Das Leben ist riskant, es ist irrational und widersprüchlich. Es wird nicht nur die starken Seiten, sondern auch die dunklen Seiten freisetzen. Du kannst deine Unschuld bewahren, aber nur um den Preis, dass du nicht lebst. Und das wird dann deine Schuld sein, so wie es dem Knecht im Gleichnis aus Matthäus 25 geht, der sein Leben, sein Talent in der Erde vergräbt. Der Ernst dieses großartigen Gleichnisses besteht darin, dass Gott solche Angst nicht gelten lässt. Ihn stört die Möglichkeit, dass wir schuldig werden, weit weniger als das Misstrauen, das wir gegen das Leben hegen und das er gegen sich gerichtet sieht, weil er ein Liebhaber des Lebens ist. Wenn wir dem Leben nicht trauen, obwohl Gott es mit uns lebt, trauen wir dem Gott nicht, der uns in dieses Leben hineingestellt hat. Gott rechnet damit, dass es die Brüche in unserer Biografie gibt, die Stagnation, den Umweg, das Versagen. Nur wir selbst meinen, wir dürften das nicht akzeptieren.

Auch der Kirche als Ganzer fällt es schwer, dies alles für sich zu akzeptieren. Dass in so vieles, was hier in Matthäus 24 als Zeichen des Endes erwähnt ist, die Kirche mit verstrickt ist. Wer kann es zugeben, aber wer könnte es auch leugnen. Die Tatsache, dass die Kirche in unserem Land wirtschaftlich, politisch und bewusstseinsmäßig in das himmelschreiende Unrecht verstrickt ist, das wir der Dritten Welt antun. Dass die Kirche ständig das Dilemma unlösbarer Konflikte leugnet, in die ein Mensch geraten kann, und so gerade die verleugnet, die ihre Solidarität am meisten brauchen. Das Leben wagen, auf das Neue setzen, das sich ankündigt. Johannes Tauler, der große mittelalterliche Theologe, hat diesen Mut zum Leben und diesen Mut zum Scheitern in besonders schöner Drastik ausgesprochen. »Das Pferd macht den Mist mitten in den Stall. Nun, dein Mist, das sind deine eigenen Mängel, die du nicht beseitigen, nicht überwinden noch ablegen kannst. Die trage mit Mühe und Fleiß auf den Acker Gottes in rechter Gelassenheit deiner selbst«. Das sind Worte einer unerhörten inneren Freiheit, die dem Leben traut, weil Gott es in Christus mit uns lebt. Aber nun ist es längst an der Zeit, Schluss zu machen. Über den Sog der Zeit und des Endes habe ich geredet, und über die Geburt, das Kommen des Neuen in Jesus Christus. Lasst euch von dieser Kraft des Lebens berühren, liebe Freunde, glaubt und hofft und lebt. »Wer darin beharrt, wer daran festhält bis ans Ende, der wird selig werden«.

1. Advent – 7. Dezember 1986

Was wir erwarten

> 15 So schaue nun vom Himmel und siehe herab von deiner heiligen, herrlichen Wohnung. Wo ist nun dein Eifer, deine Macht? Deine große, herzliche Barmherzigkeit hält sich hart gegen mich. 16 Bist du doch unser Vater; denn Abraham weiß von uns nicht, und Israel kennt uns nicht. Du, HERR, bist unser Vater und unser Erlöser; von alters her ist das dein Name. 19 Ach, dass du den Himmel zerrissest und führest herab, dass die Berge vor dir zerflössen, 64,1 wie Feuer Reisig entzündet und wie Feuer Wasser sieden macht, dass dein Name kundwürde unter deinen Feinden und die Heiden vor dir zittern müssten, 2 wenn du Furchtbares tust, das wir nicht erwarten, 3 und dass man von alters her nicht vernommen hat. Kein Ohr hat gehört, kein Auge hat gesehen einen Gott außer dir, der so wohltut denen, die auf ihn harren. (Jes 63,15–16.19; 64,1–3)

Wohin gehen wir? Was erwarten wir? Was erwartet uns? Wer erwartet uns? Worauf warten wir noch?

Lassen Sie mich, liebe Gemeinde, mit solchen oder ähnlichen Fragen auf unseren Predigttext aus dem Propheten Jesaja zugehen. Um in der Ratlosigkeit, eine auch nur annähernd angemessene Antwort auf diese Fragen zu finden, vielleicht einen Schlüssel für meine Schwierigkeiten mit diesen Worten in die Hand zu bekommen. Es fällt mir ausgesprochen schwer, diese großen, pathetischen, bewegten Worte des Propheten Jesaja nachzusprechen. Sie so auszusprechen, dass mein Herz sie ausspricht, dass mein Mund sich zu einem langen Schrei formt, der aus dem Inneren kommt. »Ach, dass du den Himmel zerrissest und führest herab. Dass die Berge vor dir zerflössen wie Feuer Reisig entzündet, wie Feuer Wasser sieden macht«. Worte einer leidenschaftlichen Erwartung sind das, Worte einer leidenschaftlichen Gottesbeziehung. Dass das so eintreten wird und kann, dass Gott herabschaut von seiner herrlichen, heiligen Wohnung, dass die Völker vor ihm erzittern, dass sein Eingreifen die Berge und Felsen zum Schmelzen bringt: das wird hier völlig klar und selbstverständlich vorausgesetzt. Mein Gott, denke ich, was ist das für ein Glaubensleben! Welche Lebendigkeit der Seele! Vielleicht würde ich in einer großen Krise meines Lebens einmal so reden: »Wenn ich mein Nichts und Verderben nur seh«, wie der Liederdichter sagt. Aber wahrscheinlich würde ich auch dann eher müde und resigniert mich in mich hinein verkriechen, mich auf mich selbst zurückziehen, um mit mir erst einmal klarzukommen. »Ach, dass du den Himmel zerrissest und führest herab«.

Und vielleicht hängt meine Hilflosigkeit diesem Wort gegenüber damit zusammen, das war meine Vermutung am Anfang, dass wir überhaupt so wenig noch für uns erwarten.

Wohin gehen wir? Was erwarten wir? Was erwartet uns? Wer erwartet uns?

Die Schweizer Philosophin Jeanne Jersch, deren Werke ich lese, hat einmal gesagt, es gäbe zwei Weisen, das Menschsein des Menschen zu zerstören. Die erste besteht darin, dem Menschen das Minimum an materiellen, sozialen und kulturellen Voraussetzungen zu verweigern. In den Entwicklungsländern ist das zum Beispiel der Fall – Hunger, Krankheit, früher Tod. Auch in den totalitären Staaten ist das der Fall – Polizei, Gewalt, Gefängnis sind all die alltäglichen Erfahrungen. Und ich will es mir und Ihnen wieder vor Augen führen, nahezu die Hälfte der Menschheit lebt unter Bedingungen, die ich mir in ihrer brutalen Unausweichlichkeit kaum vorzustellen wage. Und weil meine Phantasie dafür nicht ausreicht, tue ich so, als ob es das nicht gibt. Aber es ist mit absoluter Sicherheit so, und es ist eine Zerstörung des Menschseins auf die eine oder andere Weise.

Dann aber gibt es noch eine zweite Methode – so die Philosophin –, das Menschsein des Menschen zu vernichten. Sie meint damit die wissenschaftliche Planung des menschlichen Glücks. Alle Bedürfnisse des Menschen sind zu befriedigen, sagt eine ganze Industrie. So denken viele Menschen. Alle. In die große Bedürfnisbefriedigung wird zu Weihnachten sogar die Kirche eingereiht. Aber wo alle Bedürfnisse befriedigt werden, verschwinden zwar Hunger und Durst, aber es verschwindet auch die Hoffnung. Wozu soll ich denn noch hoffen, wenn ich alles habe – und viele von uns haben alles, was sie brauchen. Man weiß ja nicht einmal mehr, was man zu Weihnachten schenken soll. Ja, neue Bedürfnisse werden noch ständig geweckt, damit man sie dann alsbald befriedigen kann. Freie, glückliche Menschen müssten wir eigentlich sein, die wie die griechischen Götter auf den Wolken sitzen und lächelnd auf eine sorgenvolle Menschheit herunterschauen. Das genaue Gegenteil aber ist der Fall.

»Ach, dass du den Himmel zerrissest und führest herab, dass die Berge vor dir zerflössen ...« Es ist ja nicht wahr, dass der Mensch lebt von dem, was er besitzt. Der Mensch ist dadurch Mensch, dass er an etwas oder an jemandem hängt, dass er etwas oder jemanden liebt. Und woran er auch hängt, wen er auch liebt, es sind immer sterbliche, verwundbare Wesen. Beziehungen sind es immer, die er nicht in seiner Hand hat, die gestaltet werden müssen, die zerstört werden können. Und ein Wesen ist er selbst, zu dem das Leid, das Unvermögen und der Tod gehören.

Eines Tages wird das so sein, dass ich aus all den Selbstverständlichkeiten herausgerissen werde. Dass ich auf eine Stimme lausche, die nicht mehr erklingt, auf Schritte warte, die nicht mehr den Korridor betreten. Muss ich denn erst immer in den Verlust und den Zusammenbruch hinein, um zu begreifen, dass der Mensch neben mir und mit mir ein unerhörtes Geschenk ist, das ich nie besitzen werden, aber das doch – wunderbarerweise – auf Zeit da ist. Muss ich immer erst in die großen Erschütterungen hinein, um zu begreifen, dass der Mensch ins Unbenennbare hinausreicht. Dass er bezogen ist auf etwas, das unendlich größer ist als er und dass sich nie befriedigen und erledigen lässt.

Etwas Unbedingtes ist in mir. Ich spüre es. Etwas, das nicht nachgibt, das jenseits der Vernunft ist. Ich kann es überhören, kann es unterdrücken, so dass es das Schweigen lernt. Aber es ist dadurch nicht tot. Eine Unbedingtheit, die auf einmal wieder da ist, wenn ich mein »Hier stehe ich, ich kann nicht anders« formuliere. In einem Widerstandskämpfer, in einem Freiheitskämpfer steht da auf, wo etwas, was ohnmächtig und fast sinnlos erscheint und fast wirkungslos bleiben muss, doch getan, doch gesagt werden muss.

Von irgendwo kommt ein Sinn. Eine absolute Sprache wird gehört: Eine Herausforderung zum Unmöglichen geht durch mein Leben. Woher? Wohin? Ja, ich weiß es doch: Ein Aufstand der Liebe ist es, der in Jesus Christus Gestalt geworden ist, der die Unmöglichkeit der Feindesliebe wagt. Ein Aufstand der Gerechtigkeit ist es, der in Christus Jesus seine Mitte hat, der die unmögliche Gerechtigkeit wagt, die den Menschen über sich hinaushebt.

Und dann geschehen solche Dinge wie in Schleswig-Holstein oder in Buschhaus. Dass da gelogen wird und Menschen reingelegt werden. Dass da für anderthalb Millionen ein deutscher Eishockey-club für einen fanatischen Diktator Reklame treibt. Und man weiß auf einmal, wenn das so weitergeht, dann ist es das Ende. Dann ist die Käuflichkeit, der Ausverkauf des Menschen bis an sein Ende getrieben. Dann schieben wir uns nur noch gegenseitig die Gelder in die Taschen, aber die Würde des Menschen, der aufrechte Gang, der ist dahin. »Ach, dass du den Himmel zerrissest und führest herab, dass die Berge vor dir zerflössen, wie Feuer Reisig entzündet und wie Feuer Wasser sieden macht, dass dein Name kund würde unter den Feinden, und die Völker vor dir zittern müssten«.

Von der Kirche gilt das nicht weniger als von den Völkern, die Kirche, die die Versöhnung predigt und so oft Apartheid, Trennung. Diskriminierung lebt.

Liebe Gemeinde, das ist nun also das Fazit, von dem ich denke, dass es heute Ihnen und mir gepredigt werden will: Wir sind stärker in dem, was wir erwarten, als in dem, was wir besitzen. Es steht noch so viel aus. Einen neuen Himmel und eine neue Erde hat Gott in Jesus Christus verheißen. Mein Gott, was steht davon noch alles aus. Wollen wir wirklich uns auf das, was wir auf die Reihe kriegen, einpendeln? Wissen wir eigentlich, was wir in den Seelen der Menschen anrichten, wenn wir sie vom Warten entbinden? Nicht jenes tatenlose Zuwarten meine ich ja, sondern das Warten, das Gottes Verheißungen einklagt, die in Jesus Christus Ja und Amen geworden sind. Das Unendliche und das Unbedingte, das den Unendlichen hereinruft in diese Welt, die seine Welt ist. »Kein Ohr hat gehört, kein Auge hat gesehen einen Gott außer dir, der so wohl tut denen, die auf ihn harren«. »Du, Herr, bist unser Vater, unser Erlöser, das ist von alters her dein Name«.

Wohin gehen wir? Was erwarten wir? Was erwartet uns? Wer erwartet uns? Worauf warten wir noch? Erwartung nimmt das in Anspruch, was noch nicht da ist. Ich wünsche den Mut, die Kühnheit, unser Leben nicht auf das zu gründen, was wir besitzen; vielmehr auf das, was uns verheißen ist. »Wir warten dein, o Gottessohn, und lieben dein Erscheinen«. Ein Aufbruch aus vielen Sicherheiten ist das, ein Anfang, ein Advent.

2. Advent – 6. Dezember 1987

Verbrauchtes Leben und Neugeburt

16 Denn also hat Gott die Welt geliebt, dass er seinen eingeborenen Sohn gab, damit alle, die an ihn glauben, nicht verloren werden, sondern das ewige Leben haben. 17 Denn Gott hat seinen Sohn nicht in die Welt gesandt, dass er die Welt richte, sondern dass die Welt durch ihn gerettet werde. 18 Wer an ihn glaubt, der wird nicht gerichtet; wer aber nicht glaubt, der ist schon gerichtet, denn er glaubt nicht an den Namen des eigeborenen Sohnes Gottes. 19 Das ist aber das Gericht, dass das Licht in die Welt gekommen ist, und die Menschen liebten die Finsternis mehr als das Licht, denn ihre Werke waren böse. 20 Wer Böses tut, der hasst das Licht und kommt nicht zu dem Licht, damit seine Werke nicht aufgedeckt werden. 21 Wer aber die Wahrheit tut, der kommt zu dem Licht, damit offenbar wird, dass seine Werke von Gott getan sind. (Joh 3,16–21)

Liebe Gemeinde! Aus dem Nikodemus-Kapitel des Johannesevangeliums stammt dieses eben verlesene Wort. Aus einer anderen Nacht als der, in der das Kind in Bethlehem geboren ist. Aus einer anderen Nacht als der heute, in der wir – dicht gedrängt – in der Marktkirche von Hannover beieinander sind, um fast 2000 Jahre später Weihnachten mitzufeiern. Aus jener Nacht stammt dieses Wort, in der ein alter Ratsherr, Nikodemus, offenbar heimlich zu dem inzwischen erwachsenen Jesus von Nazareth kommt, um ihn über das Reich Gottes zu befragen. »Es sei denn«, sagt der Mann aus Nazareth, der früher das Kind von Bethlehem war. »Es sei denn, dass jemand von neuem geboren wird, so kann er das Reich Gottes nicht sehen«. Von neuem geboren werden. Auch in jener Nacht das Geheimnis der Geburt, so wie viele Nächte die Orte und die Zeiten von Geburten sind. Der Mensch muss mindestens zweimal geboren werden, hat ein Philosoph gesagt, einmal körperlich und

einmal geistig. Und wenn wir die verschiedenen Nächte zusammen-
nehmen, die Nikodemus-Nacht und die beiden Weihnachtsnächte
damals und heute, so ist die Predigt wohl der Ort, das Geheimnis der neuen Geburt in unseren Tagen und Nächten zu bedenken.
Das Heraufkommen einer Wirklichkeit, in der der Himmel die Erde
erschüttert. Das Hereinbrechen einer Realität, die im ganzen Neuen
Testament als überwältigende Erfahrung des nahekommenden Gottes beschrieben wird. »Also hat Gott die Welt geliebt, das er seinen
eingeborenen Sohn gab, damit alle, die an ihn glauben, nicht verloren
werden, sondern das ewige Leben haben«. »Es sei denn, dass jemand
von neuem geboren werde ...« Die Sehnsucht nach der neuen
Geburt kommt aus der Erfahrung des verbrauchten Lebens. Wir
verbrauchen alles. Wir verbrauchen Kleidung, Lebensmittel, Res-
sourcen, Zeit. Wir verbrauchen unsere physischen und psychischen
Kräfte. Wir verbrauchen unweigerlich uns selbst, abgenutzt von
einer unbarmherzigen Menschheitsgeschichte, müde vom Kampf
in den täglichen Herausforderungen von Familie und Beruf. Nichts
auf Erden, hat jemand gesagt, nutzt sich so gründlich ab wie der
Mensch. Über ihm liegt der dunkle Schatten einer Selbstzerstörung,
eines Selbstverschleißes, den die Bibel lapidar und sicher absolut
zutreffend »Sünde« nennt. Als Kind mit ungeheuren Perspektiven
geboren, und was wird daraus? Ich sage es mit moralischer Wertung,
aber nicht nur als Vorwurf, auch als bedrückende Beobachtung. Wie
verbraucht muss das Leben von Menschen schon in jungen Jahren sein, wenn es ihnen als eine große Tat erscheint, Brandsätze in
Asylantenheime zu werfen? Wie kaputt muss die Selbstachtung von
Männern sein, wenn ihnen die Vergewaltigung wehrloser Frauen als
eine Tat heroischer Strategie erscheint? Der Mensch sei ein Ebenbild Gottes, so wird gesagt: Das Hohngelächter des Teufels geht in
diesen Monaten wieder einmal um die Welt. Und das oft sprach-
lose Leiden der Opfer, der Hungernden, der Heimatlosen ist zu spüren, zusammen mit der tiefen Sehnsucht aller Menschen nach einer
Wirklichkeit, die die Erfahrung des abgenutzten und verbrauchten
Lebens übersteigt.

»Also hat Gott die Welt geliebt, dass er seinen eingeborenen Sohn
gab«. Die Weihnachtsgeschichte als Geschichte einer neuen Geburt
verstehen, das könnte es wohl sein. Noch in der Idylle, zu der ein

säkularisiertes Empfinden die Geburt Jesu zurechtgestutzt hat, werden die Konturen verbrauchten Lebens spürbar. Da ist Maria, das reine, unberührte Mädchen. Stolz trägt sie ihren Bauch von Nazareth nach Bethlehem, um den Sohn der Verheißung in der Stadt Davids zur Welt zu bringen. Frauen sind mutig und haben Bäuche, in denen Leben wächst. Leben gegen alle Weltuntergangsstimmung, Leben gegen die Hoffnungslosigkeit und gegen den Hass. Das ist einfach schön. Und da ist Joseph, der große Schweiger, von dem die Bibel kein einziges Wort überliefert hat. Er ist kein Trottel, nein, die Kunstdarstellungen der Devotio moderna des Mittelalters haben ihn als den ersten emanzipierten Mann ausgewiesen, der die Suppe kocht und die Windeln am Feuer trocknet. Vor allem aber: Er hat die schwangere Braut nicht der gesellschaftlichen Ächtung preisgegeben, die Steinigung einer vermeintlichen Ehebrecherin wäre wohl die Folge gewesen. Wenn man Maria nach dem Verhältnis zu ihrem späteren Mann befragt hätte, so hätte sie wahrscheinlich geantwortet: »Joseph, ja, er hat mich wirklich geliebt«. Und dann kommen die Hirten mit der Nachricht, dass der Himmel über den später so umkämpften Feldern von Bethlehem aufgerissen sei und Engel das Reich des Friedens und des göttlichen Wohlgefallens herbeigesungen hätten. Schließlich kommen noch die Astronomen, die Könige aus dem Morgenland. Schichtenübergreifend ist alles bei der Krippe in dem Stall versammelt. »Stille Nacht, heilige Nacht«, ein Geschehen, aus einer großen Stille kommend, muss man sich wahrscheinlich vorstellen, aus der Stille eines verschwebenden Schweigens. Der Schmerzensschrei einer Mutter, der Geburtsschrei eines Kindes, sonst nichts. Die Pauken und Trompeten kommen später. Wie bei der ersten Schöpfung ist das, ex nihilo, aus dem Nichts. Nicht die Gnade einer späten, nein, die Gnade einer neuen Geburt.

Liebe Gemeinde, Weihnachten, das ist eine in die Menschheitsgeschichte hineingeworfene Utopie. Ich kann deshalb auch nicht sagen: Das ist alles so und nicht anders, das sei alles wortwörtlich so passiert. Die einzige Beglaubigung des Weihnachtsgeschehens ist der Beweis des Geistes und der Kraft, in dieser Nacht wurde, wie sich später erweist, eine alte Welt zu Grabe getragen, und eine neue kam herauf! Die dann bald auch wieder korrumpiert, verbraucht, abgenutzt und müde wurde. Weihnachten, vom Konsum-

rausch erfasst, das ist nun wirklich nicht gerade das Weihnachten der
Nacht von Bethlehem. Aber die Geschichte von der Menschwerdung
Gottes in dem Kind von Bethlehem ist nicht umzubringen. Und wir
spüren, denke ich, alle in der Faszination dieser Nacht, dass da ein
ungeheurer Raum hinter dieser Geschichte ist, der die Ahnung von
der Nähe Gottes immer wieder in die Köpfe und Herzen steigen
lässt. Wiedergeboren zu einer lebendigen Hoffnung, aufgerüttelt zum
Aufstand gegen die Menschenverachtung, spüren wir das Kommen
eines neuen Tages in den Gliedern. Das Ziel der Menschwerdung
Gottes, so hat es Martin Luther immer wieder gesagt, sei, dass der
sich selbst vergötzende Mensch zu einem wirklichen, zu einem seli-
gen Menschen werde. Dies und nichts anderes sind die Geburts-
wehen dieser Nacht. »Also hat Gott die Welt geliebt, dass er seinen
eingeborenen Sohn gab«.

Heiligabend Christmette – 24. Dezember 1992

Der neue Mann

18 Die Geburt Jesu Christi geschah aber so: Als Maria, seine Mutter, dem Josef vertraut war, fand es sich, ehe er sie heimholte, dass sie schwanger war von dem Heiligen Geist. 19 Josef aber, ihr Mann, war fromm und wollte sie nicht in Schande bringen, gedachte aber, sie heimlich zu verlassen. 20 Als er das noch bedachte, siehe, da erschien ihm ein Engel des Herrn im Traum und sprach. Josef, du Sohn Davids, fürchte dich nicht, Maria, deine Frau, zu dir zu nehmen; denn was sie empfangen hat, das ist von dem Heiligen Geist. 21 Und sie wird einen Sohn gebären, dem sollst du den Namen Jesus geben, denn er wird sein Volk retten von ihren Sünden. 22 Das ist aber alles geschehen, damit erfüllt würde, was der Herr durch den Propheten gesagt hat, der da spricht (Jesaja 7,14): 23 »Siehe, eine Jungfrau wird schwanger werden und einen Sohn gebären, und sie wird ihm den Namen Immanuel geben«, das heißt übersetzt: Gott mit uns. 24 Als nun Josef vom Schlaf erwachte, tat er, wie ihm der Engel des Herrn befohlen hatte, und nahm seine Frau zu sich. 25 Und er berührte sie nicht, bis sie einen Sohn gebar, und er gab ihm den Namen Jesus. (Mt 1,18–25)

Liebe Gemeinde! Das ist die andere Geburtsgeschichte Jesu, die, die es am Heiligabend nicht zu hören gibt. Die Stunde einer Geburt ist ja normalerweise die Stunde der Frau, und so schildert das Lukas in seiner berühmten Weihnachtsgeschichte, die wir alle nahezu auswendig wissen. Die ganz andere Geburtsgeschichte steht eben bei Matthäus, und sie ist eher eine Stunde des Mannes. Die Frauen werden das gut vertragen, ihre Männer einmal so beleuchtet zu sehen.

Josef hat in den Traditionen der Kirchen über 2000 Jahre hinweg keine große Rolle gespielt. Am Rande des Geschehens steht er einst, wie es manchem Stiefvater geschieht. Jesus sei von einer Jungfrau geboren, vom Heiligen Geist gezeugt, und damit schien alles ausgesagt zu sein. Wer die Jungfrauengeburt akzeptieren konnte, für den blieb Josef eine Nebenfigur, die bescheiden und auch ein wenig überflüssig im Hintergrund des Stalles steht. Wer mit der Jungfrauengeburt Schwierigkeiten hat, weil sich das natürlich naturwissenschaftlich nicht erklären lässt, wird trotzdem die alles überragende Bedeutung der Person Jesu nicht von seinem Vater herleiten wollen. So wird Josef allenfalls zu einem der vierzehn Nothelfer, mit einem »Maria und Josef« angerufen, oder in der Devotio moderna des späten Mittelalters zum Vorbildes des emanzipierten Mann, der die Windeln wäscht.

Matthäus lässt uns einen Blick in die vermutete Dynamik der wirklichen Ereignisse tun. Und das ist auch noch heute von Männern wie von Frauen gut nachvollziehbar. Da ist Josef, der junge Zimmermann, mit einem Mädchen verlobt, das Maria heißt. Wir wissen nichts Näheres über sie, als dass sie aus kleinen Verhältnissen kommen, auch wenn Josef offenbar aus einer Seitenlinie des davidischen Königshauses stammt. Die Zeit zwischen Verlobung und Heimholung der Braut in das Haus des Mannes, das ist die Zeit eines festen Rechtsverhältnisses, in der die eheliche Gemeinschaft noch nicht vollzogen ist. Man wird sich nach den damaligen Gebräuchen nicht viel gesehen und gesprochen haben. Eher: die Sehnsucht aus der Ferne. Und dann die Katastrophe. Maria ist schwanger. Der Bauch beginnt sich zu wölben, die weiten Gewänder können es nicht mehr verbergen. Sie bekommt ein Kind. Die Reaktionen des Josef lassen sich per Analogieschluss leicht erraten: Die bittere Enttäuschung der Liebe, die tiefe Kränkung, die nicht mehr zu beherrschende Wut. Die normale Reaktion des Mannes damals wäre die Verstoßung der Frau, die Anklage auf Ehebruch mit der Folge der Steinigung und Tod gewesen.

Und hier beginnt nun, liebe Gemeinde, die »Stunde des Mannes«. Fromm sei Josef gewesen, berichtet Matthäus, und das meint wohl; gütig, sehr tief liebend. Mit der Untreue, mit der ungewissen Herkunft des Kindes kann er nicht leben. Aber er beschließt, Maria heimlich zu verlassen, um so die Vaterschaft und die Schuld auf sich zu nehmen. Er wollte sie nicht in Schande bringen, heißt es da.

Und dann die Nacht, welch eine Nacht. Im Traum der Engel des Herrn. Gott redet. Das Kind sei vom Heiligen Geist, und er solle sich nicht scheuen, Maria zu sich zu nehmen. Er wird dem Josef nicht zu viel zu erklären haben, so wie uns das auch nicht allzu viel erklärt, dieses »empfangen durch den heiligen Geist«. Aber begriffen hat er, dass dieses Kind über die Beziehung eines bestimmten Mannes zu einer bestimmten Frau weit hinausreicht. Dass man von ihm noch reden wird, wenn der Schleier des Vergessens längst alles andere deckt. Gott bricht ein in die Geschichte einer menschlichen Beziehung. Ein Mensch wird da geboren, in dem Millionen von Menschen über Jahrhunderte, Jahrtausende hinweg die Tür zum Geheimnis Gottes finden werden. Und Josef flieht nicht. Er hält stand. Er nimmt Maria zu sich, fragt sie nicht aus, offensichtlich, »wer war's, wie kam es, erzähl's mir«. Er berührte sie nicht, bis Jesus geboren ist, und er gibt ihm den Namen, den er im Traum empfangen hat. Empfängnis auch hier. Gott wird helfen. Jesus.

Wahrlich: Die Stunde des Mannes. Ich bewundere die Noblesse, das Rückgrat dieses Mannes, ich bewundere seinen klaren Blick. Was heißt hier Zeugung eines Menschen, auf die wir Männer oft so stolz sind. Dabei ist dies im Taumel des Augenblicks, oft unbewusst vollzogen. Was ein wirklicher Vater, was eine wirkliche Mutter ist, das zeigt sich in den Jahren, die dann kommen. Jesus wird sein klares Gottesbild von dem Vater, unserem Vater im Himmel auch an Josef haben reifen lassen können. Psychologisch gesprochen und gedacht: Wer so mit seiner Frau umgeht, der wird auch seine Kinder in Freiheit und Liebe unter Gottes Himmel wachsen lassen können.

Die Noblesse, die Güte des Josef? Dies ist die Stunde des Mannes. Ja, aber es ist noch mehr. Josef lebt ein großes, alle und alles einschließendes, durch nichts mehr einzuschränkendes Ja. Es ist das Ja Gottes zur Schöpfung und zum Menschen, das in Christus zur Welt kommt und das in seiner Unbedingtheit alles, was ihm in den Weg treten könnte, beiseite schiebt. Ich denke, Maria in ihrer konsequenten Hingabe und Josef in einem unbedingten Vertrauen sind wirklich die beiden ersten, die im Kopf und im Herzen begriffen haben, was in der Geburt dieses Kindes wirklich geschieht.

Denn das ist es doch, was wir zu Weihnacht und in der Vorbereitung darauf suchen und auch finden. Es liegt so viel Nein über unserem Leben, in den Beziehungen zu uns selbst, zwischen den Menschen, in der Kälte des sozialen Klimas und zwischen den

Gruppen und Nationen. Wie viel eigenes Versagen, aber auch wie viel schweres Schicksal ist da zu tragen. Da greift uns in dieser Zeit besonders vieles ans Herz. Denn da ist, mitten in allem Nein, das große Ja Gottes über diesem Leben. Unbegreiflich ist das, ohne jede Vor- und Gegenleistung. Der Mensch, in dem die Welt noch einmal so erscheint, wie sie gedacht ist, wird geboren. Wie eine neue Schöpfung ist das. Gott mit uns. Und ihr und mein Leben kann noch einmal wieder beginnen, ein Leben unter einem Ja, das das Leben durch Liebe verwandelt.

Und nun lassen Sie uns zum Abschluss meiner Predigt noch einmal einen Blick auf jene Weihnachtsszene werfen. Die Geburt im Stall wird bei Matthäus nicht so liebevoll beschrieben wie bei Lukas. Das Ereignis, das diese Welt verwandeln wird, deutet sich eher in der Beziehung dieser beiden an. »Die Stunde des Mannes«, ja. Und natürlich auch die »Stunde der Frau« und vor allem die »Stunde des Kindes«. Josef? Wie muss er diese Frau geliebt haben, denke ich. Wie sehr im Schatten stehen wir alle, Väter, Mütter, Männer und Frauen auch ohne Kinder. Alle gefragt nach der Bejahung des Lebens, die wir empfangen und die wir weitergeben. Ein Kapitel der Liebe und des Verstehens ist diese Geburtsgeschichte bei Matthäus, noch ehe fast der Immanuel, der Gott mit uns, zur Welt gekommen ist. Und ich denke an die drei, an Maria und an Joseph und an das Kind, ja heute auch besonders an Josef. Und daran, wie schwer und wie schön die Liebe zur Welt gekommen ist.

1. Advent – 5. Dezember 1998
Gottesdienst mit Rotary in der Klosterkirche Marienwerder

Fröhlicher Wechsel

9 Denn ihr kennt die Gnade unseres Herrn Jesus Christus: obwohl er reich ist, wurde er doch arm um euretwillen, damit ihr durch seine Armut reich würdet. (2. Kor. 8,9)

Liebe Gemeinde! Das ist ein großes Kunststück, in einem einzigen Satz das ganze Evangelium auszusagen. Der Apostel Paulus schafft das hier. Der Kern des Evangeliums, das ist die Botschaft von der Gnade Gottes in Jesus Christus. Und Gnade heißt: Er, der reich war, wurde arm, damit wir, die wir arm sind, reich würden. Der »fröhliche Wechsel!« ist das, von dem Martin Luther immer wieder singt und redet. »Er wird ein Knecht und ich ein Herr, das mag ein Wechsel sein.« Das Wunder der Menschwerdung, das wir an Weihnachten feiern. Er, der bei Gott war, hielt es nicht für einen Raub, Gott gleich zu sein. Er entäußerte sich selbst, nahm Knechtsgestalt an. Die Bewegung von oben nach unten. Aber man darf dabei auch die andere Bewegungsrichtung nicht unterschlagen, an der gerade Martin Luther und eben auch Paulus immer wieder liegt. Gott wurde Mensch, damit der Mensch bei Gott ist. Der Himmel reißt auf, und die Spielräume des Glaubens werden unendlich sein.

Ja, der fröhliche Wechsel. Der Wechsel ist im menschlichen Leben sonst wohl eher eine Sache der Sehnsucht und des Märchens. Sicher gibt es Menschen, die den ständigen Wechsel leben und propagieren – was kümmert mich mein Geschwätz von gestern. Aber sie bezeugen damit wohl eher ihre Unfähigkeit, Beziehungen und Bindungen einzugehen. Nein, gerade im gesellschaftlichen und sozialen Bereich ist die Festschreibung der Rolle und Situation fast unausweichlich. Wer arm ist, wird arm bleiben, und wer reich ist, wird reicher werden, wenn nicht eine Katastrophe dazwischenkommt.

Und die gesellschaftlichen und politischen Rahmenbedingungen tun gerne das ihre dazu, den Wechsel möglichst zu vermeiden. So träumen die Armen das Märchen vom Aschenputtel und spielen Lotterie. So kultivieren die Reichen die Sehnsucht vom einfachen Leben und davon, die ganze Last der Verantwortung irgendwann einmal loszuwerden. Eine wirkliche Veränderung aber ist so selten wie die eine Schwalbe, die noch keinen Sommer macht.

Dabei lebt der Mensch, liebe Gemeinde, vom ständigen Rhythmus von Tag und Nacht und Sommer und Winter, und eine größere Beweglichkeit der Perspektiven und der sozialen Rollen würde ihm helfen, das Leben in seiner Breite und Tiefe besser zu verstehen. Wer in mehreren Ländern lebt und in mehreren Sprachen denkt, sieht und versteht mehr. Die buddhistische Praxis ist hoch zu loben, nach der Politiker zwischendurch für einige Jahre ins Kloster gehen, schweigen und meditieren: Auch uns Kirchenleuten wäre das sehr anzuraten. Was für ein einschneidendes Ereignis war es doch für uns Flüchtlinge und Ausgebombte, mit einem Mal nichts mehr zu haben als das, was man auf dem Leibe oder auf dem Rücken trug. Und fremd vor fremden Türen zu stehen und auf Aufnahme und Hilfe absolut angewiesen zu sein. Und ich denke heute manchmal bei den wütenden Aggressionen, die Fremde und Asylsuchende bei manchen Deutschen erwecken: Haben sie die Erfahrung des Fremdseins nie gemacht oder haben sie das verdrängt? Oder ist es der Konkurrenzkampf der Bettler, der in ihrem Selbstwertgefühl Bedrohten? Die Fähigkeit, vom anderen her zu denken, den Wechsel der Perspektive als eine Bereicherung zu empfinden, setzt eine Freiheit voraus, die normalerweise jeder Mensch nicht von sich selbst aus hat.

Und damit sind wir wieder beim Thema Weihnachten. Der fröhliche Wechsel, Gott wird Mensch, der Reiche arm. Gott übt den Wechsel ein, und ob er für ihn »fröhlich« sein wird, das wird sich zeigen. Die Legende erzählt, die Engel im Himmel hätten den Atem angehalten, dass Gottes Sohn hat wollen ein Mensch werden. Spätestens bei der Kreuzigung hat man gewusst, warum. Hingabe, wenn sie vielleicht den anderen meint, ist immer ein Risiko, bei dem man nicht weiß, was dabei herauskommt. Ist ein Stück Entäußerung. Ist die Verletzlichkeit von Liebe. Der christliche Glaube ist darin wirklich ein radikaler Glaube, viel radikaler als Judentum und Islam,

insofern als er die Gotteserkenntnis umfassend an die geschichtliche Offenbarung bindet. Du wirst Gott in seiner Höhe und in seiner
Tiefe, in seinem Zorn und seiner Gnade nicht anderswo erkennen als
in Christus. Gott ist Mensch geworden. Der Reiche arm. Er bleibt ein
Geheimnis, so wie der Mensch neben dir ein Geheimnis ist. Aber du
kannst ihn finden. Er ist neben dir, zwei Jahrtausende fern und doch
nah. In seinem Wort, in seinem Geist. Er ist im Elend – in des Wortes
wörtlicher Bedeutung –, er ist in einem Stall geboren, wahrscheinlich in einem Ort, der jetzt gerade wieder in aller Munde ist. Eine
solche Geburt eines Retters, eines Heilands in einem Stall wird nicht
erfunden, sagt Ernst Bloch. Die Menschen erdenken sich anderes,
wenn sie träumen. Das Armwerden des unendlich reichen Gottes
ist ein Akt eines unergründbaren Erbarmens. Gott ist nicht der sich
selbst immer Gleiche, wie das manche Philosophen denken. Er liebt.

Es bedeutet, liebe Gemeinde, keine Herabwürdigung unserer
Weihnachtsfeiern, wenn ich sage – auch im Vergleich der verschiedenen Weihnachten meines Lebens –, dass die ganze Größe der
Weihnachtsbotschaft gerade in den Tiefen des Lebens erfahrbar ist.
Es ist schön, wenn der Weihnachtstisch von den Grüßen und Gaben lieber Menschen überquillt, und ich möchte es nie anders haben.
Aber wenn man nicht weiß, wie es weitergeht. Wenn kaum einer
noch an einen denkt. Wenn man Weihnachten in der zerbombten Marktkirche feiert, und der Regen oder der Schnee kommt da
von oben. Bis in jene unerdenklichen Tiefen, von denen Elie Wiesel in seinem Bericht aus dem KZ Auschwitz berichtet. Wo da drei
Menschen, zwei Männer und ein Kind, als Vergeltungsmaßnahme
gehängt werden und eine Stimme über den Platz schallt: »Wo ist
Gott?« Und eine andere Stimme in ihm antwortete: »Dort hängt er,
dort am Galgen«. Als Jude an Christus und seine allerletzte Gottes-
offenbarung sich erinnernd. »Obwohl er reich ist, wurde er arm
um euretwillen«.

Aber nun möchte ich, liebe Gemeinde, am 2. Weihnachtstag einen
besonderen Nachdruck noch auf die andere Bewegung legen, auf
die Lebensrichtung hin, die von unten nach oben führt. Christus,
arm um euret-, unseretwillen, damit ihr – wir – durch seine Armut
reich würden. Der »fröhliche Wechsel!« ist erst dann ein wirklicher
Wechsel und wahrscheinlich auch erst dann wirklich »fröhlich«,

wenn diese Seite voll zum Zuge kommt. Aber wie kann ich das entschlüsseln, was hier zu sagen ist?

Am leichtesten ist es immer, mit dem Negativen anzufangen. Ich denke, ich würde die Botschaft der Weihnacht verfehlen, wenn ich Ihnen den »armen Jesus« als ein neues Dogma predigen würde, durch dessen Annahme man in einer paradoxen Identität reich würde. Sicher ist Jesus arm gewesen, ist arm geboren, hat arm gelebt, ist arm gestorben. Und es gibt so viel Armut in der Welt, mehr und schlimmere Armut, als sich jeder und jede von uns vorstellen kann. Aber ich kann mir nicht denken, dass es im Sinne Jesu wäre, das alles wie ein Wasserfall auf Sie herabregnen zu lassen. Das würde Sie, wenn ich es gekonnt mache, sicherlich berühren, das schlechte Gewissen, das wir sowieso haben, ein Stück verstärken. Aber weiter bringen würde es uns wohl kaum, und eine Bewusstseinsänderung und die anständigen Kollekten für »Brot für die Welt«, die müssten eigentlich auf anderem Wege zu erreichen sein.

Ich möchte es heute so versuchen: Ich möchte Sie bitten, sich ihren eigenen Unvollkommenheiten und damit Ihrer eigenen Armut zu stellen. Ich vermute: Jeder und jede ist mit irgendwelchen Gedanken hier, die ihn/sie auch irgendwo bedrücken. Schwerwiegende Dinge können das sein: die Angst vor einer Operation, einer Diagnose. Anscheinend banale Dinge können das sein, wie die Traurigkeit, man habe zu Weihnachten nicht die richtigen Geschenke gefunden, die der eigenen Liebe genügend Ausdruck geben. Gestoßene sind wir oft. Überlastete und Überforderte, Herumgebuffte, Gedemütigte. Vor allen Dingen immer wieder: Verwundbare. Wir wollen dazu stehen.

Und da sind wir nun hier im Gottesdienst und treten in eine Beziehung zu dem, der der Grund unseres gemeinsamen Glaubens ist. Da ist der Gott, der in Jesus Mensch geworden ist. Der Gott, der nicht als fordernder, sondern als sich hinschenkender Gott in die Geschichte getreten ist. Vielleicht ist es gar nicht so entscheidend, dass er das alles kennt, was ein Menschenleben ausmacht – sicher war Jesus anders, als wir es sind. Aber dass er das alles aushält. Die ganze Lebendigkeit, die ganze Spannweite des Lebens zwischen Licht und Schatten, Höhen und Tiefen. Mit ihm, mit diesem Gotteskind und Menschensohn in Beziehung treten heißt: Es ist noch immer eine Dimension da, die uns weiterbringt. Wir sind nie, auch mit

Fröhlicher Wechsel | 37

unserer Angst und Unvollkommenheit nicht allein gelassen. Wir treten mit ihm, wie mit einem Bild meines heimlichen Lebens, in ein Gespräch, in eine weiterführende Beziehung ein. So wie der kleine Junge auf der Flucht sich plötzlich eng an seine Mutter schmiegt und fragt: »Sind wir jetzt ganz arm?« Und er hört die Mutter antworten: »Nein, mein Junge. Wir können uns noch immer lieb haben«. Ich denke, liebe Gemeinde, Sie spüren, was ich sagen will. Ich möchte gerne, dass unsere Kirchen Räume sind, in denen sich Menschen herzlicher, offener, unbefangener, geistig wacher begegnen, als das sonst üblich ist. Sich auch kritischer begegnen, auch das »So geht es nicht weiter« kann ein Ausdruck der Offenheit und Wahrheit sein. Räume, in denen aus vielen einzelnen Gottesbildern von uns allen in der Begegnung mit der Botschaft von der Menschwerdung Gottes in Jesus Christus ein gemeinsames Denken, Fühlen und Handeln entstehen kann. Das wird und kann dann bis in gesellschaftliche und politische Aktionen hineingehen. Das kann doch wirklich nicht ständig weitergehen mit der materiellen und seelischen Verarmung unendlich vieler Menschen. »Damit ihr«, so sagt es Paulus, »durch seine Armut, durch seine Menschwerdung reich würdet.«

Das ist nun also das, liebe Gemeinde, was ich für heute von dem »fröhlichen Wechsel«, den Paulus predigt, begriffen habe. Vielleicht habe ich das alles zu sehr auf die Erde herabgeholt. Vielleicht werden Sie sagen: Das hat doch alles noch viel höhere und tiefere Dimensionen. Nun gut, das wird wohl auch so sein. Aber Gott ist Mensch geworden, das feiern wir heute, und dann kann man auch ganz menschlich und ganz einfach davon reden. Und den Reichtum dieser Tage, den wollen wir uns auf keine Weise nehmen lassen. Der Reichtum, dass er kommt und dass er da ist, im Lied, im Wort, im Mahl, und dass wir noch immer etwas haben, was uns weiterträgt.

2. Weihnachtstag – 26. Dezember 1995

Ganz der Vater

21 Ich habe euch nicht geschrieben, als wüsstet ihr die Wahrheit nicht, sondern ihr wisst sie und wisst, dass keine Lüge aus der Wahrheit kommt. 22 Wer ist ein Lügner, wenn nicht der, der leugnet, dass Jesus der Christus ist? Das ist der Antichrist, der den Vater und den Sohn leugnet. 23 Wer den Sohn leugnet, der hat auch den Vater nicht; wer den Sohn bekennt, der hat auch den Vater. 24 Was ihr gehört habt von Anfang an, das bleibe in euch. Wenn in euch bleibt, was ihr von Anfang an gehört habt, so werdet ihr auch im Sohn und im Vater bleiben. 25 Und das ist die Verheißung, die er uns verheißen hat: das ewige Leben. (1. Joh 2,21–25)

Liebe Gemeinde! Am 3. Weihnachtstag – nur 15 Mal in diesem Jahrhundert – schließt der folgende Sonntag direkt an Weihnachten an. Es gibt also zum Abschluss des Weihnachtsfestes sozusagen einen richtigen Lehrtext, und damit auch eine richtige Lehrpredigt. Nach all den Süßigkeiten Schwarzbrot. Ob uns der Sinn danach steht, ob es bekommt, wir werden sehen. Ob Jesus, der zur Welt gekommene Jesus, ob er der Christus ist. Das ist die Frage. Oder, noch weiter gefasst, und das will ich dann behandeln: Wie der Zusammenhang von Sohn und Vater ist. »Wer den Sohn bekennt, der hat auch den Vater«, wird von Johannes lapidar erklärt. Über die Vater-Sohn-Beziehung ist zu reden, und natürlich ist das christologisch, ist das theologisch hier gemeint.

Aber lassen Sie mich doch mit einer sanften Steigerung langsam beginnen. Das Verhältnis zwischen Vater und Sohn ist schon im menschlichen Bereich ein überaus schwieriges Problem. Die Frage der Identität stellt sich zunächst ganz direkt und unmittelbar dem Sohn (bei Töchtern ist das natürlich ganz dieselbe Frage). »Ganz der Vater« rufen die Verwandten und Freunde verzückt am Kinderwagen.

Das mag zunächst schmeicheln, und das Kind nimmt es vermutlich zunächst als Ausdruck des Wohlwollens, ja der Zuneigung auf. Aber die Söhne und die Töchter wollen irgendwann sie selbst sein und nicht immer hören: »Ach, Sie sind der Sohn, die Tochter von …«. Ein gesunder Ehrgeiz kann daraus erwachsen, um seinerseits den Vater, die Mutter in Identitätsprobleme zu schicken mit Begegnungen, die sich nicht mehr aus den eigenen Beziehungen definieren. »Ach, Sie sind der Vater von …« Schön ist das eigentlich, denke ich manchmal, sich so neu bestimmen und ausrichten zu können. Ob ich es wirklich schön finde, wenn es mir massiv begegnet, das muss sich freilich erst erweisen.

Das andere Extrem ist freilich die viel schlimmere Erfahrung für die Väter, für die Mütter, der Aufstand der Söhne und der Töchter. Beziehungen gehen manchmal endgültig in die Brüche. Schlimm ist das für die Eltern, nicht minder schlimm aber oft, wenn man's genau besieht, auch für die Kinder. Manchmal müssen Kinder ihre Eltern loswerden, um zu sich selbst zu kommen. Die Tragik ist nur, dass häufig im Aufstand auch die größte Abhängigkeit ist. Die negativen Beziehungen sind oft viel weniger entwicklungsfähig als die positiven und man wundert sich, was Kinder – gerade wenn sie sich von den Eltern losgesagt haben – von ihren Eltern her noch alles transportieren.

Ja, ja, die Vater-Sohn-Beziehung mit ihren vielen Dimensionen. All das gerät nun in einen viel umfassenderen Horizont hinein mit der Gottesfrage. Rein akademisch scheint zunächst die Frage nach der Beziehung von Jesus zu seinem Vater, zu Gott zu sein. Wen kümmert das schon, ob Jesus eine eigene, unverwechselbare Identität besaß oder nur wie ein Spiegel war, durch den man Gott schauen konnte. Aber über diese Frage ist jahrhundertelang in der Christenheit leidenschaftlich gestritten worden, und nicht nur in den geistigen Eliten. Nein, auf dem Fischmarkt in Alexandrien haben sich die Fischfrauen die Aale und Hechte nur so um die Ohren geschlagen. Homoousios schrien die einen. Homoiusios die anderen. Wesensgleich oder wesensähnlich, Jesus mit seinem Vater, das war die Frage. 381 ist dann die Frage auf dem Konzil von Konstantinopel gelöst worden: wesenseins, aber Vater, Sohn und Heiliger Geist, in drei Gestalten, in je eigener Identität.

Gelöst, die Frage? Wirklich? In ganz andere Zerreissproben, in ganz andere Aufstände ist dieses Vater-Sohn-Verhältnis bald hineingekommen, und das sind unsere Fragen heute, denke ich. Da gibt es viele, die – wenn Sie ehrlich sind – für sich sagen: Mit Gott kann ich etwas anfangen. Mit Jesus wenig oder nichts. Gott erlebe ich in der Natur, im Schweigen des Waldes, in der Majestät der Berge. Gott erlebe ich im Augenblick des Transzendierens, da, wo meine Freude explodiert in eine unendliche Freude hinein. Kennen Sie das nicht, diese Erfahrungen von Unermesslichkeit und Geheimnis, die in die Tiefe dieser Wirklichkeit geht. Eine große Unmittelbarkeit zu Gott. Eine mystische Erfahrung. Von diesem Gott kann ich eigentlich keine Geschichten erzählen, oder nur solche, die ich selbst erlebe. Ob das Realität ist oder Projektion, wer will das entscheiden. Die Erfahrung Gottes ohne den Sohn. Wer – dem es um den Glauben geht – würde nicht sagen müssen, dass er auch solche Erfahrungen gut kennt.

Daneben gibt es die genau entgegengesetzte Position, und ich muss feststellen, auch die ist mir gut vertraut. Ich kann mit Jesus, mit dem Sohn etwas anfangen, aber nicht mit Gott. Der unsichtbare, der ungreifbare Gott – er hat sich mir mehr und mehr entzogen. So empfinden viele. Die Menschlichkeit Jesu, gerade das, was zu Weihnachten so in den Mittelpunkt gerät, das bringt uns Jesus nahe. Da wird einer in einer Notunterkunft geboren, in der Ecke auf einer Strohschütte, und die ersten, die sich für ihn interessieren, sind die Hirten, die Proletarier der damaligen Zeit. Dann muss er mit seiner Familie sofort in die Emigration. Seine Kindheit ist ohne jeden Glanz. Und so kann ich fortfahren, die Geschichte als eine wichtige, als eine bedeutende, aber dann als eine menschliche Geschichte zu erzählen, als eine Geschichte von nebenan. Einer, der seine Gotteserfahrungen gemacht hat, natürlich auch das. Aber das Wichtigste seine Anfassbarkeit, seine Konkretheit, seine Menschlichkeit. Und wer wollte sagen, dass ihm dies nicht ein wichtiger Aspekt seines Lebens ist.

So ist das Vater-Sohn-Verhältnis im Blick auf Jesus eine unerhörte Zerreißprobe geworden: Der Vater ohne den Sohn oder der Sohn ohne den Vater. Unser Predigttext aus dem 1. Johannesbrief fügt die beiden Teile mit einer großen Klarheit und Präzision zusammen. »Wer den Sohn leugnet, der hat auch den Vater nicht, wer den Sohn bekennt, der hat auch den Vater«. Es gibt keine Gotterkenntnis ohne den Sohn, und es gibt keine Erkenntnis Jesu, kein Bekenntnis zu Jesus ohne Gott. Wer das auseinanderreißt, der ist ein Lügner, sagt Johannes. Ja, er greift sogar noch tiefer in die Kiste seiner Verdammungen. Wer das auseinanderreißt, der ist der Zerstörer, der ist der Antichrist der Endzeit selbst.

So ist das also unendlich wichtig, dieser Zusammenhang, so ist er vielleicht die Schlüsselstelle aller Erkenntnis, allen Glaubens? Ja, so ist das wohl. Die direkte, die mystische Erkenntnis Gottes selbst? Sie ist und bleibt wichtig, ohne die fruitio Dei, wie die alten Dogmatiker gesagt habe, ohne den Genuss Gottes ist keine Gotteserfahrung möglich. Aber wer kann sie durchhalten. »Ein einziger Krebskranker«, hat jemand gesagt, »in die vielgepriesene Schönheit der Natur gestellt, widerlegt die ganze Schönheit der Natur«. Wie kann man nach Hiroshima, Auschwitz, Stalingrad, Dresden, nach Vietnam, Biafra, Chile, Afghanistan, Tschernobyl glauben. Wer kann danach an Gott glauben, ohne, ja ohne vom Sohn zu reden, der selbst am Kreuz gequält, geschunden ist, der die Bosheit und die Erniedrigung dieses Lebens gekannt hat. Wer all das sieht in dieser Welt und von der Allmacht Gottes redet, ohne zugleich von dem Gott zu reden, der mitleidet, eben von dem Sohn, der wäre ein Zyniker oder Masochist. Auch so fällt einem der Glaube nicht in den Schoß, aber er bekommt ein Element der Tiefe und der Wahrheit.

Ähnlich ist das von der anderen Seite her. »Wer den Sohn als Sohn leugnet, der hat auch den Vater nicht«. Jesus in seiner Menschwerdung, in seiner Leibhaftigkeit, in seiner Mitmenschlichkeit gründet in seiner Unmittelbarkeit zum Vater. So offen, so bejahend, so mutig kann nur einer sein, der aus einer ständigen Einheit mit dem Vater lebt. Hans Urs von Balthasar hat das einmal sehr schön gesagt: »Wäre er nicht so weit in die Einsamkeit mit Gott zurückgegangen, so hätte er niemals so weit in die Gemeinschaft mit Menschen hinausgehen können.« Als Gotteslästerung ist seine Menschlichkeit auch entsprechend verstanden und angeklagt worden. Dieser Mensch, wenn er Ihnen und mir entscheidend wichtig ist, dann darum doch, weil in ihm mir Gottes Nähe, Gericht und Zuspruch unmittelbar wird.

Ja, ja, die Vater-Sohn-Problematik. In einer kleinen Lehrpredigt habe ich sie Ihnen im Blick auf Christus zu entfalten versucht. Ich habe vor allen Dingen die Zusammengehörigkeit zwischen Gott und Christus herausgestellt. Das ist die Sicht des 1. Johannesbriefes, die mich geleitet hat. Es gibt daneben natürlich die Verschiedenheit. Und mit einem Blick darauf und auf manche Schwierigkeiten, an Gott in unserer Welt zu glauben, möchte ich schließen. Albert Camus hat in seiner Erzählung »Der Fall« die Situation von Menschen und seine Situation in der Welt in den Worten eines Strafverteidigers so umschrieben. »Ich gleiche einem alten Bettler, der eines Tages in einem Café meine Hand nicht loslassen wollte. ›Ach, wissen Sie, Monsieur‹, sagt er, ›man ist ja nicht eigentlich ein schlechter Mensch, aber man verliert das Licht‹«. Kein schlechter Mensch sein, aber das Licht verlieren, welch eine alltägliche Erfahrung. Da brauche ich jemanden, dessen Hand ich fest halten und dem ich das sagen kann. Und das ist, denke ich, die einzigartige Besonderheit des Mannes von Nazareth, dass seine Menschenfreundlichkeit Vertrauen weckt, und dass es seine Hände sind, die ich suchen und fassen werde.

Darum ist dann wohl auch Weihnachten geworden, dass die Menschenfreundlichkeit Gottes Gestalt geworden ist in dieser Welt. Und dass wir in der Spannung zwischen dem abwesenden und dem anwesenden Gott in ihm den Ort haben, an dem wir Gott glauben können. Manchmal nur als Ruf und Schrei, manchmal im Bekenntnis, und manchmal sogar in einem großen Lobgesang. Der möge uns aus diesem Weihnachtsfest noch ein ganzes Stück begleiten.

Sonntag nach Weihnachten – 27. Dezember 1987

Wahrheit macht frei

31 Da sprach nun Jesus zu den Juden, die an ihn glaubten: Wenn ihr bleiben werdet an meinem Wort, so seid ihr wahrhaftig meine Jünger 32 und werdet die Wahrheit erkennen, und die Wahrheit wird euch frei machen. 33 Da antworteten sie ihm: Wir sind Abrahams Kinder und sind niemals jemandes Knecht gewesen. Wie sprichst du dann: Ihr sollt frei werden? 34 Jesus antwortete ihnen und sprach: Wahrlich, wahrlich, ich sage euch: Wer Sünde tut, der ist der Sünde Knecht. 35 Der Knecht bleibt nicht ewig im Haus; der Sohn bleibt ewig. 36 Wenn euch nun der Sohn frei macht, so seid ihr wirklich frei. (Joh 8,31–36)

Liebe Gemeinde! Die Stunde Null naht, die Stunde des Jahreswechsels. Jene geheimnisvolle Stunde wird in Kürze sein, deren Geheimnis die Menschen im Geknalle der Feuerwerkskörper, im Zurufen der Wünsche und der Prosits zu überdecken versuchen.

Die Stunde Null: Man weiß nicht, ob sie noch zum alten oder schon zum neuen Jahr gehört. Im Augenblick haben wir noch etwas Zeit, bis diese Stunde naht. Man rechnet mit sich ab, vielleicht, in dieser Zeit. Rechnet ab mit den anderen, rechnet ab mit Gott. Man erwägt die verlorene, die vergeudete Zeit, denkt zurück an die schöne, an die verdichtete Zeit. Was ist aus diesen Minuten, Stunden, Tagen, Nächten geworden, die mir noch geschenkt sind, während andere schon gestorben sind, vielleicht dies auch erst in jüngster Zeit.

Was war es, dieses Jahr, das in Kürze einmündet in die Stunde Null, und dann in das neue Jahr? Die Zeitung und die Bibel zugleich lesen, wie Karl Barth gefordert hat, das gilt für den Altjahrsabend in besonderer Weise. Was wird von dem Jahr 1994 in Erinnerung bleiben?

Die politischen Abenteuer, die sich hier und da zu Katastrophen ausgeweitet haben? Bosnien an erster Stelle, Ruanda, Haiti, jetzt Tschetschenien? Die großen Unglücksfälle, die in furchtbarer Regelmäßigkeit sich von Jahr zu Jahr jeweils anders wiederholen: Giftalarm an der Nordseeküste, Massenpanik in Mekka, Ölpest aus einer russischen Pipeline in der Arktis, das Massengrab im Untergang der Estonia in der Ostsee? Das Superwahljahr: Noch einmal Kohl in Bonn und Schröder in Hannover, und die Liberalen aus allen Landesparlamenten. Oder sind es im Rückblick auf 1994 im Vorrücken auf die Stunde Null eher die persönlichen Daten, die nicht in der Zeitung standen, aber das Leben dominierten? Ein Verlust oder ein Gewinn, eine Krankheit oder eine wunderschöne Urlaubserfahrung, Freunde, die man gewonnen oder verloren hat, und oft ist es dann auch beides zugleich. Die Stunde Null, in der sich die Unermesslichkeit der Erde vertieft, ist auch die Stunde der großen Zweideutigkeiten. So wie das Thema der Zweideutigkeit, der Doppeldeutigkeit überhaupt das Thema des vergangenen Jahres gewesen zu sein scheint. Aus dem Zusammenbruch des kommunistischen Systems ist erstaunlicherweise das westliche Demokratiemodell nicht als strahlender Sieger hervorgegangen. Desillusionierung überall. Nach dem Fortfall des Kalten Krieges zwischen Ost und West ist die Bedrohung nicht weniger geworden. Wegfall der Grenzen einerseits und neue Grenzen gegenüber den Staaten Osteuropas und vor allem der Dritten Welt andererseits. Die Welt als Ganze, so lautet die Diagnose vor dem Hereinbrechen der Stunde Null, hat keine eindeutige Zukunftsperspektive mehr. Man wird sich an eine neue Komplexität, eben an die Vieldeutigkeit gewöhnen müssen.

Wie gut, liebe Gemeinde, dass man neben der Zeitung auch noch die Bibel lesen kann. Nicht, dass die Zweideutigkeiten damit verschwunden sind, das Leben wie ein windstilles Meer glatt vor einem liegen würde. Aber das Nachdenken bekommt einen Kern, die Zukunft eine Perspektive, auch wenn sie sich noch nicht in Handlungsschritte umzusetzen weiß. »Wenn ihr bleiben werdet an meinem Wort«, so das Wort der Bibel als ein Wort des Christus, »so seid ihr wahrhaftig meine Jünger, und werdet die Wahrheit erkennen, und die Wahrheit wird euch frei machen«.

Die Stunde Null im Übergang der Jahre und der Zeiten, und der Mensch in ihr: Der Wahrheit und der Freiheit verpflichtet. Das gilt ganz allgemein und zu allen Zeiten, aber es hat seine besondere Gestalt gerade auch in unsrer Welt. Der Mensch ist zur Wahrheit verpflichtet. Jedes Kind weiß das, auch wenn es Angst vor der Wahrheit hat und deshalb anfängt, sich an der Wahrheit zu vergreifen. Und das tun ja auch bekanntlich nicht nur die Kinder. Noch in jedem Vertuschen der Wahrheit, das wir so oft im privaten wie im öffentlichen Raum erleben können, ist die Angst zu spüren, die dem Verpflichtungscharakter der Wahrheit seine Reverenz erweist. Es gehört zum Menschen, dass er wahr ist und wahr spricht, alles andere sind Verkürzungsformeln des Menschlichen, wie man das immer wieder mit Erschrecken und Entsetzen feststellen muss.

Und auch das andere ist, zumindest seit der Französischen Revolution, dem allgemeinem Bewusstsein eingestiftet: Es gehört zum Menschen, dass er frei ist. Auf etwas Ureigenstes werden wir angesprochen, wenn es um die Freiheit geht. Die politische Geschichte eines ganzen Jahres kann man auch als Sehnsucht nach der Freiheit schreiben. Nach der Freiheit schrien die Geknechteten in den sichtbaren und unsichtbaren Gefängnissen dieser Erde. Und wenn der Schrei verstummt, werden die Gefangenen nicht einmal mehr die Freiheit haben, nach der Freiheit zu schreien, so bringt ihr Schweigen erst recht zum Ausdruck, wie unfrei sie sind. Der Drang nach Freiheit lässt sich nicht unterdrücken. Das ist der Menschheitsgeschichte zumindest der westlichen Neuzeit eingeschrieben.

Das ist, liebe Gemeinde, unserem Denken in einer Stunde wie heute frei zugänglich. Der Mensch ist der Wahrheit verpflichtet und der Freiheit. Aber der Anstoß zum Nachdenken, so vermute ich, liegt für uns in der Wende von 1994 auf 1995 in der Kombination dieser beiden Wirklichkeiten. »Wenn ihr bleiben werdet an meinem Wort«, sagt Jesus, »so seid ihr wahrhaftig meine Jünger und werdet die Wahrheit erkennen und die Wahrheit wird euch frei machen«. Wahrheit und Freiheit gehören zusammen. Das eine ist ohne das andere nicht zu haben. Die Freiheit hat ihren Ursprung in der Wahrheit. Was nicht wahr ist, macht auch nicht frei. Und die Wahrheit hat in der Freiheit ihr Ziel. Was nicht frei ist, ist auch nicht wahr. Und ich sehe als Bild dieser Zusammengehörigkeit die häufige Darstellung des Mittelalters, wie Christus mit beiden Füßen auf dem Altar und dem Neuen Testament steht und in der linken Hand die Weltkugel hält, der er mit der lehrend erhobenen rechten Hand den Weg zum Leben weist. Er hat die Welt in der Hand, nicht krampfhaft geschlossen wie einen Raub. Sondern Christus hält die Welt in einer frei geöffneten Hand, aus der sie sich jederzeit entfernen, aus der sie jederzeit herausfallen kann. Eine offene Hand, in der die Welt dennoch sicher ruht, weil sie von der Wahrheit gehalten und getragen wird. Die Welt in der Hand der Wahrheit und die Freiheit auf eben diese Wahrheit bezogen. Das ist der Punkt, von dem unser Denken in dieser Stunde seinen Ausgang nimmt.

Die Freiheit in ihrer Beziehung auf die Wahrheit, und die Wahrheit mit dem Blickpunkt auf die Freiheit, darüber müsste man noch vieles sagen. Ich kann nur eine Seite hier noch vertiefen. Es ist die Wahrheit, die den Menschen frei macht. Die Wahrheit als der Ursprung und die Grenze der Freiheit, das ist mir im Rückblick und im Ausblick wichtig.

Warum? In der Bewegung zur Grenzenlosigkeit der Freiheit sind wir schon lange drin. Alles muss immer mehr werden, immer besser. Die Forschung geht immer weiter, die Produktion ist auf Wachstum eingestellt. Die Reporter fragen oft nur noch: Wie viele Menschen kommen zum Sternenmarsch, zu einer Veranstaltung, zu einem Gottesdienst? Zählen die Inhalte denn gar nicht mehr? Wir wirbeln umher, die, die Arbeit haben, arbeiten immer mehr. Warum? Wozu? In der Grenzenlosigkeit der Freiheit geraten alle Maßstäbe ins Rutschen, und die Freiheit wird zur Beliebigkeit. Ich bin hier, aber bin ich hier mit Konsequenz, könnte ich nicht auch ganz woanders sein? Die Grenzenlosigkeit von Freiheit ist nicht nur zu einem individuellen, ist längst auch – wie auf der Hand liegt – zu dem gravierendsten politischen Problem geworden.

Die Freiheit, liebe Gemeinde, hat ihre Grenze, gerade in der Begrenzung wird sie intensiv, wächst nach innen und außen. Die Begrenzung der Freiheit ist die Wahrheit, aus der sie kommt. Oder, anders ausgedrückt, die Begrenzung der Freiheit ist der Glaube und die Liebe, der Glaube an Gott und die Liebe zu meinem Nächsten. Der Glaube an Gott als Grenze der Freiheit. Wenn ich an Gott glaube, wachse ich sozusagen in ihn hinein. Es werden mir ganz bestimmte

Dinge wichtig, die, die Gott mit dieser Welt vorhat. Die, die er in Christus unter uns hat Wirklichkeit werden lassen. Gerechtigkeit und Friede und Versöhnung gehören elementar dazu. Es kommt ja doch nicht von ungefähr, dass Menschen eines intensiven und lebendigen Glaubens auch eine unerhörte Freiheit auszeichnet, eine Freiheit sich selbst gegenüber, auch eigene Fehler einzugestehen. Eine Freiheit, das Wichtigste vom Unwichtigen zu unterscheiden. Akzente zu setzen. Eine Freiheit zum Widerstand. Der Glaube wird zum Zeichen der Wahrheit, zum Zeichen des Lebendigen.

Die andere Grenze der Freiheit ist der Nächste. Im anderen Ich findet das eigene Ich seine unübersehbare Grenze. Eine Binsenweisheit ist das. Zu einer christlichen Weisheit wird sie dadurch, dass der Mensch neben mir ein Anruf und eine Gabe Gottes ist, sich in Liebe zu bewähren. Indem ich liebe, erkenne ich die Grenzen an, erkenne ich dem anderen das Recht zu, ein anderer zu sein, und suche doch – oder gerade deshalb – die Gemeinschaft genau mit ihm. In der Liebe teile ich die Freiheit mit einem anderen Menschen. An dieser Grenze beginnt die eigene Freiheit, sozusagen nach innen zu wachsen. Sie gewinnt an Intensität. Das gilt sowohl für den, den ich von vornherein anziehend und schön finde. Es gilt noch mehr für den, den ich nicht von vornherein liebe, der meine Liebe erst schön macht in meinen Augen und in den Augen anderer. Wer liebt, ist intensiv und mit Leib und Seele frei.

So gehen wir nun miteinander, liebe Gemeinde, auf die Stunde Null zu und auf das neue Jahr. »Wenn ihr bleiben werdet an meinem Wort«, sagt Christus, »so seid ihr wahrhaftig meine Jünger und werdet die Wahrheit erkennen und die Wahrheit wird euch frei machen«.

In einer Zeit, in der für viele die Freiheit und auch das Elend grenzenlos wird, und der Einzelne sich verkriecht vor der Gemeinschaft oder aus ihr herausfällt, werden wir die Grenzen der Freiheit in der Wahrheit Gottes neu lernen müssen. Keine Enge gibt das, sondern eine unerhörte Weite und Perspektive. So wollen wir auf das neue Jahr zugehen, die Freiheit in der Hand einer Wahrheit, das wird es sein.

Altjahrsabend – 31. Dezember 1994

Die Frage hat mehr Kraft als die Antwort

9 Wach auf, wach auf, zieh Macht an, du Arm des HERRN! Wach auf, wie vor alters zu Anbeginn der Welt! Warst du es nicht, der Rahab zerhauen und den Drachen durchbohrt hat? 10 Warst du es nicht, der das Meer austrocknete, die Wasser der großen Tiefe, der den Grund des Meeres zum Wege machte, dass die Erlösten hindurchgingen? 11 So werden die Erlösten des HERRN heimkehren und nach Zion kommen mit Jauchzen, und ewige Freude wird auf ihrem Haupte sein. Wonne und Freude werden sie ergreifen, aber Trauern und Seufzen wird von ihnen fliehen. 12 Ich, ich bin euer Tröster! Wer bist du denn, dass du dich vor Menschen gefürchtet hast, die doch sterben, und vor Menschenkindern, die wie Gras vergehen, 13 und hast des HERRN vergessen, der dich gemacht hat, der den Himmel ausgebreitet und die Erde gegründet hat, und hast dich ständig gefürchtet den ganzen Tag vor dem Grimm des Bedrängers, als er sich vornahm, dich zu verderben? Wo ist nun der Grimm des Bedrängers? 14 Der Gefangene wird eilends losgegeben, dass er nicht sterbe und begraben werde und dass er keinen Mangel an Brot habe. 15 Denn ich bin der HERR, dein Gott, der das Meer erregt, dass seine Wellen wüten – sein Name heißt HERR Zebaoth –; 16 ich habe mein Wort in deinen Mund gelegt und habe dich unter dem Schatten meiner Hände geborgen, auf dass ich den Himmel von neuem ausbreite und die Erde gründe und zu Zion spreche: Du bist mein Volk. (Jes 51,9–16)

Liebe Gemeinde! Ein Klagelied des Propheten und ein sich anschließendes Erhörungsorakel sei das, sagen die Ausleger dieses Bibeltextes. Der Prophet bestürmt den Himmel. Ein Weckruf an die Adresse Gottes ist das, der die Stunde des Handelns offenbar verschlafen hat. »Wach auf, wach auf, zieh Macht an, du Arm des Herrn«. Israel ist im babylonischen Exil. Die Welt ist in Aufruhr, eine neue Großmacht ist am Horizont erschienen, die Perser von Norden ziehen heran. Aber an den Flussufern von Babylon scheint sich nichts zu ändern, das Volk Israel ist wie ein Gefangener, fest in Ketten gelegt. Die Botschaft von dem Kommen Gottes, die die Heimkehr nach Jerusalem einschließt: Die Botschaft des zweiten Jesaja verliert langsam ihre Kraft und Glaubwürdigkeit. Wach auf, wach auf, wie vor alters, zu Anbeginn der Welt. Weit in die Vorzeit wird zurückgegriffen, der schlafende Gott muss anscheinend erinnert werden. Warst du es nicht, der Rahab, der die Urschlange zerhauen, den Chaosdrachen getötet hat, der die Erde und die Himmel gegründet und befestigt hat? Der Israel aus der Sklaverei Ägyptens geführt hat, mit starker Hand und ausgestrecktem Arm? So möge es doch wieder werden, die Erlösten mögen nach Jerusalem ziehen mit Jubel und mit Jauchzen. Im Blick auf die Zukunft ist der Prophet vorsichtig geworden, keine direkte Bitte wagt er mehr, eine »Wunsch-Bitte« sei das, hat ein Ausleger gesagt. Aber die Ungewissheit der Erhörung bremst nicht die Leidenschaftlichkeit der Fragen, mit denen der Prophet den dem Auge und dem Herzen des Menschen verborgenen Gott bestürmt.

Erstaunlich, liebe Gemeinde, so direkt im Anschluss an die menschlichen Fragen an Gott die Antwort Gottes selbst zu hören. Auch die Antwort kleidet sich zunächst in Fragen, die wie ein leiser Vorwurf klingen. Auch der Mensch muss, wie Gott selbst, erinnert werden. Bin ich es nicht, Spruch Gottes, der den Himmel ausbreitet, die Erde gemacht, die Bäume und Lebewesen, die ganze Welt geschaffen hat? Der das Meer erregt – in Tagen einer Überschwemmungskatastrophe ein Hinweis, der zwiespältige Gefühle macht. Von weit her kommst du, Mensch, und du kommst von mir. Und dann der Blick in die Zukunft. »Der Gefangene wird losgegeben«. Und die Bestätigung der Sendung. »Ich habe mein Wort in deinen Mund gelegt, dich unter dem Schatten deiner Hände geborgen und bewahrt«. Warum, wozu? In der hier besonders schönen Übersetzung Martin Bubers: »Einen Himmel zu pflanzen, eine Erde zu gründen, und zu Zion zu sprechen: Du bist mein Volk«.

Ja, liebe Gemeinde, Wort des Propheten und Antwort Gottes, Frage und Gegenfrage, Wort und Antwort. Die schnelle und direkte Folge von Frage und Antwort ist selten geworden, der Weg von dem einen zum anderen unendlich lang. Die Frage nach dem Sinn von Leid und Krankheit, die Frage nach dem Sinn von Krieg und Katastrophe, die Frage nach dem Sinn meines und Ihres Lebens überhaupt. Wer will darauf eine schnelle Antwort geben oder finden, die er dann auch mit einer letzten Gewissheit, mit dem Namen »Gott« umschreiben könne? Aber die Fragen und Klagen bekommen ja auch bei dem Propheten Jesaja nicht eine Antwort, die den Fragenden einfach ruhig und zufrieden stellt. Es ist eher, wie wenn ich in einer mir fremden Stadt nach einem bestimmten Gebäude oder einer bestimmten Straße frage: Das Ziel wird mir gewiesen, aber den Weg dorthin muss ich schon selber gehen.

Ja, die unendlich vielen Fragen nach dem Handeln, nach der Erkennbarkeit Gottes, und der den Menschen von Gott gewiesene Weg. Zwei Tage nach den Gedenktagen der Befreiung von Auschwitz, 50 Jahre danach, kann eine christliche Predigt über einen Text der jüdischen Bibel nicht über die Fragen, die Auschwitz stellt, hinweggehen. 1,1 Millionen Menschen, 90 % davon Juden, in Auschwitz-Birkenau ermordet, vergast, erschossen. Fünf oder zehn Ermordete kann ich begreifen, mit Namen nennen. Aber eine Million Menschen, Kinder, Frauen, Männer, Greise, Angehörige – wie die ganze Bibel bezeugt – des von Gott geliebten und erwählten Volkes. Ein Abgrund von Leid, von Barbarei, von Schuld, der aufgerissen bleiben wird. Herschel Weiss ist von Israel nach Auschwitz gekommen in dieser Woche: 43 Angehörige seiner Familie sind hier umgekommen, er nahezu allein ist übriggeblieben. Was werden da für Fragen sein. »Wach auf, wach auf, zieh Macht an, du Arm des Herrn! Warst du es nicht, der Rahab zerhauen und den Drachen durchbohrt hat«? So wie am vergangenen Donnerstag, in unserem möglicherweise letzten jüdisch-christlichen Dialog mit Landesrabbiner Brandt, ein alter jüdischer Arzt aufstand und sagte: »Ich glaube nicht mehr an Gott. Ich glaube, dass es hier und da Güte zwischen den Menschen geben kann. Aber ich glaube nicht mehr an Gott«. Und zu mir hingewandt: »Wie wollen Sie« er sagte: die Stellvertreter Gottes auf der Erde, und er meinte natürlich, die angemaßten Stellvertreter Gottes, »wie wollen Sie das verantworten, wovon Sie reden?« »Siehe, ich habe mein Wort in deinen Mund gelegt«

Ich lese in diesen Tagen, um den Erinnerungen von Auschwitz ein wenig nahe zu sein, wieder einmal das Buch von Elie Wiesel »Die Nacht zu begraben, Elischa«. Die Geschichte, die hinter diesem Erinnerungsbuch steht, überfällt mich jedes Mal beim Lesen mit ungeheurer Wucht. Zwölf Jahre ist Elie Wiesel alt, als die ersten Juden aus Sighet in Siebenbürgen deportiert werden. Er war noch nicht ganz fünfzehn, als er mit Vater und Mutter und Schwester und Verwandten und Nachbarn und Freunden durch das Lagertor von Auschwitz getrieben wurde. »Arbeit macht frei« stand da geschrieben. Er war fünfzehn, als er jenen Todesmarsch von Auschwitz nach Buchenwald überstand, es war da von den Seinen nur noch sein Vater bei ihm. Als Elie Wiesel dann befreit und aus dem Lager Buchenwald schwerkrank herausgetragen wird, ist er allein. Die Leute aus Sighet, die Verwandten, Vater, Mutter? »Die Friedhöfe liegen dort oben, aufgehängt im Himmel.« »Die Toten«, sagt Elie Wiesel, »nehmen auch die Zukunft ihrer Nachkommen mit ins Jenseits«. Verzeihen, bewältigen dieser Vergangenheit, das erscheint vor der Wucht dieser Erfahrungen nur grotesk. Auch das überlebende Opfer bleibt an Auschwitz gekettet, führt einen lebenslangen verzweifelten Kampf, das normale Leben mit Essen, Trinken, Urlaub, Arbeit wieder mitzumachen. Es wäre besser, sagt Elie Wiesel, der Überlebende trennte sich von denen, die das nicht erlitten haben. »Er verpestet nur die Luft«.

Gleich am Anfang des Buches, aus dem ich eben zitiert habe, steht eine Geschichte, die wie eine moderne Version von Jesaja 51 ist. Spielt noch in der glücklichen Zeit der Siebenbürger Kindheit, bevor die Nazis kamen. Sie spiegelt auch den Geist der jüdischen Mystik, der Kabbala. Der Küster Mosche beobachtet den kleinen Jungen Elischa, der jeden Abend in der Synagoge betet. »Warum weinst du beim Beten?«, fragte eines Tages Mosche den Jungen. »Ich weiß es nicht«, erwidert Elischa erschrocken. »Und warum betest du?« Noch verwirrter sagt der kleine Junge: »Ich weiß es wirklich nicht«. Daraufhin fängt der Küster an zu reden und ihm zu erklären, dass jede Frage eine Kraft besitzt, die die Antwort nicht mehr enthält. Der Mensch erhebt sich zu Gott durch Fragen, die er an ihn stellt. Der Mensch fragt und Gott antwortet. Aber man versteht seine Antworten nicht, sie ruhen auf dem Grund der Seele. »Die wahren Antworten, Elischa, findest du nur in dir«. »Und warum betest du, Mosche?«, fragt der Junge ihn. »Ich bete zu Gott, der in mir ist, dass er mir die Kraft gibt, ihm wahre Fragen zu stellen«. Und Martin Walser sagt über Elie Wiesel, er wäre so oder so ein großer Erzähler geworden, dieser Mann, aber jetzt sei er ein Erzähler, der seine Geschichten nur erzählen kann als Beispiel oder als Frage an seinen Gott.

Liebe Gemeinde! Die Kraft der Fragen und der Antworten, die längst gegeben sind, aber die unerkannt und unbearbeitet in unserer Seele ruhen. Und die, wenn sie als Antworten lebendig werden, zu neuen, leidenschaftlichen Fragen inspirieren. Ich denke manchmal, die geistliche Öde unserer Zeit, die wir in den Kirchen spüren und die auch in uns ist, liegt daran: Es fragt fast keiner mehr. Die Fragehorizonte, die sehnsüchtigen Suchbewegungen hören auf. Es scheint alles so normal und selbstverständlich zu sein, was es auch doch nicht ist. Dieses leidenschaftliche Fragen und Bohren und Anklagen: Wach auf, wach auf, zieh Macht an, du Arm des Herrn. Und die Antwort, die ist doch längst in dieser Frage drin: Dass Gott der ist, der die Welt geschaffen hat und sie mit seiner Liebe trägt. Für mich als Christen: Dass der, der am Kreuz hängt, im Namen Gottes der Bruder gerade auch all der Schwestern und Brüder ist, die durch die Abgründe des Leides und des Todes gehen. Wenn es nicht so wäre, warum sollte ich seine Tür belagern? Den Menschen als Ebenbild Gottes und die Welt als Welt Gottes klage ich an bei ihm, der Mensch und Welt ebenso geschaffen und erlöst hat. »Warst du es nicht, der das Chaos gebannt, das Böse überwunden hat?«

Ja, liebe Gemeinde, die Kraft, die in den Fragen ist. Mögen sich viele zur Ruhe setzen mit dem, was sind und haben. Ein Ort der Unruhe und der Sehnsucht bleibt das Volk, das zu Gott schreit. In aller Schwachheit, ja auch Kümmerlichkeit, gerade so: Vorbote, Bürge einer anderen Welt. Antwort und Spruch unseres Gottes: »Siehe, ich habe mein Wort in deinen Mund gelegt: einen Himmel zu pflanzen, eine Erde zu gründen, und nicht aufzuhören, davon zu reden: Ihr seid Gottes Volk«.

1. Sonntag nach Epiphanias – 29. Januar 1995

Leitbild, nicht Wunschbild

1 Und es wird ein Reis hervorgehen aus dem Stamm Isais und ein Zweig aus seiner Wurzel Frucht bringen. 2 Auf ihm wird ruhen der Geist des HERRN, der Geist der Weisheit und des Verstandes, der Geist des Rates und der Stärke, der Geist der Erkenntnis und der Furcht des HERRN. 3 Und Wohlgefallen wird er haben an der Furcht des HERRN. Er wird nicht richten nach dem, was seine Augen sehen, noch Urteil sprechen nach dem, was seine Ohren hören, 4 sondern wird mit Gerechtigkeit richten die Armen und rechtes Urteil sprechen den Elenden im Lande, und er wird mit dem Stabe seines Mundes den Gewalttätigen schlagen und mit dem Odem seiner Lippen den Gottlosen töten. 5 Gerechtigkeit wird der Gurt seiner Lenden sein und die Treue der Gurt seiner Hüften. 6 Da werden die Wölfe bei den Lämmern wohnen und die Panther bei den Böcken lagern. Ein kleiner Knabe wird Kälber und junge Löwen und Mastvieh miteinander treiben. 7 Kühe und Bären werden zusammen weiden, dass ihre Jungen beieinander liegen, und Löwen werden Stroh fressen wie die Rinder. 8 Und ein Säugling wird spielen am Loch der Otter, und ein entwöhntes Kind wird seine Hand stecken in die Höhle der Natter. 9 Man wird nirgends Sünde tun noch freveln auf meinem ganzen heiligen Berge; denn das Land wird voll Erkenntnis des HERRN sein, wie Wasser das Meer bedeckt. (Jes 11,1–9)

Liebe Gemeinde, Alexander Solschenizyn hat in seinem »Archipel Gulag« die kleine Geschichte erzählt: »Wir sägten Holz, griffen dabei nach einem Ulmenbalken und schrien. Seit im vorigen Jahr der Stamm gefällt wurde, war er vom Traktor geschleppt und in Teile zersägt worden, man hatte ihn auf Schlepper und Lastwagen geworfen – aber der Ulmenstamm hatte sich nicht ergeben. Er hatte einen frischen, grünen Trieb hervorgebracht – eine ganz kräftige Ulme oder einen dichten, rauschenden Zweig. Wir hatten den Stamm bereits auf den Bock gelegt, wie auf einen Richtblock, doch wir wagten nicht, mit der Säge in sein Holz zu schneiden. Wie hätte man ihn zersägen können? Wie sehr er doch leben will, stärker als wir!« »Es wird ein Reis hervorgehen aus dem Stamm Isais und ein Zweig aus seiner Wurzel Frucht bringen«. Dieser Wille zum Leben, Hoffnung und Zukunft aus dem Untergang. Die jüdische Theologin aus New York deutet so die Wiedergeburt Israels aus der Shoa als Auferstehen aus dem Untergang als Gottes guten Weg, der letztlich allen Menschen gilt. Wir stehen, mehr als 50 Jahre danach, noch immer voller Scham und Bestürzung da, was im deutschen Namen in Buchenwald und Auschwitz und Bergen-Belsen, was mit der hannoverschen Synagoge in der Calenberger Neustadt, was mit jüdischen Menschen und Familien neben uns geschah. Und stehen mit Bewunderung vor dem Wiederaufbauwillen des jüdischen Volkes in Israel. Auch wenn wir zunehmend viele Fragen an die Politik des Staates Israel haben. Befreiung der Gefangenen, Hoffnung aus dem Untergang, Wille zum Leben und zur Selbstbehauptung: Da kann ich verstehen, das ist ein Stück Erfahrung von Erlösung. »Und es wird ein Reis hervorgehen aus dem Stamm Isais, des Vaters Davids«. Das Aufsprießen eines neuen Zweiges aus der Wurzel, das Hervorkommen eines jungen Schösslings aus einem alten Stamm ist bei Jesaja kein natürlicher Vorgang, so wie Solschenizyn ihn beschreibt. Das Neue erwächst aus einer Vision. Der Zionismus ist für die Juden eine solche Vision gewesen: Endlich aus der Zerstreuung, endlich aus der Verfolgung, endlich aus der Fremde heraus und heim in das Land, das Gott dem jüdischen Volk gegeben hat. Jesaja 11 ist eine solche Vision. Die Vision eines Kommenden, mit dem nicht mehr Dummheit und Kurzsichtigkeit, sondern Weisheit und Verstand regieren werden.

In Jesaja 11 ist eine solche Vision, in der Gerechtigkeit herrscht und den Gewalttätern auf den Mund gehauen wird. In der Wölfe und Lämmer, Kühe und Bären auf einer Weide sind und Kinder ohne Gefahr mit der Schlange spielen können. Das Land des göttlichen Schalom, des Gottesfriedens ist diese Vision dort, dort, wo die Erkenntnis des Herrn wie Wasser das Meer bedeckt.

Eine Vision, liebe Gemeinde, ist keine Prognose und kein Wunschbild. Eine Prognose muss laufend korrigiert werden. Das

Wunschbild ist oft zu schön, um wahr zu sein. Eine Vision ist ein Leitbild für einen Menschen, für ein Volk und Vaterland. Eine Vision ist die Kraft der Orientierung, die die Hoffnung in Bewegung setzt. Von einer Vision gilt: Ihre Wahrheit macht sie glaubwürdig, macht sie schön. Ein Leitbild lässt sich von Tatsachen nicht überwältigen, macht sie schön. Ein Leitbild lässt sich von Tatsachen nicht überwältigen, ist kontrafaktisch, wie man sagt: Es ist die utopische Kraft ihrer Wahrheit und ihrer Schönheit, wie man sagt. Es ist die utopische Kraft ihrer Wahrheit und ihrer Schönheit, die uns überzeugt und mitreißt. Ja, ist das denn nicht meine und Ihre Hoffnung, der Zweig aus dem toten Stamm, die Welt der Gerechtigkeit und des Friedens. Ohne ein solches Leitbild und ohne wenigstens gelegentliche Erfahrung von Erlösung hätte das ganze Leben doch nicht den geringsten Sinn.

Aus der Predigt der Rabbinerin Margret Moers. Wenig höre ich an dieser Stelle einen leisen, aber einen deutlichen Vorwurf heraus. Die Christen hätten – so gibt sie zu verstehen – den Messias und das messianische Reich auseinandergerissen und alle Visionen dem Kommenden, dem Christus aufgeladen und sich selbst davon zu sehr dispensiert. Ein wunder Punkt ist da getroffen, meine ich. Eine Gotteslästerung und Heuchelei ist es, wenn Wachmannschaften im KZ unter dem brennenden Tannenbaum »Stille Nacht, heilige Nacht« singen und nebenan die Häftlinge sterben. Unbegreiflich ist es uns doch heute, dass sich Christen unter der Botschaft des Gottesfriedens in der Marktkirche versammelt haben, ohne auch nur mit einer Zeile des Gebets daran zu denken, dass sich nebenan in der Ohestraße die letzten hannoverschen Juden zum Abtransport versammeln. Was wird man uns vorwerfen, denke ich manchmal, wo wir die Christuswahrheit, die Vision des Gottesreiches verraten und verdunkelt haben. Nein, der Messias kommt nicht ohne das Reich, in das er uns hineinzieht und um das wir bitten.

Wunderbare Leitbilder unseres Lebens sind das doch, liebe Gemeinde. Da werden die Wölfe bei den Lämmern wohnen und die Panther bei den Böcken lagern. Bär und Rind sind zusammen auf der Weide. Der Bär wird nicht zum Rind, der Jesajatext überzieht ein wenig. Das vertrauensvolle Miteinander in einer Welt der Spannungen und Gegensätze ist angesagt. Ein wenig mehr Vertrauen wagen, die Augen nicht kleiner, sondern größer machen, das Risiko der Zuwendung und Offenheit nicht scheuen. Das sensible Miteinander von Christen und Juden ist davon umschlossen, von Deutschen, Türken, Nigerianern. Die Hand des Kindes am Loch der Otter: Leitbild ist das, nicht Wunschbild, nicht Wunschbild illusionärer Gefahrenlosigkeit. Den Wolf umarmen, hat Luise Rinser das genannt. Aber ihm gelegentlich auch sehr deutlich widersprechen. Kämpfen für eine Welt, die Christus geliebt hat und die er in uns, mit uns herabführen will wie die Sonne am Morgen eines Tages.

»Uns wird ein Reis hervorgehen aus dem Stamm Isais und Zweig aus der Wurzel Frucht bringen«. Welch eine Zuversicht und Hoffnung steckt in dieser Vision. Wachstumsschübe mitten in Krisen und Untergängen. Charles Péguy, der französische Dichter, hat das so gesagt: »Ach ja, das Hoffen ist so schwer. Der natürliche Drang geht dahin zu verzweifeln, um zu hoffen, mein Kind, muss man eine große Gnade erlangt und empfangen haben.« Von der Offenbarung der großen Gnade Gottes kommen wir her, liebe Gemeinde. Auf die Spur des Lebens führt uns dieser Weg.

1. Sonntag nach Epiphanias – 12. Januar 1997

Es wächst wie von selbst

26 Und er sprach: Mit dem Reich Gottes ist es so, wie wenn ein Mensch Samen aufs Land wirft 27 und schläft und aufsteht, Nacht und Tag; und der Same geht auf und wächst – er weiß nicht, wie. 28 Denn von selbst bringt die Erde Frucht, zuerst den Halm, danach die Ähre, danach den vollen Weizen in der Ähre. 29 Wenn sie aber die Frucht gebracht hat, so schickt er alsbald die Sichel hin; denn die Ernte ist da. (Mk 4,26–29)

Liebe Gemeinde! »Urgestein der Überlieferung Jesu« hat ein Ausleger ein solches Gleichnis genannt. Und das spürt man, denke ich, nahezu körperlich: So hat Jesus zu den Menschen geredet. So sinnenhaft, so körper- und so erdennah. So hintergründig, so unausdeutbar auch. Und es ist das, wovon wir als Christen leben. Brot zum Überleben. Korn die Fülle.

»Mit dem Reich Gottes ist es so, wie wenn ein Mensch Samen aufs Land wirft …« Das Bild kennen wir noch, mit ein paar geistigen Korrekturen ist es leicht in unsere Vorstellungswelt hineinzuholen. Da ist der Bauer. Nicht einen »fröhlichen Landmann« haben wir uns vorzustellen, sondern einen, der vielleicht vom harten Kampf um das Überleben frühzeitig alt und grau geworden ist. So wie wir es aus türkischen Gesichtern heute kennen. Der Bauer sät das Korn aus, langsam, sorgfältig, sozusagen Korn bei Korn. Und dann ist die Aussaat fertig, und er kann nichts mehr machen. Er schläft, er steht auf, er macht die andere Arbeit, feiert vielleicht ein Familienfest, schaut nach dem Regen aus. Und dann – wie von selbst – liegt ein grüner Schimmer über der dunklen Erde. Nach einigen Wochen – vor allem, wenn es geregnet hat – ist das ganze Feld sattgrün. Wenn der Wind weht, wogt es in langen Wellen. Die einzelnen Halme werden kräftiger, das Getreide ist so hoch, dass man sich darin verstecken kann. Der Sommer ist da, das Korn ist reif, die Ernte kommt.

Wie gesagt, liebe Gemeinde, das Bild ist leicht in unserer Phantasie zu reproduzieren. Schwieriger ist das mit dem Geist, aus dem das Gleichnis gesprochen und in dem es aufgenommen werden will. Ein einfaches Beispiel möge dies belegen. Im Gleichnis von der selbstwachsenden Saat heißt es von dem Bauern, nachdem er sein Werk getan hat: Er schläft und steht auf Nacht und Tag, Tag und Nacht, und der Same geht auf und wächst – er weiß nicht, wie. Denn von selbst bringt die Erde Frucht. Automaté heißt es da im griechischen Urtext dieses Gleichnis. Automaté, das ist, vor einer Rose stehen und das Wunder der Schönheit nicht fassen können, wie da aus der Knospe, ganz aus sich selbst, die Pracht einer roten oder gelben Blüte sich entfaltet. Und du kannst nichts daran tun, als die Rose zu begießen und zu hegen. Dich erfreuen aber, das Wunder des Lebens preisen, das kannst du wohl daran. Automaté, wie von selbst. Das Wort »automatisch« ist allerdings auch längst in unsere Umgangssprache eingegangen, und da bedeutet es dann fast das genaue Gegenteil. Automatisch: Das ist der direkte Weg von der Ursache zur Wirkung, das ist die einfache und logische, vor allen Dingen die absolut schnelle Konsequenz. Du drückst auf den Knopf und der Fahrstuhl kommt automatisch. Vom Wundern, von der Bewunderung keine Spur. Automaté, vom Staunen über das Wunder unseres Lebens bis hin zum Selbstbewusstsein über die absolute Machbarkeit aller Dinge. Das ist wohl der Weg, den wir bei der Predigt über das Gleichnis abzuschreiten haben.

»Mit dem Reich Gottes ist es so, wie wenn ein Mensch Samen aufs Land wirft und schläft und aufsteht, Nacht und Tag …« Nein, in diesem ruhigen Rhythmus des Vertrauens, in diesem sozusagen aus der Unendlichkeit gespeisten Zeitverständnis läuft unser Leben kaum noch ab. Die unerledigten Probleme des Tages rumoren durch die Träume, und die Tage vergehen wie im Schlaf. Das Leben heute ist weitgehend ein auf Endlichkeit festgenageltes Zeitbewusstsein. Kurioserweise produziert die zunehmende Machbarkeit der Dinge in der Hand des Menschen die Beschleunigung der Zeit. Die Zeit geht spürbar zu Ende, unsere eigene Zeit und die der Welt, und so laufen wir unserer eigenen Endlichkeit hinterher.

So viel wie möglich muss noch geschafft und unterwegs erledigt werden, Ursache und Wirkung, die Produktion des Machbaren ist erstaunlich und bewunderungswürdig, automatisch, die Züge und Flugzeuge rasen durch die Gegend. Und jede Störung dieser rasanten Weltbemächtigung wie eine Flugzeugentführung ist wie eine Erschütterung der Grundlagen unseres Lebens, die – völlig unverhältnismäßig – die Zeitungen und das Fernsehen tagelang bewegt. Der heutige Mensch, so hat der von mir so geschätzte Philosoph Hans Blumenberg gesagt, sei ein Wesen der Weltvereinfachung. Die Welt muss sehr einfach werden, damit man sie in der überschaubaren Spanne eines Lebens oder einer Generation noch bewältigen kann. Und wenn es sich erweist, dass das Weltgeschehen nicht so einfach aufgeht, wenn ein Krieg wie der vor unserer Haustür in Bosnien und Kroatien und in der Herzegowina so barbarisch und unbegreifbar und ohne Aussicht auf ein Ende fortdauert, dann spüre ich die abgrundtiefe Irritation und Hilflosigkeit in mir selbst, dass es doch eigentlich in meinem Schema der Weltvereinfachung ganz anders sein müsste und dass es – entschuldigen Sie, verdammt noch einmal – nicht so ist.

»Mit dem Reich Gottes ist es so, wie wenn ein Mensch Samen aufs Land wirft und schläft und aufsteht, Nacht und Tag; und der Same geht auf und wächst – er weiß nicht wie«. Im Evangelium, in der Botschaft vom Reich Gottes – so wird mir langsam deutlich –, da ist das alles anders. Da weht ein anderer Geist. Ein Rhythmus ist da spürbar, der sich nicht ableitet aus dem Druck der Endlichkeit. Der Atem der Unendlichkeit haucht den Menschen an. Nacht und Tag, Tag und Nacht. Anthropologisch, vom Menschen aus gesehen wäre dies das Gegenteil von Vereinfachung, wäre dies das Wagnis einer Wahrheit, die getan, aber nie ganz begriffen werden kann. Die ganze Heilsgeschichte, die Gott mit den Menschen schreibt, atmet diesen Geist des Wagnisses und der Unbegreiflichkeit, in dem der direkte Weg zwischen zwei Punkten nicht die Gerade ist. Nur ein Beispiel dafür: Die einfache Lösung des Weltproblems wäre doch aus der Sicht Gottes nach dem Sündenfall die Vernichtung der Menschheit und die Schaffung eines neuen Himmels und einer neuen Erde gewesen. Aber da gefällt es Gott, die gefallene Schöpfung in seiner Treue zu erhalten und den neuen Menschen in einem einzigen Exemplar in die Welt zu setzen, in dem Mann aus Nazareth. Ein Wagnis des Vertrauens und der Liebe ist das, ein Experiment des Lebens sondergleichen. Nicht vorauszusehen ist, wo und wie dieser Same aufgehen wird, nicht vorauszusehen ist, wo und wie sich Menschen dort anschließen, überwältigen, neu bestimmen lassen. Aber das Wagnis des Experimentes ist anscheinend genug, damit es glückt. Der Same geht auf und wächst, man weiß nicht, wie. So geht es – um nun wieder vom Menschen aus zu denken –, so geht es dem, der ein Leben der unendlichen Bejahung des Menschen und der Welt im Vertrauen auf eine letzte Bestätigung einfach lebt. So ist das mit dem Reich Gottes: wie von selbst kommt der Halm, die Frucht, die Ähre. Automaté, wie von selbst korrespondiert diesem Wagnis des Lebens das Gelingen.

Ich will dieses andere Weltverhältnis aus dem Glauben mit einer kleinen Geschichte zu illustrieren suchen. Zehn Tage etwa ist es her, da sagt die Sekretärin: Eben habe ein Mann aus Göttingen angerufen, soundso sei sein Name, er sei ein ehemaliger Konfirmand aus der früheren Göttinger Gemeinde, er setze sich in den Zug nach Hannover und komme jetzt. Auf den Einwand, es würde heute gerade nicht passen, erfolgte die Antwort. »Mein Pastor hat immer Zeit für mich«. Und dann sitzt er vor mir. Ob ich mich daran erinnern könne, wie ich mit seiner Lehrerin geredet habe, als er von der Schule fliegen sollte? Ich kann mich nicht erinnern, aber langsam taucht die Ahnung von dem kleinen, zappeligen Jungen aus einer völlig zerrütteten Familie auf, der nicht von meiner Seite wich. Er sei am Ende, sagt der Mann, er wisse nicht mehr weiter. Und als ich irgendwann mit ihm zu schimpfen beginne, dass er sein letztes Geld in eine Fahrkarte nach Hannover umgesetzt habe, da strahlt er mich an. Nein, das sei absolut das Richtige gewesen. Und erst später, im Gespräch mit seiner Frau, geht dem Pastor auf, dass dies wohl für den ehemaligen Konfirmanden wie ein Nachhause-Kommen gewesen sei. Die absolute und tragende Gewissheit, dass es irgendwo in dieser bescheidenen Welt noch einen Menschen gibt, zu dem man hinfahren kann und nicht vor der Tür stehen bleibt. Dieses Stück Geborgenheit, das mehr ist, als was einer dem anderen geben kann, und die ihren Ort hat in einer Macht, die den einen wie den anderen aufgreift. So ist das mit dem Reich Gottes, als Same auf das Land

geworfen, und es geht auf und wächst, man weiß nicht, wie. Das nie
ganz begreifbare Leben, der Glaube und die Liebe und die Hoffnung,
mit denen und in denen das Leben glückt. Viel zu selten, denke
ich manchmal, wird einem unter dem Druck der verschwindenden
Zeit dies bewusst, dass der Mensch ganz und gar von seiner gottes-
ebenbildlichen Bestimmung lebt. Dass ich zum Leben und nicht
zum Sterben bestimmt bin, zum Lieben und nicht zur Gleichgültigkeit, zum Zeugen der Wahrheit und der Gerechtigkeit und nicht
zum Verwalter einer Bananenrepublik. Seltsam, aber eigentlich
auch gut verständlich, wie sich in einer Zeit des allgemeinen moralischen Niedergangs das Interesse auf kompromisslose Zeugen einer
absoluten Wahrheit richtet. Wie auf Oskar Brüsewitz, der Film über
ihn wird von vielen mit Spannung erwartet. Oder auf Jan Palach, den
junge Tschechen, der sich 1969 auf dem Wenzelsplatz in Prag selbst
verbrannte. »Wenn doch meine Tat, so hat er kurz vor seinem Tod
gesagt, nicht als Tat der Verzweiflung und der Resignation, sondern
als Tat der Hoffnung und der Wahrheitsliebe verstanden würde«. Im
Gleichnis vom Säen und dem Aufgehen der Saat wird damit noch
eine letzte Verankerung unseres Lebens mit der Unendlichkeit Gottes sichtbar. So wie es Paulus formuliert hat. »Es wird gesät verwes-
lich und wird auferstehen unverweslich. Es wird gesät in Schwachheit
und wird auferstehen in Kraft«. Die Kraft, die aus der Auferstehungs-
hoffnung zurück in unser Leben fließt.

Ja, so ist das wohl mit dem Reich Gottes. Wie Samen auf das Land
geworfen, und der Same geht auf und wächst, man weiß nicht, wie.
Nicht der Blick auf die schnellen Erfolge, die absolute Gewissheit des
Glaubens wird es machen. Das Reich Gottes als der Ort, an dem die
Eile auf Zeit stößt, die Endlichkeit auf die Ewigkeit, wo das Wagnis
des Glaubens und der Liebe und der Hoffnung zum Experimentier-
feld des Lebens wird. So hat Gott den Weg in unsere Welt gefunden,
so wird er den Weg in die Herzen und Köpfe weiter finden, in Christus, unserem Bruder, unserem Herrn.

Sexagesimae – 14. Februar 1993

Von der Kraft der Wahrheit

12 Denn das Wort Gottes ist lebendig und kräftig und schärfer als jedes zweischneidige Schwert und dringt durch, bis es scheidet Seele und Geist, auch Mark und Bein, und ist ein Richter der Gedanken und Sinne des Herzens. 13 Und kein Geschöpf ist vor ihm verborgen, sondern es ist alles bloß und aufgedeckt vor den Augen Gottes, dem wir Rechenschaft geben müssen. (Hebr 4,12–13)

Liebe Gemeinde! Gerade von den Berliner Filmfestspielen zurückgekehrt, die noch ein paar Tage weiterlaufen, schwirren einem unzählige Geschichten aus der ganzen Welt im Kopfe herum. Bilder, die sich mit dem Predigttext dieses Sonntags aus dem Hebräerbrief verbinden und sich auch wieder abstoßen, neue Gedanken provozieren. So lassen Sie mich bitte meinen Einstieg in diese Predigt über das Gericht, das auf uns zukommt, mit der Schilderung eines russischen Filmes nehmen. Es ist der Film, der mich in Berlin am meisten beeindruckt hat. »Infinitas« heißt er, Unendlichkeit. Er ist das Werk eines älteren Regisseurs, Marlen Chuziev, der einst der Lehrer von Andrej Tarkowskij war.

»Infinitas« schildert das Schicksal eines Mannes in den Fünfzigern, Vladimir Ivanovitsch Prokorow, der plötzlich aus der Bahn des gewohnten Lebens geworfen wird. Die Freunde raten ihm zur Kur, zum Urlaub, reden von überreizten Nerven. Aber was sich hinter der Unruhe des Vladimir Ivanovitsch verbirgt, ist einfach dieses: Er kann mit der Erkenntnis nicht klarkommen, dass das menschliche Leben eine Grenze hat, dass es ein Ende gibt. Dass die Tage und Jahre seines Lebens abgezählt sind, dass irgendwo die Totengräber – wie er es später erleben wird – schon an seinem Grabe schaufeln. So versucht er sein Leben innerhalb dieser Grenze, sein

Leben, das er weithin schon gelebt hat, zu durchdringen. Versucht
herauszubekommen, was es war und wie es zu beurteilen sein mag.
Bei dem Spaziergang auf dem Wall begegnet er seinem »Doppelgänger«, er selbst mit 20 Jahren. Nicht sehr viel äußere Ähnlichkeit
ist zwischen den beiden, aber die Gebärden sind geblieben, man sieht
es an der Weise, wie die beiden die Armen über die Brust kreuzen
oder mit dem Stock auf der Erde malen. Er fährt in seine Heimat, da,
wo er geboren und aufgewachsen ist, der Jüngere ist zeitweise mit
dabei. Er begegnet Freunden und Frauen, die in seinem Leben eine
Rolle spielten, dem Vater, der Mutter, die längst gestorben sind, die
Mutter hat ihn als kleines Kind auf dem Arm. Reich ist sein Leben,
und es erfasst Bereiche, die weit vor seiner Geburt liegen, als Tols-
toi noch lebte und Puschkin gerade gestorben war. Die Silvesterfeier
des Übergangs in das 20. Jahrhundert erlebt er in dem großbürger-
lichen Haus der Großeltern mit, und der Glanz und die Kultur dieser
Silvesternacht im Gegensatz zur Schäbigkeit der Gegenwart machen
einem mit einem Schlage bewusst, was bestimmte Kreise mit der russischen Revolution verloren haben. Aber in der Unendlichkeit der
Bilder und der Zeiten bleibt die Frage nach dem Ende schmerzhaft
offen. Die Illusion der möglichen Korrekturen ist dahin. »Du bist
schon unsterblich«, sagt der ältere zu dem jüngeren Doppelgänger,
»ich bin schon sterblich«. Vielleicht könnte der Glaube ein Durchbrechen dieser Grenze sein. »Glaubst du denn noch an Gott?« fragt
Vladimir Ivanovitsch den Freund, der Priester geworden ist. Die
Frage bleibt ohne Antwort, nur der Wind, von dem die Bibel sagt,
dass du nicht weißt, woher er kommt und wohin er geht, fährt durch
die Gewänder des davongehenden Mannes. Infinitas, Unendlichkeit.

»Und es ist kein Geschöpf vor ihm verborgen«, sagt der Hebräerbrief, sondern es ist alles bloß und aufgedeckt vor den Augen Gottes,
dem wir Rechenschaft geben müssen. Der Hebräerbrief bringt das
Gericht Gottes, auf das wir zugehen und das schon immer in seinem Wort wirksam ist, in den Horizont unserer Überlegungen hinein. Das Argument des Gerichts ist aber das Argument der Wahrheit.
Plötzlich, wie aus heiterem Himmel, überfällt einen der Gedanke wie
bei Vladimir Ivanovitsch Prokorow, dass das Leben sich nicht in Pro-
zessen ständiger Verwandlung vollzieht. Sondern dass eine Grenze
da ist, die alles festschreibt. Dass unser Leben wie auf einem Teller

präsentiert wird, abgeschlossen und aufgedeckt, bloß vor den Augen Gottes, dem wir Rechenschaft geben müssen.

Ja, liebe Gemeinde, der Prozess des Aufdeckens. Das Aufdecken ist im Augenblick anscheinend unser liebstes Kind. Es gibt ja sogar einen Journalismus, der sich investigatorischer Journalismus, aufdeckender Journalismus nennt. Und ich möchte zunächst darüber sagen: Das Faktum, dass das Aufdecken eine so wichtige Rolle im öffentlichen Leben und im Leben der Medien spielt, ist Hinweis auf die untergründige Bindung des Lebens an die Wahrheit. Es ist nicht alles gleichgültig, was Menschen auf welche Weise tun. Was wäre nicht alles verschwiegen worden, wenn die Presse oder Umweltgruppen oder Amnesty International es nicht offenbar gemacht hätten. Die Liste reicht von Watergate über Tschernobyl bis zu den Folterungen in der Türkei oder Affären von deutschen Ministerpräsidenten. Die Korruption und das Verbrechen suchen gerne die Heimlichkeit, und es gehört zur Kraft, die die Wahrheit in einer Gesellschaft hat, ob es gelingt, das Heimliche offenbar zu machen und es dem öffentlichen Urteil zu unterziehen. »Und kein Geschöpf ist vor ihm verborgen, sondern es ist alles bloß und aufgedeckt vor den Augen Gottes«. Ein Stück vorweggenommenes Gottesgericht ist solch ein Prozess der Aufdeckung und Offenlegung. Und die Bindung unseres Lebens an die Gerechtigkeit und an die Wahrheit, das kann man in solchen Zeiten und Ereignissen immer wieder mit Überraschungen, auch mit Erleichterung erfahren.

Aber damit ist natürlich auch ein ungeheures Problem angesprochen. Gibt es so etwas wie ein vorgezogenes Gottesgericht? Gibt es das total unverhüllte, das nackte, das völlig offenbare Leben in dieser Zeit und Welt? Dietrich Bonhoeffer hat in seiner Ethik ein Kapitel geschrieben mit der Überschrift »Was heißt: die Wahrheit sagen«? Und er hat darauf aufmerksam gemacht, dass die Wahrheit kein abstraktes Prinzip, sondern Ausdruck einer lebendigen Beziehung ist. Die Wahrheit ist auf die Wirklichkeit des Lebens bezogen, eine Wirklichkeit, die Gott so sehr geliebt hat, dass er sie nicht nur erschaffen, dass er sogar in sie eingegangen ist. Dagegen steht der Wahrheitsfanatiker, der unter dem Anschein von Gerechtigkeit im Grunde das Leben zerstört. Wahrheit als Prinzip, das auf die Wirklichkeit, auf die lebendigen Beziehungen keine Rücksicht meint nehmen zu müssen, das ist die Satanswahrheit. »Die Satanswahrheit«, schreibt Bonhoeffer, »lebt aus dem Hass gegen das Wirkliche, gegen die Welt, die von Gott geschaffen und geliebt ist«. Gottes Wahrheit richtet das Geschaffene aus Liebe, ist lebendig in allem Wirklichen, baut auf und geht nicht über Leichen. Es ist die Wahrheit, die in der Liebe wirksam ist, die unser Gottesverhältnis auf die Wahrheit, auf die dauerhafte Beziehung stellen will.

Ich möchte es an einem Punkt, liebe Gemeinde, auch einmal konkret sagen. Gegenwärtig steht der Generalsuperintendent der Berlin-Brandenburgischen Kirche, Günter Krusche, in den Zeitungen mit dem Verdacht, er sei – wenn er es auch selbst nicht wusste – als informeller Mitarbeiter des Stasi-Apparates geführt worden. Ich kenne Günter Krusche seit zwei Jahrzehnten, vielleicht trübt die Freundschaft meinen Blick. Aber er war einer der wenigen, der noch in Zeiten des völlig abgebrochenes Kontakts zwischen Christen und Kommunisten im Gespräch blieb, der von den inneren Auseinandersetzungen zwischen den Kommunisten uns zu berichten wusste, der Einfluss zu nehmen versuchte, dass die reformerischen Kräfte im kommunistischen Machtbereich stärker wurden. Naiv sicherlich, auf einen Sozialismus mit menschlichem Angesicht zu hoffen. Aber wo wären die geblieben, die von vornherein die konsequente Opposition wählten und die doch die Mittelspersonen brauchten? Die Aufdeckung der Wahrheit müsste es an den Tag bringen, ob hier das Leben verraten, ob Menschen geschadet oder genützt worden ist. Leicht ist es, Menschen unter der Wahrheitsanklage zu stellen, wenn man die Wirklichkeit des konkret gelebten Lebens beiseite stellt.

»Es ist kein Geschöpf vor ihm verborgen«, sagt der Hebräerbrief, »sondern es ist bloß und aufgedeckt vor den Augen Gottes, dem wir Rechenschaft geben müssen.« Gott sei Dank, dass es neben und hinter unseren Gerichten noch dieses letzte Gericht, das Gericht Gottes über die Wahrheit des Menschen gibt. Aber dies Gericht wird nicht nur ein Gericht über die Wahrheit der anderen, es wird die Aufdeckung des eigenen Lebens sein. Da wird es gut sein, sich wie Vladimir Ivanovitsch von dem Gedanken an die Grenze des eigenen Lebens aus dem Trott der täglichen Bewusstlosigkeit werfen zu lassen. Wie wird das sein, wenn die Wahrheit des Lebens morgen, nein, heute bloß und aufgedeckt vor den Augen Gottes liegt? Wird das heißen: Er hat nur gearbeitet, er hat nie gelebt? Der nur um sich selbst kreiste, der nichts bewegt und niemanden gewonnen hat? Aber vielleicht darf ich uns auf dem Weg in die eigene Wahrheit wünschen, was Vladimir Ivanovitsch widerfährt: Dass er erkennt, wie stark er von der Liebe der anderen gelebt hat, von den Tränen der Mutter, von der Zuneigung der Frau, von der Sorgsamkeit der Freunde, von den Gedichten der Schriftsteller, die das Leben tragen. Denn das ist doch wohl das Geheimnis unseres Lebens, dass es eine Gestalt der Liebe Gottes ist.

Und so lassen Sie mich, wie ich mit dem Film »Infinitas« begonnen habe, auch mit den Bildern enden. Der Schluss des Films ist eine Metapher, eine symbolhafte Beschreibung unseres Lebens. Da gehen der junge und der alte Vladimir, der über 50-Jährige und der 20-Jährige, nebeneinander auf beiden Seiten eines schmalen Baches, der Bach wird breiter. Der Jüngere will dem Älteren auf seine Seite hinüberhelfen, aber der Ältere will noch warten. Der Bach wird zum Fluss, der Fluss zum breiten Strom. Der Ältere macht noch einige Anläufe zur Überquerung, aber nun ist es längst zu spät. Der Ältere bleibt endgültig auf seiner Seite, allmählich umspielt ein Lächeln sein Gesicht. Und dann kommt das Meer mit seiner Weite, der Herausforderung der Zeiten. Das Gefühl für das Ende muss nicht tragisch sein. Der Weg ist überwölbt, ist umspannt von dem Glauben an Gott, bei dem selbst das Gericht noch eine Form der Zuwendung ist. Er wird die Wahrheit unseres Lebens an den Tag bringen, offen, unverhüllt. Ein Wort, so hoffen wir, wird es sein, Infinitas. Unendlichkeit.

Sexagesimae – 23. Februar 1992

Das Kreuz ist brutal

31 Er nahm aber zu sich die Zwölf und sprach zu ihnen: Seht, wir gehen hinauf nach Jerusalem, und es wird alles vollendet werden, was geschrieben ist durch die Propheten von dem Menschensohn. 32 Denn er wird überantwortet werden den Heiden, und er wird verspottet und misshandelt und angespien werden, 33 und sie werden ihn geißeln und töten; und am dritten Tage wird er auferstehen. 34 Sie aber begriffen nichts davon, und der Sinn der Rede war ihnen verborgen, und sie verstanden nicht, was damit gesagt war. (Lk 18,31–34)

»Sie aber begriffen nichts, und der Sinn der Worte war ihnen verborgen, und sie verstanden nicht, was er gesagt hatte«.

»Sie wickelten elektrische Drähte um meine Finger und Zehen und schickten Strom durch meinen Körper. Gleichzeitig schlugen sie meine Schenkel unausgesetzt mit Knüppeln. Während dieser Misshandlungen kam ein älterer, grauhaariger, hochgewachsener Offizier oft herein und gab Anweisungen. Der Draht wurde von meinen Fingern losgemacht und mit meinem Ohr verbunden. Sofort erhielt ich eine starke elektrische Ladung. Mein ganzer Körper, mein Kopf schüttelten sich konvulsivisch. Meine Vorderzähne begannen zu zerbrechen. Meine Folterer hielten mir einen Spiegel vor das Gesicht und sagten »Schauen Sie nur, was jetzt mit ihren schönen Augen passiert. Bald werden Sie überhaupt nichts mehr sehen können. Sie werden den Verstand verlieren«. Sie stellten mich auf die Füße und fingen wieder an, mich mit Knüppeln zu schlagen. Bald wurde ich schwindelig, ich konnte nicht mehr gut sehen. Ich wurde ohnmächtig. Später brachten Soldaten von draußen eine Maschine, um Luft in Menschen zu pumpen«.

Nein, wie kann ich das je begreifen, den Sinn solchen Leidens, den Sinn von Folter, Faustschlag, Tod. Ich stelle mir vor: Schon der erste Schlag bringt dem Inhaftierten zum Bewusstsein, dass er hilflos ist. Man darf mich mit der Faust ins Gesicht schlagen, fühlt in dumpfem Staunen das Opfer und schließt in ebenso dumpfer Gewissheit, man wird mit mir anstellen, was man will. Draußen weiß niemand etwas davon, und keiner steht für mich ein. Ich stelle mir vor, dass schon mit dem ersten Schlag, der auf das Opfer niedergeht, es etwas einbüßt, was man vielleicht Weltvertrauen nennen könnte. Die Hilfserwartung, die Hilfsgewissheit gehört zu den Fundmentalerfahrungen des Menschen. »Nur einen Augenblick«, sagt die Mutter zu dem vor Schmerz stöhnenden Kind, »es kommt gleich eine heiße Flasche«, eine Schale Tee, man wird mich nicht leiden lassen. Selbst auf dem Schlachtfeld finden die Rotkreuz-Ambulanzen ihren Weg zu den Verletzten. In nahezu allen Lebenslagen ist die körperliche Verletzung mit Hilfserwartungen verbunden. Jene erfährt einen Ausgleich durch diese. Ich stelle mir vor: Mit dem ersten Schlagen der Militärfaust aber, gegen das es keine Gegenwehr geben kann und den keine helfende Hand parieren wird, endigt ein Teil des bisherigen Lebens und ist nicht wiederzuerwecken. Alles schweigt dazu. Auch Gott schweigt.

»Siehe, wir gehen hinauf nach Jerusalem und es wird alles vollendet werden ...«. Mit diesen Worten geht es ja in die Passionsgeschichte Jesu hinein in eben dieses Geschehen. Eine entscheidende Wende wird vollzogen. Die Wende von der Bitte, verschont zu bleiben, nicht hinein zu müssen in die Einsamkeit von Folter, Verspottung, Tod. Hin zu dem verzweifelt klaren Bewusstsein, nicht verschont zu werden. Der Weg nach Jerusalem ist der Abschied von der narzisstischen Hoffnung, noch einmal mit dem blauen Auge davonzukommen. Ein schwerer Abschied ist das, wahrhaftig, Trauerarbeit auf der ganzen Linie ist vonnöten, immer und immer wieder, wiederholt. Die Jünger aber begreifen nichts davon.

Ich sehe Jesus in Gethsemane. »Meine Seele ist betrübt bis in den Tod, bleibt hier und wacht mit mir«. Nicht einmal seine Freunde, mit denen er alles geteilt hat, seine Wanderungen, seine Gespräche, sein Leben, nicht einmal die bleiben bei ihm. Sie schlafen ihm weg wie die Kinder, denen es zu lang geworden ist. Was bleibt, ist die Erfahrung, seine Freunde schlafen zu sehen, wenn man sie braucht.

Ich sehe Jesus vor den Soldaten. Allein und wehrlos. Sie sind alle davongelaufen, die hinter ihm herliefen. Verraten, verleumdet, im Stich gelassen. Die Faust des Soldaten trifft mitten ins Gesicht. Die Geißel zeichnet Striemen in seinen Körper. Sie können mit ihm machen, was sie wollen. Da ist keiner, der das Blut abwischt und die Wunden mit Öl salbt, keiner, der den von Dornen zerstochenen Kopf in seinem Schoß bettet. Keine Caritas greift in diese Verlassenheit hinein. Elend, allein, bloß. Am Ende werden sie ihm die Kleider vom Leib reißen und darüber würfeln. Und Gott schweigt.

Ich sehe Jesus am Kreuz. Das Schweigen Gottes ist unüberhörbar. Jeder hält den Atem an, dass etwas geschieht. Es geschieht nichts. Und dann schreit dieser Mann, schreit in einem nicht enden wollenden Schrei seine Verlassenheit gen Himmel. Und ich merke: Das ist nicht der Schrei eines Kindes, das in der Not nach seinem Vater ruft und das noch auf Hilfe hofft. Jesus stirbt nicht wie ein Kind, das weiter auf den Vater wartet. Das Eli, Eli, lama asabthani ist ein Schrei des Erwachsenwerdens, ist der Schmerz des Schreis wie bei einer Geburt. Mein Gott, mein Gott, warum hast du mich verlassen. Das ist der Schrei der Einwilligung in die Verlassenheit, ein Schrei, der diese Verlassenheit gen Himmel schreit. Der nichts mehr an Hilfe und Rettung erwartet, aber gerade so Gott zu sich herabholt. Der dennoch, unbegreiflich, Gott an seiner Seite weiß. Und dann steht der Hauptmann unter dem Kreuz und bekennt: »Wahrlich, dieser ist Gottes Sohn gewesen«.

Gott ist nicht im Himmel, er hängt am Kreuz. Die Liebe ist nicht eine ständig eingreifende, sich behauptende Macht, die sich durchsetzt gegen alles und jedes. Die Liebe ist gekreuzigte Liebe, Liebe, die sich am Kreuz vollendet.

Sie aber, die Freunde, die Jünger, »begriffen nichts davon, und der Sinn der Worte war ihnen verborgen, und sie verstanden nichts, das er gesagt hatte.«

Später, nach der Auferstehung haben sie verstanden. Ob wir, liebe Freunde, heute auch ein wenig von dem verstehen? Gott ist nicht mehr der, der einen auf seinen guten und erfolgreichen Wegen begleitet. Das ist es leicht zu glauben. Er ist auch der, der manchmal in die äußerste Verlassenheit hineinführt. Den einen trifft das als ein körperliches, den anderen als ein seelisches Leiden. Da ist einer ganz verlassen und allein. Gut ist es dann, wenn er etwas von dem versteht, was uns heute in dieser Geschichte gesagt wird. Dass er nicht wie ein Kind nach Hilfe und Rettung schreit und dann am Ende nur den Gott verwünscht, der sich nicht mehr zeigen will. Vielmehr ist hier der Augenblick zu lernen, die Grundkonflikte meines Lebens und Sterbens als Erwachsener mit Gott auszufechten. Gott ist dann nicht im Himmel. Er hängt am Kreuz. »Von Gott zu Gott laufen«, hat Luther dies genannt. Von dem verborgenen zu dem offenbaren Gott, der sich in der Verlassenheit, die nicht von mir genommen wird, an meiner Seite ist. Es ist manchmal wie ein Weg durch den Tod hin ins Leben. Und so beschreibt ihn der Choral, den wir vorhin in der Kantate Nr. 22 am Schluss gehört haben: »Ertöt' uns durch dein Güte, erweck' uns durch dein Gnad. Den alten Menschen kränke (den schwachen, den gib in den Tod), dass er neu leben mag. Und hier auf dieser Erden den Sinn und all's Begehren und Gedanken hab zu Dir«.

Estomihi – 1. März 1981

Drei Wünsche frei

1 Da wurde Jesus vom Geist in die Wüste geführt, damit er von dem Teufel versucht würde. 2 Und da er vierzig Tage und vierzig Nächte gefastet hatte, hungerte ihn. 3 Und der Versucher trat zu ihm und sprach: Bist du Gottes Sohn, so sprich, dass diese Steine Brot werden. 4 Er aber antwortete und sprach. »Es steht geschrieben (5. Mose 8,3): »Der Mensch lebt nicht vom Brot allein, sondern von einem jeden Wort, das aus dem Mund Gottes geht.« 5 Da führte ihn der Teufel mit sich in die heilige Stadt und stellte ihn auf die Zinne des Tempels 6 und sprach zu ihm: Bist du Gottes Sohn, so wirf dich hinab; denn es steht geschrieben (Psalm 91,11–12): »Er wird seinen Engeln deinetwegen Befehl geben; und sie werden dich auf den Händen tragen, damit du deinen Fuß nicht an einen Stein stößt.« 7 Da sprach Jesus zu ihm: Wiederum steht auch geschrieben (5. Mose 6,16): »Du sollst den Herrn, deinen Gott, nicht versuchen.« 8 Darauf führte ihn der Teufel mit sich auf einen sehr hohen Berg und zeigte ihm alle Reiche der Welt und ihre Herrlichkeit 9 und sprach zu ihm: Das alles will ich dir geben, wenn du niederfällst und mich anbetest. 10 Da sprach Jesus zu ihm: Weg mit dir, Satan! Denn es steht geschrieben (5. Mose 6,13): »Du sollst anbeten den Herrn, deinen Gott, und ihm allein dienen«. 11 Da verließ ihn der Teufel. Und siehe, da traten Engel zu ihm und dienten ihm. (Mt 4,1–11)

Liebe Gemeinde! »Da wurde Jesus vom Geist in die Wüste geführt, damit er von dem Teufel versucht würde«. Wir haben die Versuchung Jesu aus Matthäus Kapitel 4 als Evangelium gehört. Und jeder und jede von uns hat die Geschichte vor sich, mit dem Dreiklang der Versuchungen. Aus Steinen Brot machen, sich von der Zinne des Tempels werfen, die Herrschaft über die Reiche der Welt, die Weltherrschaft antreten, indem Jesus dem Satan dient. Diese große und unvergessliche Geschichte, die mit ihrer Wucht und Prägnanz sich tief in die Erinnerungen der Menschheit eingegraben hat.

Ich will mich dieser Geschichte, liebe Gemeinde, in meiner Predigt ganz langsam nähern. Sie kennen alle Märchen, in denen eine Fee oder irgendein anderes überirdisches Wesen einen Menschen mit der Verheißung gegenübertritt: Drei Wünsche hast du frei! Was würden Sie sich wünschen, wenn Ihnen das Wünschen, nein, die Erfüllung dieser Wünsche dreimal in Aussicht gestellt würde? Vielleicht würden Sie sich, wie Hans im Glück vor lauter Überraschung ganz banale Dinge wünschen. Vielleicht haben Sie sich auch das Wünschen ganz abgewöhnt, und das wäre schlimm. Wir müssten dann ganz tief hinabsteigen, da schlummern sie. Und wenn man anfängt, seine Wünsche zu sortieren, dann merkt man, dass sich die Wünsche in Zusammenhänge ordnen lassen und dass es offenbar bestimmte Urwünsche des Menschen gibt, die immer wiederkehren. Und dass die drei Versuchungen, die der Teufel an Jesus heranträgt, sich auf die drei Urwünsche des Menschen beziehen, die nicht aus der Welt zu schaffen sind, so dass der Teufel möglicherweise gar kein äußeres Wesen ist, das mit Hörnern und Pferdefuß oder – moderner – als eine große Krake darzustellen wäre. Sondern, dass der Teufel eine innere Stimme ist, die mich versucht. Und so will und kann ich die innere Stimme meiner Wünsche auch nicht von Anfang an verteufeln. Die Versuchungen beziehen sich ja auf Grundbedürfnisse unseres Lebens. Als solche möchte ich sie akzeptieren. Aber den Punkt des Umschlags muss ich dann deutlich machen, an dem die Wünsche einen teuflischen Einfluss über mich gewinnen. Und mich niederziehen. Da, wo das Suchen zur Versuchung wird. Und dass Jesus die Versuchungen besteht, den Teufel abweist, kennzeichnet ihn nicht nur als den Gottessohn, der unantastbar über allem steht. Er bewährt sich darin als der eine Mensch, wie Gott ihn geschaffen und gewollt hat. »Versucht wie wir, doch ohne Sünde«, wie es die Bibel sagt. Er unser Orientierungspunkt in den Versuchungen des Lebens. Er der Anfang und das Ende unseres Weges.

Drei Wünsche hast du frei, sagt die Stimme. Denken Sie einmal zurück, als Kind, als man sich noch alles wünschen konnte und noch alles gewünscht hat. Der erste Komplex der Wünsche im Leben eines Menschen geht auf das Haben und das Kriegen. Die Mutterbrust ist das Allererste, was der Mund des Neugeborenen sucht. Später: Das Essen kommt auf den Tisch und du willst mehr. Möglichst mühelos soll das alles sein wie aus Steinen Brot machen: Du kommst vom Spielen nach Hause und es ist alles da. Das Schlaraffenland wird zum Bild des mühelosen Habenwollens. Später merkst du, das man hart arbeiten, für Prüfungen mühevoll pauken, im Beruf sich abschuften muss, um etwas zu bekommen und zu besitzen. Und das ist befriedigend. Für das, was du hast, hast du eine Menge investiert. Aber der Impuls des grenzenlosen Wünschens findet weiter seinen Ort. Im Begriff des Konsumbedürfnisses hat er sich eingenistet. Eine ganze Industrie hat sich darum herum etabliert, die mir nahebringen wird, was mir alles – quasi mühelos und je müheloser desto besser – einfach zufallen könnte. Aus Steinen Brot machen. Der Horizont der unendlichen Versprechungen öffnet sich über uns, der Versprechungen für Leib und Seele. Ein Horizont, den Jesus mit seinen wunderbaren Brotvermehrungen, mit den Speisungen der Vier- und Fünftausend auch eröffnet hat. Das wäre doch auch wunderbar, wenn alle Menschen dieser Erde Brot genug zu essen hätten, und dies auf einen Schlag. Die Wünsche des Habens und des Kriegens müssen nicht nur egoistisch sein. »Bist du Gottes Sohn, so sprich, dass diese Steine Brot werden.«

Drei Wünsche hast du frei, sagt mir die Stimme. Der zweite Bereich der Wünsche, die mich bestimmen, geht auf das Vermögen und das Trauen. Traust du dich, das ist eine Grundfrage meines, und ich vermute, auch Ihres Lebens. Da sind die wagemutigen und da sind die Ängstlichen. Da sind die Phantasievollen, denen immer etwas einfällt, indem sie ihr Vermögen ausprobieren können. Und da sind die Bedenkenträger, denen immer zuerst einfällt, was alles daneben gehen könnte. Das Trauen wird mit dem Selbstvertrauen zusammenhängen, das andere als ihr Zutrauen in mich in mir haben wachsen lassen. Das Vermögen und das Trauen ist ein Vertrauen in die Tragkraft des Lebens und allen Seins und hat eine Tendenz ins Grenzenlose. »Bist du Gottes Sohn«, so sagt der Teufel dem auf der Zinne des Tempels Stehenden, »so wirf dich hinab, es steht geschrieben. Er wird seinen Engeln deinetwegen Befehl geben, und sie werden dich auf den Händen tragen«. Ich weiß nicht, liebe Gemeinde, ob es dem einen oder der anderen ähnlich geht wie mir. Ich kenne die Höhenangst, diesen wahnsinnigen horror vacui, das wahnsinnige

Bedürfnis, von einem Kirchturm herabzuspringen. Der Kopf sagt, du wirst zerschmettert unten ankommen. Das Gefühl sagt, es muss doch wunderbar sein, in der Luft zu schweben, sich alles zu trauen. Schon wenn ich davon erzähle, werden meine Hände schweißnass. Ich habe meine eigenen Sicherungssysteme. Aber die Stimme in mir ist da, die das Vermögen und das Trauen ins Unendliche wenden will.

Drei Wünsche hast du frei. Der letzte Bereich der Wünsche, der in der Versuchungsgeschichte Jesu fast auch eine entwicklungspsychologische Komponente hat, geht auf das Großsein. Das Kind will erwachsen und der Erwachsene bedeutend sein. Am Ende der Wünsche steht die Weltenherrschaft. »Dies alles will ich dir geben, wenn du niederfällst und mich anbetest«. Und es fällt mir schwer, hier den positiven Ansatz des Akzeptierens der Wünsche durchzuhalten, da es natürlich auf der Hand liegt, dass fast alle Kriege vom Großseinwollen der Menschen und der Nationen herrühren und das Streben nach der Weltherrschaft allemal. Aber ist das nicht ein richtiger und wichtiger Wunsch in mir, einen Platz im Leben zu finden, den auch andere anerkennen und sehen können? Und wäre es nicht wichtig, klarer zu der Macht zu stehen, die mancher von uns hat, und nicht die eigene Ohnmacht ständig zu beschwören und sie hinten herum zu decouvrieren. Groß sein wollen bedeutet Anerkennung finden, und der lebt ein verkrüppeltes Menschsein, denke ich, dem sich die Machtfrage, und sei es auch im kleinsten persönlichen Bereich, überhaupt nicht stellt.

»Da wurde Jesus vom Geist in die Wüste geführt, damit er von dem Teufel versucht würde«. Versuchungen gibt es nur, wo es auch legitime Wünsche und Hoffnungen des Menschen gibt. Und da geschieht plötzlich mitten in den Menschen ein langsamer oder plötzlicher Umbruch. Da, wo aus den Wünschen nach Haben und Kriegen, nach Trauen und Vermögen, nach dem Großsein auf einmal die Fratze des Teufels auftaucht. Wo der Versuch des Lebens zur Versuchung wird, die das Leben in der Krise führt und es am Ende scheitern lässt. Und da ich auf dieser Kanzel während der Berlinale als Vertreter von Interfilm, der protestantischen Filmorganisation auf der Basis des Ökumenischen Rates, stehe, will ich diesen Umschlag in der Ergänzung eines Films deutlich machen, der vorgestern auf der Berlinale gelaufen ist und der bald in unseren Kinos zu sehen sein wird.

Es ist der Film »Hexenjagd« von Nicholas Hynter, gedreht nach dem gleichnamigen Bühnenstück von Arthur Miller. Ein großer, leider kein bedeutender Film, da er sich zu sehr in der äußeren Spannung der Geschichte verliert. Aber für das Thema der Versuchung ein gutes Beispiel. Da ist der kleine, verschlafene, fromme, geradezu puritanische Ort Salem an der Ostküste Amerikas im 17. Jahrhundert. Am Anfang steht eine nächtliche Verschwörungsrunde der Mädchen des Dorfes mitten im Wald, ein wenig kindlich-pubertär, von unterdrückten erotischen und sexuellen Sehnsüchten getragen. Eine ist darunter, die will mehr. Sie will den Mann besitzen, dem sie sich einmal hingegeben hat. Und auf einmal ist da die kollektive Hysterie der Mädchen, die sich des Teufelspakts verdächtigt sehen und sich wehren wollen. Und da ist die kollektive Hysterie der Erwachsenen, die das Böse in ihrem Dorf mit Stumpf und Stiel ausrotten wollen. Der Wahnsinn hat Methode. Als Erste kommen die Außenseiter dran, dann die Besten in dem Dorf. Männer wie Frauen gleichermaßen, des Pakts mit dem Teufel angeklagt. Die geistlichen und staatlichen Autoritäten spielen mit. Ein Kampf eines jeden gegen jeden ist ausgebrochen. Eine Orgie des Habens und Kriegens, des Sichtrauens, des Großseinwollens. Jeder schafft sich den vom Leibe, der ihm gefährlich werden könnte. Am Ende baumeln 19 Personen am Galgen. Im Schicksal des einen Aufrechten, des John Proctor, der sich nicht von der Hysterie anstecken lässt, der zu seiner verletzten Würde und der Wahrheit steht und dafür stirbt, wird der teuflische Bann gebrochen. Es ist wie das Aufwachen nach einem Alptraum, wie am Ende eines anscheinend nie ausgebrochenen Kriegs. Man reibt sich die Augen und kann es nicht begreifen, warum dies alles so geschah.

Und das ist das Tödliche der Versuchung, die Grenzenlosigkeit der Wünsche. Es gibt kein Leben ohne Grenzen. Es gibt kein Haben- und Kriegenwollen ohne Grenzen und ohne Ende. Es gibt kein Vermögen und kein Sichtrauen ohne Schranken und ohne die Abschätzung der Möglichkeiten. Es gibt kein absolutes Großsein, kein Wachstum in den Himmel. Leben ist immer Leben in Zeit und Raum, zu dem Grenzen unabdingbar mit dazugehören. Krank aber wird das Leben immer dort, wo man den Verzichten, die man üben und in seinem Leben integrieren muss, keinen Sinn mehr zu verleihen versteht. Deshalb gehen die Antworten Jesu auf die Anläufe des Teufels gerade dahin, den notwendigen Verzichten eine eigene Würde zu verleihen. Der Mensch lebt nicht vom Brot allein, von all dem, was er sich auch selber schaffen kann. Von Worten lebt er nicht minder, die er sich nicht selber sagen kann. Lebt aus dem Gegenüber zu dem Gott, der mit ihm geredet hat und zu mir redet. Den sollte er in den Allmachtsphantasien seines Trauens und seines Großseinwollens nicht zu übertrumpfen suchen. Er würde wie Ikarus, getroffen von der Sonne, auf die Erde stürzen. Nein, aus der Treue zur Erde, im Aufblick in den Himmel, wachsen neue Perspektiven, Wünsche. Ich möchte groß sein in der Liebe, hat Martin Luther King gesagt. Groß sein in der Zuversicht, auch in schweren Zeiten, groß in der nüchternen Analyse unseres Ortes, im Jasagen zu den Menschen und zu der Schöpfung Gottes. Das werden die Perspektiven meines und Ihres Glaubens sein an den Gott, bei dem die Allmacht noch immer am besten aufgehoben ist, weil sie mit der Liebe verbunden ist.

»Da verließ ihn der Teufel. Und siehe, da traten Engel zu ihm und dienten ihm«. Damit endet die Versuchungsgeschichte Jesu. Einen hat es gegeben, der hat den Allmachtsphantasien des Menschen widerstanden. Er hat seine Jüngerinnen und Jünger das Vaterunser gelehrt, die Bitten, die den Menschen auf seine Begrenztheit verweisen, auf das tägliche Brot, auf seine Schuld und Versuchlichkeit, aber auch auf das Vertrauen, mit Gottes Gegenwart zu rechnen. Wo Gott in unserem Leben Raum gewinnt, wird dem Teufel die Maske vom Gesicht gerissen und der Mensch steht da als der beschenkte. Mit einem letzten Bild endet dann auch der Film von der »Hexenjagd«. Da werden die letzten Drei mit dem Galgen hingerichtet, darunter John Proctor, der in seinem Zorn über den Irrsinn des Geschehens einmal die Parole ausgerufen hat: »Gott ist tot«. Jetzt beten sie alle drei das Vaterunser. Und der Ton wird laut und lauter und das »denn dein ist das Reich und die Kraft und die Herrlichkeit in Ewigkeit« erfüllt Himmel und Erde. Gott wird die Herrschaft seiner Liebe antreten und dann wird alles, im Himmel und auf der Erde, in den richtigen Dimensionen sein. Darauf hoffen wir, darauf sprechen wir Amen, ja, so wird es sein.

Invokavit – 16. Februar 1997
Kaiser-Wilhelm-Gedächtniskirche Berlin

Stine ersetzt den Pastor

19 Da antwortete Jesus und sprach zu ihnen: Wahrlich, wahrlich, ich sage euch: Der Sohn kann nichts von sich aus tun, sondern nur, was er den Vater tun sieht; denn was dieser tut, das tut gleicherweise auch der Sohn. 20 Denn der Vater hat den Sohn lieb und zeigt ihm alles, was er tut, und wird ihm noch größere Werke zeigen, sodass ihr euch verwundern werdet. 21 Denn wie der Vater die Toten auferweckt und macht sie lebendig, so macht auch der Sohn lebendig, welche er will«. (Joh 5,19–21)

Liebe Gemeinde! Kurt Marti, der Schweizer Schriftsteller, hat die Geschichte geschrieben. Die Geschichte von Pastor Andersson, der am Karfreitag bleich auf der Kanzel steht und verkündet, Ostern würde es in diesem Jahr keine Gottesdienste mehr geben. Immerfort brächten die Menschen Gott Niederlagen bei, Karfreitag sei dafür das zutreffende Symbol. Er glaube an keinen Sieg, an keine Auferstehung mehr. Als der Ostersonntag herankommt, bleibt es still in dem Dorf, kein Glockengeläut, kein Gottesdienst. Die Leute halten sich ruhig in den Häusern. Bis dann am Nachmittag die hinkende Stine, die Frau des Schreiners, in das Pfarrhaus hinübergeht und den Pastor zur Rede stellt. »Deine Predigt macht uns zu schaffen«, sagt sie, »leider hast du Recht, wir können dir nicht widersprechen. Wo Menschen sind, zieht Gott den Kürzeren. Unsere Häuser und Herzen sind Stätten seiner immerwährenden Niederlage. Das ist schlimm genug. Aber warum meinst du, Gott nun noch eine weitere Niederlage zufügen zu müssen, unnötigerweise, wie wir meinen?« Und da der Pastor Andersson dabei bleibt, nicht Ostern feiern zu können, weil es wichtig sei, endlich aufrichtig zu sein, geht Stine hinüber in die Kirche. Sie hängt sich an das Seil der Glocke. Auf das Läuten hin sei nahezu das ganze Dorf in die Kirche geströmt.

Auch der Lehrer sei da gewesen und habe sich ans Harmonium gesetzt. Nachdem sie beide Altarkerzen entzündet hatte, habe Stine die Gemeinde begrüßt und einen Choral vorgeschlagen. Machtvoll wie sonst nie, ja fast trotzig sei der Gesang gewesen. Hernach habe Stine das Vaterunser zu sprechen begonnen und alle seien eingefallen, hätten mitgebetet. Nach einer kurzen Stille, die wie ein erleichtertes Aufatmen gewesen sei, habe Stine gesagt: »Das ist alles, ich bin ja kein Pastor.« Und habe allen einen gesegneten Osterabend gewünscht.

Wie nie zuvor, liebe Gemeinde, ist in diesem Jahr in den Medien und zwischen den Menschen diskutiert worden, ob wir denn Ostern überhaupt noch nötig haben. Was Ostern für sie bedeute, sind Menschen noch und noch gefragt worden. Die meisten haben geantwortet. Ostern, das sei für sie eine schöne Unterbrechung ihrer Arbeit, ein paar Tage zum Erholen und zum Wegfahren. Manche haben auch die gegenwärtige Diskussion in den Kirchen, was es denn um die leibliche Auferstehung Jesu sei, ob das Grab leer oder voll gewesen sei, manche haben diese Diskussion zum Anlass genommen, sich zusätzlich ein gutes Gewissen zu verschaffen. Die Kirchen wüssten ja selbst nicht ganz genau. Das mag wohl sein, dass es in den Kirchen an geistlicher Kraft fehlt und sie es an einer klaren Ausrichtung der Osterbotschaft haben fehlen lassen. Aber ob man sich wohl ganz klar gemacht hat, was das für eine Welt ist, in der es nicht mehr Ostern, nicht mehr die Auferstehung Jesu Christi, nicht mehr die Auferstehung des Menschen aus dem Grabe gibt? Eine Welt ist das, in der der Tod das wegweisende und herrscherliche Wort spricht, und wir, ehe der Tod uns kalt macht, das Leben noch ein wenig zu genießen suchen. Wo der Mensch so lebt und denkt, da hat der Tod gut lachen. Da verstreut er seine Angst und seinen Schrecken offen wie insgeheim. So gut passt das in eine Gesellschaft ohne Zukunft, in eine Welt ohne Perspektive, die nur die Zukunft kennt, die sich der Mensch selber schafft, und wie die sein wird, das beginnen wir immer mehr zu ahnen. Wie der Taumel vor dem Weltuntergang kommt mir das manchmal vor: Laßt uns essen und trinken und arbeiten, denn morgen, morgen sind wir tot. Aber da ist die alte hinkende Stine, die das Glockenseil anpackt und den Choral anstimmt. Da sind Menschen, die sich in der Osternacht, am Ostermorgen zusammenfinden. Morgen ist Ostern, heute ist der Tag der Auferstehung. Menschen sind das, denke ich, die sich eine Welt ohne die Zukunft, die Gott heraufgeführt, überhaupt nicht vorstellen können. Und wenn Stine eine Theologin wäre und das in Worten ausdrücken könnte, was sie zutiefst bewegt, dann würde sie wahrscheinlich mit dem Evangelisten Johannes sagen: Ich glaube an eine unzerstörbare Beziehung zwischen Gott, dem Vater und dem Sohn und dem, der an ihn glaubt. Das Kerngeheimnis Gottes macht Ostern sichtbar: diese bedingungslos, törichte Liebe Gottes, der nicht von dem lassen kann, was er erschaffen und einmal in sein Herz geschlossen hat. Wie das mit der Liebe eben halt so ist. Das leere Grab: ein Symbol ist das für die Heimholung Jesu, ein Symbol für die künftige Heimholung aller Menschen in die Liebe Gottes hinein. Ob das Grab im naturwissenschaftlichen Sinne leer oder voll gewesen ist, das ist doch ganz egal. Als den ganz klar Lebendigen, als den Weiterwirkenden, als den diese Welt bis ans Ende Liebenden und Richtenden haben die Jünger Jesus, ihren Herrn erlebt. Der Tod hat an ihm sein Gift verspritzt, es ist noch alles schmerzhaft spürbar, aber die Kraft zur endgültigen Vernichtung ist dem Tod genommen. Die Zukunft des Menschen ist in der Auferstehung Jesu Christi zur Tagesordnung der Welt geworden. Noch größere Dinge wird Gott tun. Ihr werdet euch wundern! Liebe Gemeinde, morgen ist Ostern, heute ist der Tag der Auferstehung. Und so lege ich vor Ihnen ein Osterbekenntnis ab, mit ähnlichen Worten wie Martin Luther King es 1964 in Oslo tat. Ich weigere mich zu glauben, dass der Mensch nur ein dahintreibendes und irgendwann untergehendes Strandgut im Storm des Lebens ist. Ich weigere mich zu glauben, dass die Menschheit fortdauernden Kriegen und Katastrophen ausgeliefert, dass eine Welt des Friedens und der Geschwisterlichkeit pure Illusion ist. Ich glaube, dass die unbewaffnete Wahrheit und die bedingungslose Liebe sich gegen alle Dummheit, Gleichgültigkeit und Hinterlist durchsetzen wird. Ich wage es zu glauben, dass Menschen in allen Erdteilen täglich drei Mahlzeiten für ihren Körper, Erziehung und Kultur für ihren Verstand, Gleichheit und Freiheit für ihren Geist haben können. Ich glaube an ein Leben, das dem Tod und den Mächten der Vernichtung auf allen Ebenen spotten kann, das angefochten, aber fröhlich aus der Gewissheit der Liebe Gottes lebt. Größeres wird er tun, ihr werdet euch noch wundern. Christus ist auferstanden, er ist wahrhaftig auferstanden.

Osternacht – 15. April 1995

Auferstehung erfahren

Liebe Gemeinde! Lassen Sie mich eine Predigt am Osterfest und mit der Bach-Kantate zur Auferstehung Christi mit einer Frage beginnen. Nein, nicht mit einer allgemeinen, rationalen, sondern mit einer ganz persönlichen, existentiellen Frage. Eigentlich ist es eine unverschämte Frage, über Glauben und Religion redet man höchstens im intellektuellen Diskurs. Aber Sie müssen diese Frage ja auch nicht öffentlich beantworten, sondern höchstens für sich selbst. Oder Sie vertagen die Antwort auf morgen. Also diese meine unverschämte Frage lautet: »Haben Sie eigentlich Erfahrung mit Gott?« Gibt es diese Begegnungserfahrungen mit Gott? Waren es Stunden und Tage eines unbeschreiblichen Glücks, in denen Ihnen das Leben wie ein wunderbares Geschenk direkt aus Gottes Hand erschienen ist? Auf Wolken sind Sie gegangen! Waren es Tage eines tief in ihr Leben einschneidenden Verlustes, eines Abschieds auf Nimmerwiedersehen? Wo Sie in Ihrer völligen Überwältigung am Grabe Loblieder unter Tränen gesungen haben? Ja, Gott ist der Richtige.

Ich bin, liebe Gemeinde, auf diese Frage nach den Gotteserfahrungen in unserem Leben gekommen, weil die biblischen Erzählungen von der Auferstehung Christi für die christliche Gemeinde aller Zeiten eine ultimative Gotteserfahrung waren und sind. Der Tod ist ein Meister, nicht nur aus Deutschland, sondern allüberall, und in einigen Ländern gegenwärtig ganz besonders. Wenn es einen Durchbruch durch die Allgegenwart der Todeserfahrung gibt, wenn es Auferstehung im Leben von Menschen gibt, dann stellt das alles auf den Kopf. Christen sind nicht nur Protestleute gegen den Tod wie Kurt Marti gedichtet hat. Christen leben im Glauben in einer anderen Dimension von Welterfahrung. Gotteserfahrung ist Auferstehungserfahrung. Kleiner kann ich Ihnen die Botschaft des Osterfestes nicht liefern. Und deshalb ist es so schön, diesen

Gottesdienst mit einer Bach-Kantate zu feiern, um unsere mögliche Erfahrung mit Gott mit den Gotteserfahrungen anderer zu vergleichen. In drei Schritten möchte ich dies tun.

Da ist der Choral Martin Luthers, der Johann Sebastian Bach die Textvorlage für seine Kantate geliefert hat. »Christ lag in Todesbanden, für unsere Sünd gegeben, der ist wieder erstanden und hat uns bracht das Leben«. So einfach und klar ist das ausgedrückt, die Jahrhunderte haben daran geschliffen. Luther bringt eine mittelalterliche Sequenz in sein geliebtes Deutsch. Aber man spürt, dieser Mann steht hinter jedem einzelnen Wort. Keine blasse und wirkungslose Theorie ist die Erfahrung Gottes. So elementar und allgegenwärtig ist die Nähe Gottes in der Auferstehung Jesu Christi, dass man meint, solche Gottesoffenbarungen seien für Luther so normal wie das Ein- und Ausatmen. Da mag es einen doch verwundern, dass offensichtlich Luthers Leben bestimmt war von einem unablässigen Ringen um den Glaube. Den Teufel der Anfechtung sieht er an jeder Ecke stehen. »Ich disputierte mit Gott in großer Ungeduld«, so beschreibt er seine Glaubenserfahrung »und hielt ihm seine Verheißungen vor«.

Aber einen entscheidenden Hinweis nehme ich aus Luthers Osterchoral in meiner Suche nach einer Erfahrung Gottes hinein. Nach der dogmatischen Beschreibung des Osterereignisses macht Luther einen Sprung mitten in das Kampfgetümmel um Kreuzigung und Auferstehung Jesu hinein. Als sei er dabei gewesen, als habe er alles mit eigenen Augen gesehen. »Das war ein wunderlich Krieg, da Tod und Leben rungen, das Leben, das behielt den Sieg, er hat den Tod verschlungen«. Den Pulsschlag des umwerfenden Ereignisses spüren, hinein in die Gleichzeitigkeit mit der Entscheidungsschlacht zwischen Tod und Leben. Erstaunliche Dinge gibt es da zu sehen, die man nicht sofort versteht. »Wie ein Tod den andern fraß«, die Verspottung des Todes wird zu einem Fanal. Lange meditieren müsste man darüber. Aber das alles mündet, nein, nicht in einen Siegestaumel, sondern in die eher stille Freude über einen guten Ausgang. »Des wir sollen fröhlich sein, Gott loben und dankbar sein, und singen Halleluja«.

Wie steht es also mit meiner und Ihrer Erfahrung mit Gott? Meine erste Antwort auf diese Frage ist die Suche nach der Nähe zu den biblischen Berichten über die Auferstehung Christi. Da wird nichts erklärt, nicht die Unmöglichkeit widerlegt, nicht die Möglichkeit behauptet. Da wird vor allem in diesen wunderbaren Auferstehungsgeschichten in Lukas 24 nur erzählt. Aber was heißt hier »nur« erzählt! Da ist rundherum das Geheimnis spürbar. Da ist die Anwesenheit des Abwesenden mit allen Fasern erfahrbar. Wie da Maria meint, der Auferstandene sei der Gärtner, und beim Nennen ihres Namens herumfährt: Maria. So trifft die Anrede Gottes aus heiterem Himmel mich mit Namen. Oder die beiden Jünger auf dem Weg nach Emmaus. Da kommt ein Dritter dazu, und Er ist es. Ein Wegbegleiter auf unseren Wegen, einer, der mit uns das Brot bricht. Ich muss gestehen, viele Erfahrungen mit der Gegenwart Gottes sind bei mir immer ganz eng verbunden gewesen mit diesen hintergründigen Ostergeschichten. Sie haben und werden mich begleiten mein Leben lang.

Und dann kommt 200 Jahre später Johann Sebastian Bach und komponiert Luthers Osterchoral. Eine der ersten Kantaten Bachs ist es. Die Umstände der Entstehung haben mich immer wieder zum Schmunzeln gebracht. Denn von den verschiedenen Versionen über den Anlass dieser Komposition halte ich die für absolut sicher, die sie mit Bachs Bewerbung um die Organistenstelle in Mühlhausen im April 1707 zusammenbringt. Ich sehe geradezu das listige Funkeln seiner Augen: Wenn die orthodoxe Geistlichkeit von Mühlhausen nach Bachs Frömmigkeit fragt, dann soll ihr mit Luther höchstpersönlich das Maul gestopft werden, und das sieben Strophen lang. Bach hat die Stelle dann tatsächlich bekommen, hat aber Mühlhausen schon nach einem Jahr in Richtung Weimar verlassen. Soviel zu dem oft bestrittenen Humor des Johann Sebastian Bach.

Ich kann nicht ahnen, liebe Gemeinde, was Ihnen vorhin beim Hören der Kantate durch Kopf und Herz gegangen ist. Der Osterjubel ist zurückgenommen, fast eine nachdenkliche musikalische Reflexion der Osterereignisse ist daraus geworden. So werden Sie vielleicht denken. Aber im Blick auf die Gewissheit der Erfahrung Gottes in der Auferstehung Christi ist mir eines wichtig, und das gilt vom ersten bis zum letzten Ton der Kantate. Da stellt sich nicht jemand hin in der absoluten Gewissheit über die Grundlagen seines Glaubens und verkündet den Sieg des Lebens über den Tod.

Im ersten Chorsatz., da singt der Sopran mit Unterbrechungen die ganze Strophe 1 über den Christus, der im Todesbann lag und wieder erstanden ist. Und die andern drei Stimmen unterstützen ihn, singen ihm zu. Sagen ihm: Ja, du hast recht. Wir tragen dich, wir sagen es weiter, wir geben deiner Stimme das tragende musikalische Gerüst.

An die Auferstehung Jesu glauben, liebe Gemeinde, kann man nie allein. Die Erfahrung Gottes in dem Sieg des Lebens über den Tod will geteilt, will weitererzählt werden. Der Herr ist auferstanden. Selbst in den Solosätzen der Kantate befindet sich der Sänger, die Sängerin immer im Dialog, und wenn es nur die Violinen oder Basse continuo sind. So ist Johann Sebastian Bach der große Zusänger über die Erfahrungen mit Gott geworden. Und ich möchte wohl eines Tages wissen, ob Menschen mehr durch Predigten oder mehr durch Musik die Gewissheit der Nähe Gottes erfahren haben. Ich habe beides erlebt. Und ich sehe mich noch, als Student in Heidelberg nach einer Aufführung der h-moll-Messe Bachs eine ganze Nacht völlig umgekrempelt auf dem Philosophenweg herumirren. Ja, das ist die Wahrheit meines Lebens: Credo in unum Deum.

Einen dritten Schritt möchte ich noch mit Ihnen gehen. Wie steht es mit unserer Gotteserfahrung? Und welche Saiten in Ihnen und mir werden davon berührt?

Im Jahre 1895 führt der spätere Direktor der Wiener Hofoper, Gustav Mahler, in Berlin seine zweite Sinfonie auf. Ein Mammutwerk ist es, jahrelang hat er daran gearbeitet, mit Solisten und Chor fast so etwas wie eine riesige sinfonische Kantate. Auferstehung, hat Mahler diese Sinfonie genannt. Mir scheint, Mahler habe die ganze kommende Zeit samt den beiden Weltkriegen, seinen Nachwirkungen und dem Entsetzen sogar der letzten Wochen vorausgeahnt. Da ist die Abwärtsbewegung der Menschheit. Mit Knüppeln zu Boden geschlagen, hat Mahler das genannt. Die unendlichen Tragödien dieser Welt, das Sterben, der plötzliche oder langsame Tod, die Verzweiflung, die Fassungslosigkeit, der Schrei. Die Musik kann das alles ausdrücken, die Dissonanzen und Tonballungen sind kaum noch zu ertragen.

Aber dann setzt sich langsam eine Aufwärtsbewegung durch. Menschen erinnern sich. Erinnern sich an die glücklichen Zeiten des Lebens, an Walzerseligkeit und Heimatklänge. Erinnern sich aber auch an ihre eigentliche Bestimmung. Da macht sich einer auf, ein Engel stellt sich ihm fragend in den Weg und er antwortet mit der Stimme des Mezzosoprans. »Ich bin von Gott und will wieder zu Gott«. Noch einmal bricht das Chaos mit seiner ganzen Wucht in dieses Leben hinein. Aber immer mehr werden tröstliche Töne hörbar. Der Gesang des Chores ist kaum zu verstehen. Stille tritt ein, eine Nachtigall kündigt die Mitte der Nacht und die Nähe des Morgens an. Und dann ist auf einmal das Gefühl der Überwältigung da. Die Sehnsucht bricht sich Bahn, die Sehnsucht nach einer anderen Welt und nach einem anderen Leben. »Auferstehen, ja auferstehen wirst du, mein Staub, in einem Nu«, singt der riesige Chor. Eine Sehnsucht nach Auferstehung, die keine Luftblase, keine Fata Morgana ist, seit es Ostern, seit es die Auferstehung Christi gegeben hat.

Fulbert Steffensky hat einmal gesagt, die christliche Hoffnung erzähle zwei Arten von Geschichte. Mit den Worten »Es war einmal« beginnen die einen, mit den Worten »Einmal wird es sein« die anderen. In der Osterbotschaft, in den Erzählungen von der Auferstehung Christi verknüpfen sich diese beiden Gesichter der Hoffnung. Die Auferweckung Christi von den Toten am dritten Tage nach der Kreuzigung, ja, das war einmal. Das Ja Gottes zu den Konturen einer Welt, wie sie in Christi Leben, Wirken und Tod sichtbar geworden ist, bekommt in den Auferstehungserfahrungen der Jüngerinnen und Jünger ein immer neu zu studierendes Siegel aufgedrückt.

Und das macht schon deutlich: Das sind alles keine Berichte, die als historische Fakten verschlossen unter Buchdeckeln vor sich hinschlummern. Nein, die Sehnsucht Gottes nach einer erneuerten Welt hat überschießendes Potential genug, unsere eigene Sehnsucht zu ergreifen und zu stimulieren. Können wir uns denn überhaupt eine Welt vorstellen, in der die Boco Haram und die IS, die Hardliner aller Couleur ihre todbringende Anziehungskraft ungehindert ausüben, in der immer wieder das Sicherheitsbedürfnis umschlägt in Aggressivität. Gott hat Christus doch für eine Welt auferweckt, in der nicht die Rücksichtslosen und Allmächtigen, in der die Sanftmütigen, die Armen und die Friedensstifter selig gepriesen werden. Eine Sehnsucht ist es, die uns an jedem Osterfest herausfordert, einzustimmen in den Chor der Aufbrechenden: Auferstehen, ja, auferstehen werde ich aus dem Staube im Nu.

So vieles wäre noch zu bedenken, liebe Gemeinde. Aber Ostern soll die Musik mit der letzten Strophe des Lutherchorals und der Bach-Kantate auch bei der Predigt das letzte Wort haben. Gelehrte Leute waren Luther und Bach, die auf Anhieb wussten, dass das Essen des süßen, ungesäuerten Brotes in Erinnerung an des Exodus Israels aus Ägypten das Signal zum Aufbruch war. Erinnern wir uns doch noch einmal an den Anfang: Gotteserfahrung ist Auferstehungserfahrung! Um weniger wird und kann es nicht gehen. Und Luther hat schon recht, wenn er am Ende sagt: Der Glaube »will keins andern leben«.

Ostersonntag – 5. April 2015
»Bach nach fünf« in der Neustädter Hof- und Stadtkirche

Der ich sein werde

36 Als sie [die Jünger] aber davon redeten, trat er selbst, Jesus, mitten unter sie und sprach zu ihnen: Friede sei mit euch! 37 Sie erschraken aber und fürchteten sich und meinten, sie sähen einen Geist. 38 Und er sprach zu ihnen Was seid ihr so erschrocken, und warum kommen solche Gedanken in euer Herz? 39 Seht meine Hände und meine Füße, ich bin's selber. Fasst mich an und seht; denn ein Geist hat nicht Fleisch und Knochen, wie ihr seht, dass ich sie habe. 40 Und als er das gesagt hatte, zeigte er ihnen die Hände und Füße. 41 Als sie aber noch nicht glaubten vor Freude und sich verwunderten, sprach er zu ihnen: Habt ihr etwas zu essen? 42 Und sie legten ihm ein Stück gebratenen Fisch vor. 43 Und er nahm's und aß vor ihnen: 44 Er sprach aber zu ihnen: Das sind meine Worte, die ich zu euch gesagt habe, als ich noch bei euch war. Es muss alles erfüllt werden, was von mir geschrieben steht im Gesetz des Mose, in den Propheten und in den Psalmen. 45 Da öffnete er ihnen das Verständnis, sodass sie die Schrift verstanden. (Lk 24,36–45)

Liebe Gemeinde! Ostermontag, das ist die Stunde der Wiederbegegnung. Wie Sonnenaufgänge sind die einzelnen Begegnungsgeschichten mit dem Auferstandenen, verdichtete Geschichten einer unwiederholbaren Erfahrung. Aus dem Dahinfließen der Zeit tauchen sie plötzlich auf, aus den Ritualen der Totenklage, dem Gang ins Heimatdorf und den Gesprächen der Resignation und Müdigkeit, die es nicht wert waren, dass man sie berichtete. Auf einmal sind sie da, die Morgen- und Nachtgeschichten, wie da die Frauen das Grab leer finden und Petrus kopfschüttelnd davongeht. Wie den beiden Jüngern auf dem Weg nach Emmaus der Auferstandene zum Begleiter wird. Und wie hier in dieser Geschichte Jesus zu den Elfen tritt. Man spürt es den Worten an, dass sie in einer Zeit niedergeschrieben wurden, als die junge Kirche im Kampf um die Leiblichkeit der Auferstehung stand. So massiv ist es sonst nirgendwo ausgesprochen, dass auch der Auferstandene ein realer Mensch mit Fleisch und Knochen, mit Durst und Hunger und anderen irdischen Bedürfnissen ist. Man mag einen Augenblick lang über den Beteuerungseifer dieser Geschichte lächeln. Aber man wird es doch nicht einen Augenblick lang in Zweifel stellen können, dass auch dies eine wichtige Wiederbegegnungsgeschichte ist. Wertvoll vor allem darum, dass sie von dem baldigen Ende dieser Begegnungsgeschichte weiß. Deshalb ist es so wichtig, dass die Jünger lernen, die Schrift zu verstehen. Dass sie es lernen, auch ohne den direkten, den leiblichen Kontakt mit dem Auferstandenen die Auferstehung, den Auferstandenen zu glauben. Geschichten der Wiederbegegnung sind Geschichten der Freude. Ein überraschendes, ein überrollendes Ereignis ist darin. Deshalb ist das Bild von dem Sonnenaufgang auch nicht ganz richtig, höchstens auf die Seite des Wärmenden und des Schönen hin gerichtet. Von dem plötzlichen Durchbruch der Sonne durch eine dunkle Wolkendecke könnte man besser im Vergleich reden. Auf einmal ist er, der Auferstandene da, ist plötzlich in ihrer Mitte, ist da mit seiner Gegenwart, mit seinem Gruß. Erschrecken ist da auf ihrer Seite, Furcht. Langsam, nein, gewaltig bricht sich die Freude Bahn, und es ist ein köstlicher Satz, der da geschrieben steht: »Als sie aber noch nicht glaubten vor Freude«. Die Freude verschlägt ihnen, den Jüngern, die Sprache. Es ist ja sowieso nicht ein einziges Wort von Seiten der Jünger in dieser Geschichte überliefert. Die Freude verschlägt ihnen sogar den Glauben, und das ist sicher das Größte, was man über Freude sagen kann. In dieser Freude bricht sich offensichtlich gewaltig Bahn, was diese Geschichte einer Wiederbegegnung für die Jünger ist. Sie ist die Gnade eines Neuanfangs.

Und nun muss ich Ihnen einfach zunächst einmal ein paar Wiederbegegnungsgeschichten erzählen oder in Erinnerung rufen. Geschichten, die die Gnade eines Neuanfangs beschreiben. Wohl wissend, dass sie diese Begegnungsgeschichten mit dem Auferstandenen auf ein anderes Niveau herunterholen, aber wie kämen wir sonst hinein. Ich erinnere mich an das Jahr 1945/46. Wir hatten meinen Vater auf der Flucht zurücklassen müssen, als wir in Zopot das Schiff bestiegen, da ließ man ihn nicht auf das Schiff herauf. Ich habe den

Anblick nicht vergessen, wiewohl ich ein kleiner Junge war. Wie er da stand am Kai, als das Schiff ablegte, kleiner und kleiner wurde, und keiner von uns wusste, ob man sich je noch einmal wiedersehen würde. Wir hatten dann wirklich nichts mehr von ihm gehört, wussten nicht, ob er noch lebte, wussten nicht, dass man ihn noch zu den Pionieren geschickt hatte, dass er in Gefangenschaft nach Sibirien gekommen war. Und dann steht er einfach eines Tages in dem kleinen Dorf in der Nordheide, in das es uns verschlagen hatte, steht er da einfach eines Tages vor der Tür. Und du reibst dir die Augen, schreist auf, rennst zu der Mutter, das ist er doch, er. Und wirklich er ist es, Haut und Knochen nur noch, die Kleider schlottern um die Glieder, ein anderer geworden auch, ja. Aber dennoch er. Und du musst begreifen, im wörtlichsten Sinne des Wortes, wirst ihn anfassen, umarmen, mit der Vorsicht, wie es die Liebe eingibt und auch ein wenig die Scheu. Die Freude, die kann man sich vorstellen. Die Gnade des Neuanfangs.

Und nun werden Ihnen längst eigene Wiederbegegnungsgeschichten eingefallen sein, Geschichten der Wiederbegegnung mit einem Menschen, den man verloren glaubte, Geschichten der Wiederbegegnung mit sich selbst. Das gäbe ein Erzählen in der Runde, wenn wir uns jetzt darüber austauschen könnten. Die Situation nach der Operation, und es ist, Gott sei Dank gut gegangen. Der Augenblick nach der Untersuchung, es ist, Gott sei Dank, nichts gewesen. Das tiefe Durchatmen, das Weinen der Erleichterung. Das Auftauchen, die Wiederbegegnung mit sich selbst nach einer Beziehungskrise, in der man unterzugehen drohte. Die Gleichzeitigkeit von Tod und Leben gilt es da zu begreifen. Denn das macht doch die Kostbarkeit, die überwältigende Freude solcher Augenblicke aus, dass du dem Tod sozusagen noch an der Arbeit, dass du ihn noch am Hämmern spürst. Und weißt: Du bist ihm noch gerade so eben von der Schippe gesprungen. Und wie schnell greift er auch wieder zu. Wie schnell kann man einen Menschen, wie schnell kann man sich selbst wieder verlieren. Wie schnell ist die Freude solcher Wiedersehensgeschichten vorbei, und sei es auch nur, wie es am meisten geschieht, dass die Gnade des Neuanfangs einmündet in die alltägliche Routine. Es ist so, wie es eben immer war.

Also doch noch nicht Ostern. Etwas muss an Ostern noch hinzukommen, etwas musst du noch, mussten die Jünger noch begreifen.

Lasst es mich ganz abstrakt zunächst einmal so ausdrücken: In der Gleichzeitigkeit von Tod und Leben darfst du die Übermacht des Lebens begreifen. Der Tod ist ja nicht abgeschafft. Du wirst weiter an Sterbebetten sitzen, du wirst Abschied nehmen von Menschen, auch von Absichten, Zielen, Plänen. Du wirst von Zeit zu Zeit kräftige Belebungen erfahren, und das sind dann die Strudel der Freude, die Wiedersehensgeschichten, von denen ich erzählte. Aber in dem allen ist auf einmal ein unbedingter Sinn da. Ich werde leben, ob ich gleich stürbe. Du wirst mir in Ewigkeit nicht verloren gehen. Die Welt ist zum Leben und nicht zum Tode bestimmt. Oder, wie Bonhoeffer es einmal sagte: »Ich glaube, dass Gott aus allem, auch aus dem Bösesten, Gutes entstehen lassen kann und will«. Ein Vertrauen auf die Durchsetzungskraft des Lebens ist auf einmal da, und das ist nicht nur an die entsprechenden Erfahrungen gebunden. Manchmal müssen die Zeichen genügen: Die Zeichen von Brot und Wein, die dich mit der Ewigkeit verbinden. Eine Hand, die auf deine Stirn, ein Arm, der um deine Schulter gelegt wird. Eine Tat, ein Handeln, das rein auf Hoffnung hin geschieht. Eine Erfahrung gegen alle Erfahrung ist das manchmal, eben: Glauben. Der Glaube an die Übermacht des Lebens. Das ist Ostern.

Ich kann und ich muss es auch noch anders sagen, liebe Freunde. Was noch hinzukommen muss zu diesen Wiedersehensgeschichten in der Erfahrung der Gleichzeitigkeit von Tod und Leben: Du kannst und du wirst Gott begreifen. Dieser Gott, der für die einen ein dunkles Schicksal, für andere eine offene Frage, für die meisten ein großer Leerraum ist. Wenn Jesus, der Auferstandene, seine Jünger an die Heilige Schrift führt, und es ihm unendlich wichtig ist, dass sie die Schrift verstehen, dann ist doch ja nicht ein vordergründiger Nachweis der Tatsache der Auferstehung aus der Schrift gemeint. Dann sollen die Jünger dort einen Gott begreifen, der ein Liebhaber des Lebens ist. Er hat doch diese Welt nicht als ein riesiges Sterbezimmer oder als eine atomare Wüste geschaffen, nicht als Gammellokal der Langeweile oder der Frustration. Ein Leben hat er gemeint, das leidenschaftlich vibriert von den unterschiedlichsten Erfahrungen, das aber seine Herkunft, seine Bestimmung, seine Selbstgewissheit sich nicht rauben lässt. Das Leben eben, das er in Jesus Christus in diese Welt hineingelebt hat. Ein uneingeschränktes Ja zu den Menschen, zu der Schöpfung und zu Gott. Wie hätte er denn auch den Christus im Tode versinken lassen können. Wie hätte er? Musste nicht Christus solches leiden und zu seiner Herrlichkeit auferstehen?

Der Ostermorgen, liebe Gemeinde, das ist die Stunde der Wiederbegegnung. Aber es ist eben die Begegnung mit dem Auferstandenen, und insofern ist auch etwas ganz Neues darin. Dies aber ist der Kern der Osterbotschaft, und das lasst mich jedem von Ihnen noch einmal ganz persönlich zusprechen: Dass die Wurzeln unseres Lebens in Jesus Christus unangreifbar gemacht worden sind für jeden Zugriff dieser Welt. In Christus, dem Auferstanden, begegnet mir der, der ich sein werde. Dass ich zum Leben und nicht zum Sterben bestimmt bin, und du auch, und dass dies Leben in Gott eine Kraft hat, die keine Kette und keine Fessel zu binden vermag. Das ist in einer Welt, in der viel gehasst und gemäkelt, in der viel gelitten und gestorben wird, oft eine leise Botschaft. Aber es ist eine Botschaft, die das Lächeln einer absoluten Gewissheit, eben einer Glaubensgewissheit an sich hat: Der Herr ist auferstanden. Er ist wahrhaftig auferstanden.

Ostermontag – 20. April 1987

Der Glaube kommt zum Sehen

26 Und nach acht Tagen waren seine Jünger abermals drinnen versammelt und Thomas war bei ihnen. Kommt Jesus, als die Türen verschlossen waren, und tritt unter sie und spricht: Friede sei mit euch! 27 Danach spricht er zu Thomas: Reiche deinen Finger her, und reiche deine Hand her und lege sie in meine Seite, und sei nicht ungläubig, sondern gläubig! 28 Thomas antwortete und sprach zu ihm: Mein Herr und mein Gott! 29 Spricht Jesus zu ihm: Weil du mich gesehen hast, Thomas, darum glaubst du. Selig sind, die nicht sehen und doch glauben! (Joh 20,26–29)

Liebe Gemeinde! Das ist noch einmal eine dieser schwebenden Ostergeschichten, acht Tage nach dem Fest. Eine ist schöner und hintergründiger als die andere. Heute nun also die von Thomas, dem Zwilling, der als der »ungläubige Thomas« in die Umgangssprache unseres Redens eingegangen ist. Der Thomas, der nicht glauben kann und will. Wichtig ist diese Geschichte allemal, weil sie eine Einsicht in die Unmöglichkeit gewährt, die zum Glauben mit dazugehört. Thomas ist ja eigentlich nicht der Zweifler, als der er oft angesehen und ausgelegt worden ist. Wer zweifelt, schwankt zwischen einem Ja und Nein. Nein, in der Geschichte des Thomas Didymos ist es ein Beharren auf der – für jede Vernunft und Erfahrung offenkundigen – Unmöglichkeit der Auferstehung Jesu. Wichtig wird es daher heute sein, das nachzuempfinden, diese Unmöglichkeit des Glaubens an die Auferstehung. Und vor allem natürlich, wie diese Unmöglichkeit überwunden wird.

Die Thomasgeschichte beginnt am Osterfest: »Am Abend dieses ersten Tages der Woche«, am Tag nach dem Sabbat, da sind die Jünger versammelt und die Türen sind verschlossen. Da kommt Jesus und tritt mitten unter sie. Ja, und da ist sie natürlich sofort handfest da, die Unmöglichkeit dieser Erscheinung. Wie und auf welche Weise geschieht das, wie kommt das zustande? Die Unmöglichkeit wird überspielt, kein einziges Wort des Fragens und Hinterfragens, nur die Seligkeit des Erkennens. Das Faktum überholt die Bedingungen der Möglichkeit. Wie da ein Toter wieder auferstehen kann, wie ein Auferstandener im geschlossenen Raum erscheinen kann: Nicht ein Hauch einer Frage oder eines Zweifels berührt die Jünger offenbar in diesem Augenblick. Und das kennen wir, denke ich, wohl auch: Da ist eine solche Kraft der Erfüllung der Gegenwart einer Begegnung, die die Frage nach den Gründen, nach den Voraussetzungen, nach den Bedingungen als banal erscheinen lässt. Nur das: »Friede sei mit euch«, und die Sendung der Jünger in die Welt der Völker und die Vollmacht, zu binden und zu lösen. Die Gegenwart des Auferstandenen, die ist auf einmal überwältigend in diesem Raum hinter den verschlossenen Türen. Und alle Verzweiflung, alle Fragen versinken wie die Finsternis der Nacht, wenn der Morgen kommt, wenn die Sonne aufgeht.

Aber all das ist nur vergessen, ist nicht weg, ist nicht auf immer überwunden. Die Unmöglichkeit der Auferstehung macht sich sehr schnell dann wieder breit. Thomas, der Zwilling, ist nicht dabei gewesen, dort an Ostern in jenem Haus. Und als die anderen Jünger kommen und sagen: »Wir haben den Herr gesehen«, da ist das schon wieder wie eine Geschichte aus einer vergangenen Welt. Da greift die Unmöglichkeit von Auferstehung um sich und legt die Sinne und Herzen lahm, wenn ich nicht in seinen Händen die Nägelmale sehen und meine Finger, meine Hand da hineinlege, in die Wunden, anders, nein anders kann ich nicht glauben. So die Sprache des Unglaubens, dem man ja moralisch und intellektuell nicht das Geringste vorwerfen kann, der einfach der Ausdruck einer vernunftbegabten Einsicht ist. Und dann geschieht acht Tage lang nichts. Dann ist acht Tage lang Thomas, der Zwilling, ganz allein, ganz allein auch im Kreis der Jünger. Allein mit seiner Gewissheit, dass der Tod seinen Herrn und Meister verschlungen hat, so wie er alle bisher verschlungen hat und alle künftig verschlingen wird. Allein mit seiner so überaus plausiblen Einsicht, dass alle Menschen sterben müssen. Und dann nach acht Tagen sind wieder alle Jünger beisammen und diesmal Thomas mit dabei. Und wieder die verschlossenen Türen.

Und wieder die Gegenwart des Auferstandenen und sein »Friede sei mit euch«. Und dann die direkte Hinwendung zu Thomas, die ganz persönliche Anrede dessen, der in die Herzen der Menschen schaut: Reiche deinen Finger, deine Hand, leg sie in die Wunder, glaube. Und die totale Überwältigung durch die Gegenwart des Herr, das Gestammel: »Mein Herr und mein Gott«. Er hat die Erlaubnis gar nicht ausgenutzt, geht mir durch den Sinn. Auch da also nicht die Probe aufs Exempel, der Beweisbarkeit, sondern einfach die Überwältigung, die Einsicht, der Glaube der anscheinend keine Beweisbarkeit braucht. Spricht Jesus zu ihm: »Weil du mich gesehen hast, Thomas, darum glaubst du. Selig sind, die nicht sehen und doch glauben«.

Ja, liebe Gemeinde, da läuft die Geschichte so zielgerichtet auf die Ostererfahrung des Thomas hin. Und da ist dann doch am Ende wieder so ein Haken drin. Sehen und glauben. Was denn also nun? Ein kleines Osterkolleg über »sehen« und »glauben« brauchen wir denn wohl, und ich will schauen, ob ich das zusammenbekomme und ob sich darin der Widerstand gegen die Auferstehung und die Überwältigung durch den Auferstandenen zugleich erschließt. Sehen ist ja eine unserer erstaunlichsten Fähigkeiten. Nur weil wir sehen können, baut sich uns eine geordnete Welt auf, können wir das eine vom anderen unterscheiden, und auch die Welt des Blinden ist voller innerer Bilder. Ein schöpferischer Vorgang ist das Sehen, und das Auge ist das Gegenüber zum Licht der Schöpfung. Sehen heißt, eine Welt zu schaffen. Mehr noch: sehen heißt, eine Welt mit sich vereinen. Das spüren wir ja im Frühling in besonderer Weise, was das heißt, die Blumen zu sehen und das Grün der Sträucher, die Sonne und das Blau des Himmels. Eine Welt fällt im Sehen in mich hinein und macht mich froh. Sie wird im Sehen ein Teil von mir selbst. Und weil wir im Sehen uns mit der Welt, die wir sehen, auch vereinen, deshalb sehen wir oft auch weg. Deshalb die Gefahr des Ausblendens von Wirklichkeit, wie es schmerzt, die schlimme Wirklichkeit als einen Teil meines Lebens zu sehen und zu ertragen. Lasst uns doch, liebe Freunde, der Gefahr des Wegsehens nicht immer so leicht erliegen. Lasst uns von den Bildern des Elends der kurdischen Flucht nicht wegsehen, lasst uns in all dem Schmerz und der Hilflosigkeit, die diese Bilder auslösen, hinsehen und sie zu einem

Teil unseres Lebens werden lassen. Schaut hin und seht und denkt nach, was ihr tun könnt.

Zum Sehen kommt der Glaube dann dazu. Glaube ist ohne Sehen, meine ich, nicht denkbar. Sicher gibt es Definitionen des Glaubens im Neuen Testament, die den Glauben als Glauben an das beschreiben, was man nicht sieht. Aber damit ist eine bestimmte Art des Sehens gemeint, denke ich, die sich von dem, was jederzeit vor Augen ist, fixieren lässt. Das Neue Testament ist voll von Seherfahrungen, die den Glauben meinen. »Komm und sieh«, sagt der Jünger und meint Jesus. »Und wir sahen seine Herrlichkeit«. »Wer mich sieht, der sieht den Vater«, sagt Jesus. Und die Auferstehungsgeschichten sind lauter beseligende Seherfahrungen. »Wir haben den Herrn gesehen«. Denn Sehen, das meint ja immer auch mehr als das, was vor Augen ist. Im gefurchten Gesicht meiner Großmutter sehe ich ihre Güte. In dem Gekreuzigten die ganze Macht Gottes. Immer sehe ich darüber hinaus und blicke durch. Und vereine mich mit dem, was ich dann auch sehen kann. »Wir haben den Herrn gesehen«, das meint dann auch: Er ist uns nahe gekommen. Er, der Auferstandene, der Gekreuzigte und doch eben der lebendige Christus, der ist bei uns. Er ist in uns, und wir sind ein Teil von ihm. Und nun lassen Sie uns, liebe Gemeinde, noch einmal genau auf den Punkt schauen, an dem die Unmöglichkeit, an die Auferstehung zu glauben, bei Thomas aufgebrochen und überwunden wird. Ostern als Fest der Seherfahrungen; das könnte im Zeitalter der unendlichen Reduzierbarkeit der Bilder heißen, dass wir die Intensität unseres Sehens nur kultivieren müssten, um das zu sehen, was wir sehen wollen. Aber das zu sehen, worum es hier geht, das werden wir auf diesem Wege nie erreichen. Die Seherfahrungen von Ostern sind ebenso Erfahrungen des Sehens wie Gesehenwerdens. Sind Erfahrungen der Begegnung, die einem nahezu ohne Anstrengung, wie unterwegs, widerfahren. Erfahrungen des Austausches der Blicke sind es, der Worte, ja der Berührungen sogar. Die Liebe beginnt immer mit den Blicken. Ich schaue jemandem in die Augen, und ich werde angeschaut. Und im Austausch der Blicke ereignet sich ein Erkennen, das vielleicht das Erkennen der Nähe und der Liebe ist. Und das ist die Erfahrung von Ostern, die Erfahrung des Thomas, der Jünger und der Frauen, und dies bis heute: Der, der am Kreuz gestorben ist, der schaut mich an.

Der tritt mir in vielfachen Erscheinungen gegenüber, spricht sein
»Friede sei mit dir«. Und ich kann ihn erfahren, hinter verschlossenen Türen spüre ich seine Nähe, und ich schaue ihm ins Gesicht.
»Dann werde ich erkennen, gleichwie ich erkannt bin«, sagt Paulus
später. »Selig sind, die nicht sehen und doch glauben«, sagt Jesus am
Ende seiner Ostererscheinung hier zu Thomas. Selig sind die, die sich
angeschaut wissen von den Blicken des Auferstandenen. Blicke, die
voller Verheißung des Friedens und voller Liebe sind.

Ernst Barlach, der norddeutsche Bildhauer, der in Ratzeburg begraben liegt, hat in einer seiner berühmten Plastiken die Szene der
Begegnung zwischen Christus und Thomas eindrucksvoll gestaltet. Ich habe eine Abbildung, während ich über diesen Johannes-
text nachdachte, vor mir auf dem Schreibtisch liegen gehabt, und im
Grunde ist diese Predigt eine Beschreibung dieses Bildes. »Das Wiedersehen« nennt Barlach seine Plastik. Hoch aufgereckt steht Jesus,
umfasst von Thomas, den er hochhebt, und wird von ihm umfasst.
Ganz nah kommt das Gesicht des Thomas von unten an das Gesicht
des Auferstandenen heran. Da rankt sich einer sehend, da wächst
der Glaube an den Blicken Jesu. »Er wird mich mit den Augen lei-
ten«, wie es das Psalmwort sagt. Meine Kraft wächst im Nahesein
von innen her, von der Mitte. »Wir haben den Herrn gesehen«, sagen
die Jünger, und sie meinen: Er ist uns begegnet, er schaut uns an, er
geht uns voraus und geht hinterher. Ist um uns und bei uns. Worte
des Lebens, der Versöhnung, des Friedens. Blicke, die uns suchen,
und die uns die Augen öffnen für diese Welt, für unser Leben und
vor allem: gerade auch für ihn. Und ich stehe da und kann dann nur
noch sagen: »Mein Herr und mein Gott« (Joh 20,28).

Quasimodogeniti – 7. April 1991

Stimme der Schwachen

Den Predigttext für diesen Sonntag habe ich mir nicht ausgesucht.
Es ist der vorgeschriebene Predigttext für den heutigen Sonntag,
der den Namen Misericordias Domini, Barmherzigkeit des Herrn,
trägt. Ich lese aus dem Propheten Hesekiel, Kapitel 34 in Auszügen:

> 1 Und des HERRN Wort geschah zu mir: 2 Du Menschenkind, weissage
> gegen die Hirten Israels, weissage und sprich zu ihnen: So spricht Gott der
> HERR: Wehe den Hirten Israels, die sich selbst weiden! Sollen die Hirten
> nicht die Herde weiden? 10 So spricht Gott der HERR: Siehe, ich will an
> die Hirten und will meine Herde von ihren Händen fordern; ich will ein
> Ende damit machen, dass sie Hirten sind, und sie sollen sich nicht mehr
> selbst weiden. Ich will meine Schafe erretten aus ihrem Rachen, dass sie
> sie nicht mehr fressen sollen. 11 Denn so spricht Gott der HERR: Siehe,
> ich will mich meiner Herde selbst annehmen und sie suchen. 16 Ich will
> das Verlorene wieder suchen und das Verirrte zurückbringen und das
> Verwundete verbinden und das Schwache stärken; ich will sie weiden, wie
> es recht ist. (Hes 34,1–2.10–11.16)

Liebe Gemeinde an diesem Sonntag der Erinnerungen! »Wehe den
Hirten Israels, die sich selbst weiden … Siehe, ich will an die Hirten
und meine Herde von ihnen fordern«!

Als ein Gottesgericht, diesmal über Deutschland, haben viele
Menschen in dieser Stadt und in diesem Land, manchmal hinterher erst, den 10. April und die Wochen und Monate vorher sicherlich
empfunden. Zwei bedeutende Fotografen haben das Inferno über
Hannover in erschütternden Bildern festgehalten. Heinz Koberg und
Wilhelm Hauschild. Als der amerikanische Einmarsch in Hannover
bei dichtem Nebel am 10. April 1945 um 5.00 Uhr morgens beginnt,

bewegen sich die Panzer durch eine Ruinenlandschaft. Nur gelegentlich zeigt der Stumpf eines Kirchturms an, durch welche Straße oder Gegend man sich bewegt. Zögernd und apathisch kommen die Menschen aus den Bunkern und aus den Trümmerwohnungen. Sicher, der Krieg hätte schon ein halbes Jahr früher beendet sein können. Unbegreiflicherweise stoppen die Alliierten ihren zügigen Vormarsch durch Frankreich in der Gegend des Westwalls und lassen, unter der Leitung des Luftmarschalls Harris und anderer, erst einmal das barbarische Argument der Flächenbombadierung aus der Luft sprechen. Es sind in diesem letzten halben Jahr auch in Hannover mehr Bomben gefallen als in allen Jahren vorher zusammen, obwohl es eigentlich kaum mehr etwas zu zerstören gab. Und die Hölle über Dresden und Darmstadt ereignete sich in diesen Tagen. Erklären kann ich mir das nur mit der Beobachtung eines Historikers, dass in Kriegen immer mehr die kriegsführenden Staaten die negativen Eigenschaften untereinander austauschen. Währenddessen treiben die Erschießungskommandos in Hannover und auf den Todesmärschen nach Bergen-Belsen ihr blutiges Geschäft bis zur letzten Stunde.

Das Kriegsende für Hannover: Katastrophe, Eroberung, Besetzung oder Befreiung? Befreiung, das ist doch keine Frage. Eine Befreiung von einem Wahn ist es vor allem, denke ich, der Deutschland und alle Völker, über die es herfiel, bis an den Rand des Untergangs brachte. Erst allmählich wird auch für meine Generation deutlicher, die diese Zeit als Kind oder Heranwachsender miterlebte, was sich in jener Zeit eigentlich ereignet hat. Die Vermutung wurde zur Gewissheit, als ich das im Jahr 2000 erschienene Buch von Paul und Peter Matussek und von Jan Marbach gelesen hatte: »Hitler – Karriere eines Wahns«. Ein Wahnsinniger, ein Psychotiker, war an der Spitze einer Gesellschaft und eines Landes, und dieses folgt ihm weithin bereitwillig in den Untergang. Wie ist es möglich? Die psychopathologische Erklärung lautet so: Erlauben Sie mir bitte einen kleinen Ausflug in diese Sprache. Jede Biografie eines Menschen besteht, so heißt es dort, aus einer besonderen Zusammensetzung von öffentlichen und privaten Selbstanteilen. Geht das in ein krankhaftes Übergewicht des eines oder des anderen hinein, dann steht die Katastrophe vor der Tür. Ein krankhaftes Übergewicht des privaten

Selbst, das sich nahezu ausschließlich mit persönlichen Problemen
beschäftigt, geht mit Depression einher. Ein Übergewicht des öffentlichen Selbst tendiert zur Schizophrenie. Die Autoren registrieren
bei Hitler die extreme Ausprägung einer schizophrenen Struktur, die
einen spektakulären Sonderstatus mit unerhörter Energie anzustre-
ben weiß: Dieses grandiose öffentliche Selbst vernichtet jeden Rest
einer privaten Substanz und geht bei ihm mit der populären Ideo-
logie des Antisemitismus und einer primitiven Rassenideologie eine
verhängnisvolle Verbindung sei. Diese destruktive Kräftebündelung
kann nur im kollektiven Massenmord enden. Und dieser Mann trifft
auf ein historisches Umfeld, kommt in einem Land zur Macht, das
sich in seinem übersteigerten Nationalstolz beschämt und gedemü-
tigt fühlt und diesen Mann in seinem Sonderstatus ständig bestätigt.
Längst wäre Hitler in einer psychiatrischen Anstalt gelandet, längst
hätte seine grenzenlose Außenorientierung zu einem vollständigen
Bruch mit der Realität geführt, wenn ihm diese massenhafte Akzeptanz und Zustimmung nicht diesen geradezu öffentlichen Status
eines Führers gesichert hätte. So wird das »Dritte Reich« zu einer
Bühne für das Drama der wechselseitigen Bestätigung individueller und kollektiver Wahnideen. Wie ein Spuk ist das alles vorbei, als
der Krieg zu Ende und Hitler tot ist. Das erklärt auch, dass die Alliierten solche Mühe hatten, überzeugte Nationalsozialisten größerer
Anzahl zu entdecken.

So spricht Gott der Herr: »Siehe, ich will an die Hirten und will
meine Herde von ihren Händen fordern«. Befreiung ist der 10. April
und der 8. Mai 1945, Befreiung durch die Katastrophe und durch
ein Gottesgericht hindurch. Befreiung und die Chance eines neuen
Anfangs. »Siehe«, so spricht der Prophet im Namen und Auftrag
Gottes: »ich will mich meiner Herde selbst annehmen. Ich will das
Verlorene wieder suchen und das Verirrte zurückbringen und das
Verwundete verbinden und das Schwache stärken«. Eine Stimme
von ganz woanders ist das. Eine Stimme, die nicht Welteroberung
und den totalen Krieg proklamiert. Eine Stimme der Menschlichkeit ist es, die – wie Christen glauben – in Jesus eine überzeugende,
eine unüberbietbare Gestalt gewonnen hat. Eine Stimme, die dem
Recht der Stärkeren das Daseinsrecht der Schwachen und Verlorenen
und Verwundeten entgegensetzt. Haben wir sie hören und spüren

können, diese andere Stimme und diesen anderen Geist, in jenen Jahren und bis heute?

Ja, liebe Gemeinde, ich denke, wir haben in jenen Jahren der Befreiung und des Neuanfangs viel gemerkt von einer anderen Haltung. Wir haben viel gelernt. Wir Flüchtlinge aus dem Osten, mit nichts in der Hand als uns selbst, haben hier eine selbstverständliche neue Heimat gefunden, einen Ort, den man lieben kann und an dem man wirken und schaffen kann. Die Unterstützung in der Nachkriegszeit, aus der Schweiz, aus Schweden, die Care-Pakete aus den USA. Das ist nicht vergessen. Ja, der schnelle Wiederaufbau der zerstörten Marktkirche, noch vor vielen so dringend benötigten Wohnungen, hat mir immer gezeigt, dass die Suche nach jener anderen Stimme, die dem Menschen sein volles Recht gibt, eine neue breite Basis gefunden hatte. Der Aufbau einer »sozialen Marktwirtschaft« quer durch alle Parteien hindurch, die die Wirtschaftsorientierung an die soziale Verantwortung bindet, scheint mir ein Hören auf diese Stimme zu sein. Die in vielen von uns tief sitzende Überzeugung, dass von deutschem Boden nie wieder Krieg ausgehen darf, dass man damit aufhören muss, die Menschen in Gute und Böse zu teilen und die »Achse des Bösen« nur außerhalb von uns selbst zu bekämpfen. Das ist ein Ergebnis unserer geschichtlichen Erfahrungen. »Ich will das Verlorene wieder suchen und das Verirrte zurückbringen«, sagt die Stimme. Kein neuer Gottesstaat, nein, kein Reich Gottes schon hier und jetzt. Aber der Maßstab ist gesetzt, dass das Niveau einer Gesellschaft sich von dem Umgang mit denen her bestimmt, die es schwer haben oder es sich schwer machen. Die religiöse Dimension des Menschen, dass sich die Menschenwürde nicht aus seiner Leistung und aus dem, was er aus sich macht, bestimmt, wird hoffentlich nie mehr in der Breite ganz verloren gehen.

An diesem 10. April 2005 kann man nicht predigen, denke ich, ohne nicht wenigstens auch einen Austausch der Gedanken und Empfindungen zu versuchen, die bei den Bildern aus Rom durch unsere Herzen und Köpfe gehen. Auch ich sitze immer wieder fasziniert über Stunden vor dem Fernsehapparat. Welch' ein Ausdruck der Sehnsucht von Millionen von Menschen nach jener anderen Stimme, jener anderen Welt. Ein glaubwürdiger Zeuge des Evangeliums ist Johannes Paul II gewesen. Bei dem das private und öffentliche Selbst eine Einheit waren. Dieses Frage, diese Lebendigkeit und Spontaneität, dieses Hingehen zu den Menschen, diese klare Frontstellung gegen Krieg und Ausbeutung. Die institutionelle Schwäche des Protestantismus wird mir bei den Bildern aus Rom wieder einmal voll bewusst. Aber auch ein ständiges Erschrecken begleitet mich. Wie da, durch das Papstamt die ganz persönliche Glaubensausprägung eines einzelnen Menschen mit seinen Stärken und Schwächen sich auf die ganze Weltkirche legt oder entsprechende Tendenzen verstärkt. Auch nach meiner Beobachtung ist ein geradezu ungeheurer Reformstau in der katholischen Kirche entstanden: Von der Frauenfrage bis zum Zölibat, von der Verhütungs- und Aidsfrage bis zur vollen Anerkennung unserer christlichen Gemeinschaft. An dessen Auswirkungen haben wir uns schon fast gewöhnt. Wenn das nicht entschlossen angepackt wird, werden die verheerenden Folgen für uns alle unübersehbar werden, denke ich. Nein, es wird weiterhin so sein und bleiben, dass in der evangelischen wie katholischen Kirche jede und jeder unmittelbar vor ihrem und seinem Gott steht und ihm, ihm allein, Rede und Antwort zu stehen hat. »Ich«, so des Herrn Wort aus dem Propheten, »ich will sie weiden, wie es recht ist«.

Zurück nach Hannover zu uns ins Hier und Jetzt. »So spricht Gott der Herr: Wehe den Hirten Israels, die sich selbst weiden! Sollen die Hirten nicht die Herde weiden?« 60 Jahre nach der Befreiung Hannovers und unseres Landes sind wir freier geworden, unsere unübersichtlich gewordene Gesellschaft in einem lebendigen Austausch aller mit allen und mit klaren Maßstäben zu gestalten? Oder sind wir auf dem Wege in einen anderen »Höhenrausch?« Der den Eigennutz und die öffentliche Selbstdarstellung mit der geheimen Verachtung alles anderen verbindet? Sie spüren: Nach der geistlichen und menschlichen Qualität Ihres und meines Lebens sind wir gefragt. Die Antwort darauf wird die Biografie unseres Lebens sein. Und so soll am Ende dieser Predigt an dem Tag, an dem wir der millionenfachen Opfer des Krieges und des Massenmordens gedenken, das Wort eines Mannes stehen, der in schwerer Zeit mit den Frauen und Männern des 20. Juli und mit den Geschwistern Scholl diese andere Stimme gehört und ihr mit großer Klarheit gefolgt ist. Gestern, auch in den frühen Morgenstunden vor 60 Jahren, ist Dietrich Bonhoeffer im Konzentrationslager Flossenbürg hingerichtet worden. In seinem

Rückblick nach 10 Jahren Naziherrschaft. »Sind wir noch brauchbar« hat er einen flammenden Appell gegen die Menschenverachtung geschrieben, der bis in alle Zukunft Gültigkeit besitzen wird. »Wer einen Menschen verachtet, wird niemals etwas aus ihm machen können. Nichts von dem, was wir im anderen verachten, ist uns selbst ganz fremd. […] Wir müssen lernen, die Menschen weniger auf das, was sie tun und unterlassen, als auf das, was sie erleiden, anzusehen. Das einzig fruchtbare Verhältnis zu den Menschen – gerade zu den Schwachen – ist Liebe, d. h. der Wille, mit ihm Gemeinschaft zu halten. Gott selbst hat die Menschen nicht verachtet, sondern ist Mensch geworden um der Menschen willen.«

Misericordias Domini – 10. April 2005
60. Jahrestag der Befreiung Hannovers durch die Alliierten

Quelle der Freude

Liebe Gemeinde! Das ist ein Bibeltext, ein Wort des Propheten Jesaja, voller großer Gefühle! Die Erfahrung des Zornes Gottes wird in Erinnerung gerufen, von dem auch wir unter uns ein langes Lied zu singen wissen. Aber auch an den Trost wird erinnert, mit dem Gott einen Menschen so umarmend, so umfassend tröstet, wie einen – als Kind – die Mutter tröstet. Die Kraft des Menschen wird herausgerufen, seine unglaubliche Stärke, und deutlich gemacht, worin sie eigentlich besteht. Das Danken wird wie mit einer Leuchtschrift an den Himmel geschrieben. Mehr noch, es wird einfach praktiziert, wie durch Lautsprecher schallt der Lobpreis der Herrlichkeit Gottes über die ganze Erde. Ja, diese uns so überschaubar gewordene Welt, diese mit so viel Not und Angst und Unfall belastete Welt soll voller Jauchzen und Rühmen der Größe Gottes sein. Da steht doch einfach die Frage im Raum, steht unsichtbar und doch spürbar vor uns in dieser Kirche und an diesem Morgen: Ob wir es wagen können, uns auf solche Gefühle einzulassen? Ob wir es wagen können, uns einzuschwingen auf diesen Ton der Begeisterung und des Jubels, der das Wort des Jesaja geradezu durchbebt? Ich will es, mit Ihrer Hilfe, mit Zittern und Zagen versuchen. Ich möchte unsere Gedanken und Gefühle kreisen lassen um die heimliche Mitte des großartigen Bibeltextes. Ich meine den Vers, auf den der Anfang und das Ende dieses Kapitels weist: »Ihr werdet mit Freude Wasser schöpfen aus dem Heilsbrunnen«.

Eine Predigt über die Freude will das also heute werden. Was ist das eigentlich, die Freude? Dieses Gefühl, nach dem ich mich oft vergebens sehne und das ich manchmal so überwältigend spüre, dass es mich, aus einem oft unerkennbaren Grund, gerade wie eine Welle überschwemmt? Freude, das wird jeder und jede von Ihnen sofort sagen: Freude kann ich nicht selbst produzieren. Es wäre lächerlich zu sagen: Heute will ich mich aber freuen! Freude kommt von weit her! Und ich wähle jetzt den weitesten Weg, den man sich vorstellen kann, und sage: »Freude, das ist die Stimmung, mit der Gott diese Welt erschaffen hat«. Ich kann nicht beweisen, dass es so ist, aber ich bin dessen absolut sicher. Man schaue sich doch das an! Ist das nicht auf Schritt und Tritt zu spüren: Diese Welt ist nicht aus Mangel, nicht aus Überdruss oder aus Einsamkeit geschaffen! Nicht zufällig, nicht aus Mutwillen oder mit dem Vorhaben zu verwerfen, was er entstehen ließ, hat Gott diese Welt geschaffen. Aus Freude hat Gott die Gestalt des Menschen entworfen: ein Wesen, das ihm entsprechend der Liebe leben sollte, die der Urgrund seines Handelns ist.

Sie haben sicherlich schon ähnliches erlebt. Ich gehe durch die Straßen unserer Innenstadt oder irgendeiner anderen, schaue in Hunderte und Tausende von Gesichtern, staune und denke: Jeder und jede ist ein völlig anderer, ist ein ganz eigener Mensch! Welche Freude des Weltenschöpfers gehört doch dazu, Millionen, ja Milliarden von Menschen in einer so unglaublichen Vielfalt und Verschiedenartigkeit zu schaffen! Welche Begeisterung über die Individualität des Menschen! Und manchmal kommt mir auch diese Freude aus dem Gesicht eines Entgegenkommenden entgegen, die Augen eines Mädchens oder einer Frau blitzen mich im Vorübergehen an. Und dann die Natur, im Frühling spürt man das besonders. Die Bäume mit ihrem langsamen Grünen und die Blumen in ihrer Pracht. Was wäre diese Welt ohne Vögel, die durch den Himmel fliegen! Diese Ahnung packt mich immer wieder, dass Gott an dem ganzen Universum der Erde und aller Himmel, an den großen wie an den kleinen Dingen, auch und gerade an den Menschen in ihrer unüberschaubaren Vielfalt seine Genugtuung, seine Freude hat. »Und Gott sah an alles, was er geschaffen hatte, und siehe, es war sehr gut«. Und ich beginne, den Zorn zu verstehen darüber, was die Menschen aus seiner hinreißenden Schöpfung immer wieder machen. Dieser Zorn wird auch mich immer wieder packen: Wie können Menschen es fertig bringen, einen anderen umzubringen, nur weil er mir im Namen des Staates etwas versagt? Oder weil er anders aussieht, aus einem anderen Land kommt, nur, weil er möglicherweise anders glaubt und denkt als ich. Was haben Menschen gerechterweise, muss ich sagen, was haben Menschen vom Leben eigentlich begriffen?

Aber ich wollte ja von der Freude reden. Also zurück zu dem Ausgangsvers: »Ihr werdet mit Freude Wasser schöpfen aus dem Heilsbrunnen«. Freude ist ja doch nicht nur ein Schlüsselwort des jüdischen und alttestamentlichen, es ist auch eine zentrale Erfahrung des christlichen Glaubens. Nahezu auf jeder zweiten Seite des Neuen Testaments kommt das Wort »Freude« vor. »Siehe, ich verkündige euch große Freude«, das ist die Eröffnungsbotschaft des Engels bei der Geburt des Weltenheilands. Damit geht alles los. Die »große Freude«, die chara megalé, kommt mit diesem Kind, kommt mit diesem Menschen in die Welt. Ist das nicht wirklich ein irrsinniges Phänomen? Da geht dieser Mann als Erwachsener gerade nur einmal ein oder zwei Jahre über diese Erde, irgendwo in der Provinz der damaligen Welt, von der kein Mensch redet. Sammelt eine Handvoll völlig unbekannter und unbedeutender Frauen und Männer um sich, ist mit ihnen beisammen Tag und Nacht, redet mit ihnen und lehrt sie und alle, die ihm begegnen, Gott zu begreifen und sich selbst zu verstehen. Und wir rätseln noch nach 2000 Jahren an seiner Botschaft herum, legen sie aus und versuchen, uns in unserem Selbstverständnis und in unserer Gottesbeziehung danach auszurichten.

Absolut sinnlich, hinreißend menschlich redet Jesus zentral von der Freude Gottes in seiner Beziehung zu dieser Welt und zu den Menschen. Mit einem Mann vergleicht Jesus Gott, der von seinen 100 Schafen dem einen verlaufenen Schaf hinterhersteigt und – wenn er es findet – seine überschwängliche Freude mit seinen Freunden teilt. Mit einer Frau vergleicht Jesus Gott, die den einen verlorenen

Silbergroschen wie eine Stecknadel sucht und ihren Fund nicht für sich behalten kann. Und dann. Diese unglaubliche Geschichte vom verlorenen Sohn. Mit einem Vater vergleicht Jesus Gott, der seinem heimkehrenden Sohn wie ein Jüngling entgegenläuft und ihm um den Hals fällt, obwohl der ein völlig verpfuschtes Leben geführt und sein ganzes Gut auf den Kopf geschlagen hat. Die Freude Gottes über die Heimkehr des Menschen. Ja, so ist Gott. In der Person Jesu Christi kommt mir der Gott entgegen, der ein geradezu unverbesserlicher Liebhaber des Lebens ist. Das Leben ist so kostbar, wird dem Menschen ins Herz geschrieben. Das Leben jedes einzelnen Menschen zählt. Und jeder Augenblick hat einen Horizont von Ewigkeit! Keinem Menschen darf die Zukunft verbaut werden. Gerade die Armen und Verzweifelten sind die ersten Adressaten des Evangeliums. Gott freut sich an Augenblicken des gelingenden Lebens. Aber auch die verlorenen Kinder schließt er in seine Arme. Diese Freude blendet die Niederlagen und das Leid nicht aus. Sein Tod am Kreuz spricht eine mächtige Sprache. Aber am Ende steht der Jubel der Auferstehung, der Ausblick auf die endgültige Überwindung der Macht, die Menschen zu Boden drückt. Ja, das ist wirklich, wie Jesaja sagt, ein Schöpfen aus einem Brunnen, bei dem man nie auf den Boden kommt. »Das aber sage ich«, so formuliert der Evangelist Johannes als Wort Jesu in dessen Abschiedsreden: »Das ist meine Freude, dass ich in euch bleibe, und eure Freude vollkommen werde«.

Aber nun: Wie beziehe ich Sie und mich in diesen Horizont einer nicht immer spürbaren, aber anscheinend doch gerade in kritischen Situationen menschentragenden Lebensfreude ein? Muss ich, wie wir Theologen das nennen, in tiefsinnigen hermeneutischen Operationen versuchen, die 2.000 Jahre des »garstigen geschichtlichen Grabens« zu überwinden, die zwischen damals und heute liegen? Ich denke, viele dieser Überlegungen erübrigen sich, wenn wir uns eingestehen, dass die Gottesdienste, die wir zusammen feiern, eine ganz unmittelbare Begegnung mit diesem Gott in Christus und eine Wiederholung der Freude ist. Meine Güte, diese Stunden in der Marktkirche sind doch keine Banalität, sind doch keine Nebensächlichkeit. In den Festen und Feiern am Sonntag, am Ruhetag des Herrn, wird zurückgeholt, was einmal nur ein Augenblick war. So deutlich und klar sind manchmal die Dinge, wie meine Frau und ich das vor wenigen Tagen auf dem Grabstein eines ehemaligen Bundespräsidenten auf dem Dorotheenstädter Friedhof in Berlin gelesen haben. Neben dem Geburts- und dem Sterbedatum und dem Namen Johannes Rau steht da der einfache Satz: »Er war auch mit dem Jesus von Nazareth«. Ja, er war auch, wie wir und wie Sie, mit diesem Jesus von Nazareth. Kann man das nicht so einfach auch über Ihr und mein Leben schreiben? Ich kann mir jedenfalls mit aller Phantasie kein Leben ausdenken, das nicht bestimmt wird von seinen Worten. »Selig sind, die hungern und dürsten nach der Gerechtigkeit, die sollen satt werden«. »Sorget nicht für den morgigen Tag … euer himmlischer Vater weiß doch, dass ihr dessen alles bedürft.« Das Bild eines Mannes wird mir in diesen Gottesdiensten immer wieder vor Augen gestellt, dem das Leid der blinden Bettler und der Witwe, die ihr einziges Kind verloren hat, so aufs Herz schlägt, dass er stehen bleibt und die Wunden heilt. Eine Rebellion gegen alle Teilnahmslosigkeit und Gedankenlosigkeit ist dieser Mann, und die Freude Gottes an dieser Welt gibt er uns zurück.

Und dann ist vielleicht heute jemand in diesem Gottesdienst, der in wenigen Stunden 70 Jahre alt wird. Und eine andere, die heute 80 geworden ist, und ein anderer, der vielleicht in wenigen Wochen 80 wird. Und all die vielen, die in ihrem Alter darunter, darüber und dazwischen sind. Lebensrückblicke halten die Weichenstellungen des Lebens fest. Erinnerungen werden da auftauchen an Situationen, die unsere französischen Freunde das »plus être«, das Mehr-Sein des Lebens, nennen. Das intensivere Leben, das mit dem Bewusstsein anfängt, dazuzugehören und seinen festen Platz zu haben in dieser Welt, die Gott geschaffen hat und die er will. Welch' eine wunderbare Erfahrung ist das, Gott vertrauen zu können in diesem Leben. Und dann stehst du da, im Altarraum dieser Kirche, eingeladen zur Vorfreude auf die kommende Gemeinschaft aller Menschen, die Christus mit uns feiern wird. Nimm und iss, nimm und trink. Zuversicht, Vergebung und Hoffnung wird hier zugeteilt. Wahrlich, ihr werdet mit Freuden Wasser schöpfen aus dem Brunnen des Heils.

Der Schluss dieser Predigt über die Freude aber muss dem besonderen Charakter dieses Gottesdienstes gelten. Kantate heißt dieser Sontag. »Du meine Seele singe«. Und mir ist, und viele werden dem zustimmen: als habe Gott zur Vermehrung und Vergrößerung

der Freude in unserem Leben speziell die Musik erschaffen. Die
Affen jedenfalls, unsere nächsten tierischen Artgenossen, singen
nicht. Vielleicht haben, mythologisch gesprochen, Adam und Eva
das Singen im Paradies von den Vögeln gelernt, die längst vor den
Menschen die Welt mit ihren Gesängen erfreut haben. Aber immerhin: Die Menschen haben – wenigstens eine Reihe von ihnen – auch
jenseits von Eden das Singen nicht verlernt. Martin Luther kann
man da immer wieder zitieren: »Denn die Musica ist eine Gabe und
Geschenk Gottes. Sie vertreibt auch den Teufel und macht die Menschen fröhlich«.

Aber, liebe Gemeinde, das werden wir alle, die wir mit der Musik leben, immer wieder auch erfahren. Die Wirkung der Musik
greift noch weiter und noch tiefer. Albert Schweitzer hat sie schön
beschrieben. Mit den Pflanzen und den Tieren gemeinsam hat der
Mensch den Willen zum Leben. Musik aber, als ein Element von Kultur ist ein Schritt darüber hinaus. In der Kultur nimmt der Mensch
sein Dasein nicht nur einfach hin, sondern entdeckt seine Herkunft
aus einem unergründlichen Geheimnis. So wird aus dem Dahinle-
ben in den Tag die Lebensbejahung als eine geistige Tat, erwächst die
Ehrfurcht vor dem Leben. Es ist ja schließlich doch ein Leben, das
der Mensch sich nicht selber geben kann. »Macht Platz der Musik.
Einmal muss das Fest doch kommen«, hat Ingeborg Bachmann in
einem großartigen »Lied von einer Insel« gedichtet. Ist da eine Täu-
schung, wenn ich sehe, dass das alles ineinandergreift? Die Freude,
mit der Gott diese Welt geschaffen hat, die wir im Wort von Christus
und nicht zuletzt mit der Musik weitergeben und die wir im Mahl
der Freude als vorweggenommene Festgemeinschaft feiern! »Ihr
werdet mit Freude Wasser schöpfen aus dem Brunnen des Heils«.
Erwartungen drücken sich darin aus, große Hoffnungen. Nein, es
ist mehr: Erfahrungen der Lebenserfüllung stecken darin, denke ich.
Für Sie und für mich und für uns alle.

Kantate – 28. April 2013

Eine anarchische Horizontverschmelzung

> 1 Singet dem HERRN ein neues Lied; singet dem HERRN, alle Welt!
> 2 Singet dem Herrn und lobet seinen Namen, verkündet von Tag zu Tag
> sein Heil! 3 Erzählet unter den Heiden von seiner Herrlichkeit, unter
> allen Völkern von seinen Wundern!
> 11 Der Himmel freue sich, und die Erde sei fröhlich, das Meer brause und
> was darinnen ist; 12 das Feld sei fröhlich und alles, was darauf ist; es sol-
> len jauchzen alle Bäume im Walde 13 vor dem HERRN; denn er kommt,
> denn er kommt, zu richten das Erdreich. Er wird den Erdkreis richten mit
> Gerechtigkeit und die Völker mit seiner Wahrheit. (Ps 96,1–3.11–13)

Liebe Gemeinde! Was für eine berauschende, was für eine jubelnde
Sprache! Das ist wirklich ein neues Lied. Nicht nur die Gemeinde
wird zum Singen aufgerufen, nein, der Aufruf geht an alle Welt, an
Mensch und Schöpfung, an Natur und Kreatur. Die Felder seien
fröhlich, wenn der Wind darüber geht und die Halme im Rhythmus des Windes sich beugen, dann ist das wie ein Wiegenlied.
Die Bäume im Wald rauschen und knarren. Haben Sie das nicht
im Ohr, diese ganz eigene Musik. Und wenn das Meer tobt unter
den Herbststürmen, dass man die eigene Stimme nicht mehr hört,
unbändige Kraft ist in dieser Musik drin, kurzatmig kommt man
sich daneben vor. Die Sphärenmusik des Himmels, von der Goethe
im Faust redet: »Die Sonne tönt nach alter Weise in Brudersphären
Wettgesang.« Alles, alles ist einbezogen, Himmel und Erde, oben
und unten, Verstand und Herz und alle Sinne, um Gottes Herrlichkeit zu preisen, der die Völker richtet mit Gerechtigkeit, die die
Wahrheit zu ihrem Recht kommen lässt. Ein Zug der Erneuerung
weht durch diese sinnlich jubelnde Sprache. Wahrlich, ein neues
Lied.

Nun ist also das neue Gesangbuch endlich da. Lange nach meinem Geschmack, viel zu lange hat es gedauert. 15 Jahre habe ich mir sagen lassen. Der Vater Bodelschwingh ist mir manchmal in den Sinn gekommen mit seinem: »Macht mir's nicht zu langsam, die sterben mir sonst noch darüber«. Aber nun ist das endlich durch alle Ausschüsse und Synoden durch, und der Abschied vom alten Gesangbuch beginnt. »Wir werden uns sehr daran gewöhnen müssen«, sagten die Kirchenvorsteherinnen und Kirchenvorsteher der Marktkirche, als das neue Gesangbuch letzte Woche von Hand zu Hand ging. Mehr als 40 Jahre ist das bisherige Gesangbuch unser treuer Begleiter gewesen. Und wer die Lieder, die er ein Leben lang gesungen hat, noch immer nicht auswendig kennt, der ist selber schuld. Neues kommt auf uns zu. In Teilen wenigstens, in kleinen Teilen, aber auch das bedarf der Phase der Umgewöhnung. Und eine Grundfrage ist damit gestellt: Bleibt es dabei, dass eines der wesentlichen Kennzeichen des Protestantismus die singende Gemeinde ist? Bleibt es dabei oder kommt es wieder neu dazu, das zwischen dem fast professionellen Gesang der Chöre auf der einen Seite und dem Gröhlen der Fußball- und Schützenfans auf der anderen Seite die christliche Gemeinde in elementarer Bewegtheit ihre Stimme erhebt und dem Gott zujubelt, der da kommt. Der da kommt, den Erdkreis zu richten mit Gerechtigkeit und die Völker mit seiner Wahrheit. Bei der Einführung eines neuen Gesangbuches legt sich mir die Frage nach dem Ort der Musik und des Singens im christlichen Glaubensverständnis quer über den Weg.

Der Spanier Luis Bunuel, der große Kinoerzähler, der unverbesserliche Atheist, hat sein Erinnerungsbuch mit einem kleinen Kapitel über die »Trommeln von Calanda« begonnen. In der Gegend, in der Bunuel aufgewachsen ist, gab es das jährliche Ereignis der Trommeln von Calanda. Am Karfreitag versammelten sich Tausende von Menschen, darunter 600 bis 700 Trommler und 400 Menschen mit Pauken, auf dem Marktplatz von Calanda. Schweigend verharrte die Menge, bis die Glocke der gegenüberliegenden Kirche die Sterbestunde Jesu einläutete. Und dann legte sich ein Geräusch wie ein lang rollender Donner über das Dorf und die Gegend. Alle Trommeln begannen gleichzeitig zu dröhnen. Eine undefinierbare Stimmung ergreift die Menge. Eine Prozession formiert sich, die Statue Christi wird mitgetragen, die Leidensgeschichte wird gelesen. Dann wieder Stille. Und dann trommeln die Pauken und die Trommeln die ganze Nacht, über Karsamstag hinweg, bis die Nacht der Auferstehung, die Osternacht beginnt. In 6–7 Rhythmen wird getrommelt, die manchmal gegeneinander stehen, bis einer sich durchsetzt. Ein unglaubliches, tief erschütterndes Ereignis, das das kollektive Unbewusste anrührt. Menschen weinen, geraten außer sich. Der Boden bebt unter den Füßen, die Mauern zittern, wenn man sie anfasst. Und er, der Atheist Bunuel, hat das nie vergessen, und viele seiner Filme kreisen in irgendeiner verschlüsselten Weise um den Mann im Tode und am Kreuz. Die Grablegung Christi vergegenwärtigt sich in der Musik als ein kosmisches Ereignis.

Vielleicht ist das überhaupt der Ursprung der Musik, liebe Gemeinde, die Fachleute sind da unterschiedlicher Meinung. Wer hat die Musik erfunden, die Menschen oder die Vögel? Vielleicht haben die Vögel die Menschen das Singen gelehrt. Aus den Tiefen steigt etwas in mir hoch. Aus den Ursprüngen des Daseins in der Welt rührt mich etwas an. Die Felder singen, die Wälder rauschen, die Wasser jubeln. Die ganze Welt ein Gesang. Ich stelle mir vor, dass Gott bei der Erschaffung der Welt gesungen hat. Etwas bricht aus mir heraus, das mich mitreißt, schwingt mich in eine neue Dimension. Man kann außer sich geraten beim Singen. Schön hannoversch temperiert und alles genau bedenken, was man singt. Das ist die Spätform des Gesangs. Musik ist eine gefährliche Kunst, weil etwas Überbordendes, etwas Ekstatisches in ihr ist. In allen Grenzen, die die Musik sich setzt: ein anarchisches Element ist in ihr enthalten. Martin Luther muss ein sehr furchtloser Mensch gewesen sein, wenn er die Musik als Ausdrucksform des Glaubens so hoch schätzte. Sonst ist die Kirchengeschichte voll von Abwehrreaktionen gegen den verderblichen Einfluss der Musik. Aber da kommen kraftvolle Naturen, wie ein alttestamentlicher Psalmgesang oder wie ein Kanzelprediger von Wittenberg, und verkriechen sich nicht hinter Kirchenmauern, holen ein Tanzlied von der Straße herein, rufen Himmel und Meer, Berge und Flüsse hinein in den großen Chor der Welt, der das Lob des Herrn singt. »Singet dem Herrn ein neues Lied, lobet seinen Namen, erzählt von seinen Wundern, verkündet von Tag zu Tag sein Heil«. Das Singen ist ein kosmisches Ereignis, so wie der Mensch mit Leib und Seele, mit Sinnen und Verstand ein Teil des Kosmos ist, von Gottes eigenhändig geschaffener Welt. Sonst ist das Singen wohl ein blutleeres Unternehmen ohne Vitalität und Perspektive. Das alte Lied, das von einer Welt zeugt, die müde geworden ist und sich verbraucht.

Ein Letztes möchte ich Ihnen gerne noch weitergeben, liebe Gemeinde. Den Inhalt des alttestamentlichen Psalms versteht man nur, wenn man ihn aus dem Prozess des Singens, aus dem Prozess der Musik heraus begreift. Hymnische Sprache ist das und hymnische Musik. Der Hymnus aber belehrt nicht: Dass und wie Gott Richter ist oder wie sich das verhält mit der Gerechtigkeit, die Gott ist oder die er schenkt. Nein, keine Distanz mehr zwischen mir und dem, wovon geredet wird. Im Singen vollzieht sich Vergegenwärtigung, ja Horizontverschmelzung: Der Hymnus singt den kommenden Gott herbei. Er kommt, er kommt, er kommt, zu richten das Erdreich. Den Erdkreis richtet er mit Gerechtigkeit, die Völker mit seiner Wahrheit. Ja, in ihm ist die Wahrheit auf dem Plan, dass das Böse sich – oft in überraschend kurzer Zeit – als dumm und unzweckmäßig erweist, wie Bonhoeffer das gesagt hat. Ja, so ist das in dieser Welt. Die Achtung der letzten Gebote und Gesetze des Lebens ist der Selbsterhaltung des Menschen weit am dienlichsten. Die Lügner und Tyrannen fallen, im Singen wird das Banner des kommenden Gottes, wird die Wahrheit Gottes aufgerichtet. Singen ist ein Akt selbstvergessener, gottgegründeter Lebensbejahung, das kann man immer wieder aus den Psalmen lernen.

So führen wir denn nun in diesen Tagen das neue Gesangbuch in unserer Kirche ein, liebe Gemeinde. Alte Texte und alte Melodien, neue Texte, neue Melodien, alles gut durchdacht, vermute ich, Aber erinnern wollte ich aus diesem Anlass an die kosmische Dimension, dass der Christ ein singender Vogel auf dem Dach der Welt ist, der die Gegenwart Gottes in seiner Welt für viel realer hält, als die meisten meinen. Wenn es uns gelingt, an dieses Vibrieren, an diese Gewissheit des Singens als Zeichen der Erlösung anzuknüpfen, dann wird daraus für uns alle und für viele andere das neue Lied. Das möge Gott in unsere Herzen, in unsere Glieder und in unsere Stimme legen.

Einführung des neuen Gesangbuchs – 22. November 1994

Berührt werden

44 Er sprach aber zu ihnen: Das sind die Reden, die ich zu euch sagte, da ich noch bei euch war; denn es muss alles erfüllet werden, was von mir geschrieben ist im Gesetz Mose's, in den Propheten und in den Psalmen. 45 Da öffnete er ihnen das Verständnis, dass sie die Schrift verstanden 46 und er sprach zu ihnen: Also ist's geschrieben, und also mußte Christus leiden und auferstehen von den Toten am dritten Tage 47 und predigen lassen in seinem Namen Buße und Vergebung der Sünden unter allen Völkern. 48 Ihr aber seid des alles Zeugen. 49 Und siehe, ich will auf euch senden die Verheißung meines Vaters. Ihr aber sollt in der Stadt Jerusalem bleiben, bis ihr angetan werdet mit der Kraft aus der Höhe. 50 Er führte sie aber hinaus bis gen Bethanien und hob die Hände auf und segnete sie. 51 Und es geschah, da er sie segnete, schied er von ihnen und fuhr auf gen Himmel. 52 Sie aber beteten ihn an und kehrten wieder gen Jerusalem mit großer Freude 53 und waren allewege im Tempel, priesen und lobten Gott. (Lk 24,44–55, Luther 1912)

Liebe Gemeinde. »Aufgefahren in den Himmel«, dieser Satz in dem Glaubensbekenntnis ist hell in seinem Klang wie eine Trompete und dunkel in seinem Sinn wie ein Stein mit schwer entzifferbaren Runen, Schriftzeichen. Wir kennen alle die mittelalterlichen und barocken Bilder mit ziemlich viel Gewölk am blauen Himmel bei dieser Himmelfahrt. Auch im Alten und Neuen Testament sind an manchen Stellen die Vorstellungen von einer Art Entrückung von oder hinter den Wolken mit hineinverwoben. Ich denke an die Vision, in der ein Elisa seinen Meister Elia gen Himmel fahren sah. – »Mein Vater, mein Vater, Wagen Israels und seine Reiter«.

Heute, denke ich manchmal, sind die Sterbezimmer die Zufluchtsstätten der Himmelfahrtsvorstellungen geworden. Dort ist es freilich die Himmelfahrt des Geistes oder der Seele, die sich im Sterben von einem Ort an den anderen begibt. »Wenn von uns unser Geist gen Himmel ist gereist«, singt Paul Gerhardts Osterlied, und sein Sterbelied meint es gewiss nicht anders: »Ich wandre meine Straße, die zu der Heimat führt, da mich ohn alle Maße mein Vater trösten wird«. Also: Himmelfahrt ist Sterben. Sterben als Heimgang verstanden. Ja, so denken viele.

Im KZ haben sie wohl wenig von dieser Himmelfahrt gehalten. Aber bei allem grimmigen Spott schwang doch wohl eine heimliche Anerkennung mit, wenn die Häftlinge dort angesichts der rauchenden Verbrennungsöfen zueinander sagen konnten: »Da fahren jetzt wieder ein paar Bibelforscher in den Himmel«. Und was ein Himmelfahrtskommando ist, das haben wohl auch alle Soldaten gewusst und wir kleinen Jungs und Zivilisten auch.

Himmelfahrt also ist Sterben, als Heimfahrt zu dem Vater? »Und es geschah, als er sie segnete, schied er von ihnen und fuhr auf gen Himmel«. Nein und abermals nein! Lasst es mich am Anfang dieser Predigt noch einmal deutlich sagen, ohne dass ich die Illusion habe, dass solche Erklärungen die räumliche Verankerung dieses Festes je beseitigen können. Die Bibel sagt es räumlich, aber sie meint es persönlich. Himmel, das ist die Größe, die alles umfassende Macht und Nähe Gottes und die große Geborgenheit in ihm. Aufgefahren in den Himmel, das ist nicht Abschied und Klage, dass nun auch diese edle Seele der schnöden Welt den Rücken gekehrt hat. Aufgefahren in den Himmel, das ist der Jubelruf eines Bekenntnissees, das den Rang dieses Mannes meint, nicht seinen Ort. Sein Auferstandensein und nicht sein Gestorbensein. Nicht seine Heimfahrt, sondern seine Gegenwart. Ja, so ist es! Dieser getötete Jesus hat Anteil an dieser so leicht zu übersehenden und doch unangreifbaren Gegenwart Gottes in dieser seiner ganzen Schöpfung. Er ist der Träger dieser unscheinbaren und rettenden Gottesnähe für alle Zeiten und Räume. »Du kannst alles allerorten nur erfüllen und nahe sein«. Ja, mit ihm und in ihm leben wir gerade hier unter dem offenen Himmel. Aufgefahren in den Himmel, der Weg ist frei schon hier auf dieser Erde und endgültig, wenn die Hüllen fallen.

Aber nun lasst uns diese kleine Szene betrachten, die uns in dem heutigen Bibelwort vor Augen gestellt wird. Da sind die Jünger, hinausgeführt durch Jesus, den Auferstandenen, aus Jerusalem, in der Gegend von Bethanien im Jordantal, unter freiem Himmel. In dem Augenblick, da er von ihnen geht, da berührt er sie noch einmal. Er hebt die Hände auf und segnet sie. Eigentümlich, diese Spannung zwischen körperlicher Nähe und Distanz. Segnend nimmt er Abschied und wird aufgehoben in den Himmel. So, als ob im Gestus des Segnens die Spannung zwischen der Abwesenheit und der Anwesenheit des Herrn aufbewahrt und festgehalten ist für alle Zeiten. Und sie, die Jünger, kehren in die Stadt zurück in großer Freude und loben Gott im Tempel, preisen und singen ihm.

Nicht wahr, eine eigenartig schwebende und hintergründige Erzählung. Der Vorgang des Segnens, der Berührung, hat es mir dabei in besonderer Weise angetan. Jesus hat sich oft berühren lassen und hat andere berührt. Die Frau mit dem Blutfluss hat Jesus im Gedränge der Menge angefasst, um heil zu werden. Thomas hat den Auferstandenen angefasst, um ihn zu fühlen und an ihn zu glauben. Jesus selbst hat immer wieder andere Menschen berührt, seine Hände auf die Menschen gelegt, damit diese sehen und reden können, und auf die Köpfe der Kinder, die ihn suchen. Und nun, am Ende, der ein Anfang ist, da legt er noch einmal die Hände auf die Jünger. Und die, die so Berührten haben nicht nur verstanden, sondern sind erfasst. Die große Freude, die sie erfüllt, die kommt aus dem Begreifen, vielmehr aus dem Ergriffensein.

Das Körperliche, das ist ja so etwas wie eine Schutzzone um den Menschen. Ich achte darauf, dass mir keiner zu nahe kommt, und manche können selbst in außergewöhnlicher Situation, im Gedränge etwa, die übergroße Nähe der anderen nicht ertragen. Der körperliche Abstand macht mich erst zum Individuum, zum Menschen. Zwei Weisen gibt es, diesen Abstand zu durchbrechen: in der Aggression und in der Liebe. Auf beiden Wegen komme ich einem Menschen zu nahe. In der Ohrfeige, im Faustschlag überbrücke ich den Abstand, um den anderen zu erniedrigen, vielleicht sogar, um ihn zu vernichten, auch wenn ich es mir nicht eingestehe. Oft schmerzt die Absicht der Erniedrigung stärker als der Schlag. In der Liebe nähere ich mich dem anderen, um mit ihm mich zu vereinigen. Welch' eine wunderbare Erfahrung, dass ich die Zuneigung des anderen nicht nur hören und sehen, sondern auch tasten, spüren und begreifen kann.

Der Segen steht, so denke ich, dazwischen. Der Abstand, der notwendige Lebensabstand wird geachtet. Aber ich bin dem anderen zugewandt. Ich denke, das Handgeben ist eine Art des Segnens. Ich bin dir gut, lässt diese Hand mich fühlen. Ich wünsche dir einen guten Tag, ein schönes Himmelfahrtsfest, und dies kannst du begreifen. Ich fände es schön, wir würden nach dem Gottesdienst auch auf diesen oder jenen, den wir nicht so gut oder gar nicht kennen, zugehen und ihm mit einem Händedruck die Zugewandtheit spüren lassen.

Nun gut, denkst du, das ist ein schönes Spiel. Aber manchmal geht es tiefer, hängt vieles davon ab. Wenn ich ganz einsam und allein bin, hängt manches davon ab, ob mir einer nahekommt. Wenn es ins Sterben geht, dann suchen Menschen eine Hand. Eine Konzertpianistin erzählt von ihren Erfahrungen als Krankenschwester in einem Lazarett in Warschau. »Eines Abends spät ging ich durch die Krankenräume«, schreibt sie, »und bemerkte einen Soldaten, der sein Gesicht im Kissen vergraben hatte. Um die anderen nicht zu stören, suchte er so sein Schluchzen und Stöhnen zu unterdrücken. Wie konnte ich ihm helfen? Ich sah meine Hände an. Wenn sie durch das Klavier harmonische Schwingungen übertragen konnten, sollte es nicht möglich sein, Harmonie ohne Instrument unmittelbar zu übertragen? Als ich den Kopf des jungen Mannes in die Hände nahm, packte er sie mit solcher Kraft, dass sich seine Nägel in mein Fleisch gruben. Ich betete, dass die Harmonie der Welt in ihn einkehren und seine Schmerzen lindern möge. Allmählich hörte er auf zu schluchzen. Dann entspannten sich seine Hände, er war eingeschlafen«. Berührung kann Ausdruck der Liebe sein, eine Wohltat für Schmerzgequälte und eine Bestätigung der Menschlichkeit des Menschen. Ein Segen.

Und nun lasst uns zum Abschluss noch einmal auf die Szene der Himmelfahrt schauen. Da sind die elf Jünger versammelt, diese kleine Schar. Und Jesus, der Auferstandene, hebt seine Hände auf und segnete sie. So einfach und elementar ist Jesus, der Lebendige. So unmittelbar teilt er Gottes heilsame Wirklichkeit mit. Leibhaftig und durch Berühren gibt sich der Auferstandene seinen furchtsamen Jüngern, hört nicht auf, der Segnende zu sein, auch als man ihn nicht mehr sieht.

In diesem Bild, liebe Freunde, ist für mich der Sinn der Himmelfahrt für alle Zeiten eingefangen. Der christliche Glaube hat nicht die Antwort auf alle Fragen. Aber er weiß, wo die Antworten zu finden sind. Gerechtigkeit, Friede, Heil und Leben – er. Deshalb sucht der Glaube ihm nahezukommen, so dass seine Wahrheit, sein Friede ihn berührt. Es mag dies nicht immer körperlich sein, wie vielleicht schon Jesu letzter Segen ein symbolischer war. Aber dieses Nahekommen des auferstandenen und aufgefahrenen Herrn erfasst den ganzen Menschen mit Seele, Leib und Geist. Und Gott gebe, dass wir unser Christentum nicht nur im Kopf haben, sondern auch in den Händen, Armen, Beinen und im Herzen.

Himmelfahrt – 28. Mai 1987

Beistandspakt des Glaubens

Liebe Gemeinde! Es ist der 27. Oktober 1945. Gustav Sasse ist im Juni nach Hannover zurückgekommen, man kann das alles in der Festschrift nachlesen, er hat Menschen wieder um sich gesammelt, hat einen Chor aus Schülern und Mitgliedern des Lutherkirchen-Chores gegründet, den er Bach-Chor nannte und der im Gemeindesaal der Neustädter Gemeinde in der Bäckerstraße probt. Nun ist es das erste Konzert des Bach-Chores in der einigermaßen heilgebliebenen Kirche, in der Dreifaltigkeitskirche in der List. Sonnabend 16.00 Uhr, ab 18.00 Uhr ist Sperrstunde, da darf niemand mehr auf die Straße. Die Trümmerlandschaft Hannovers, die auf den Fotos der Zeit wie eine von Kratern übersäte Mondlandschaft aussieht oder wie eine urzeitliche Ruinenlandschaft, die brauche ich Ihnen nicht zu schildern. Die geistige Trümmerlandschaft ist entsprechend. Düpiert, hinters Licht geführt wie Kinder, die einem Rattenfänger blindlings in den Untergang folgten. Täter und Opfer zugleich, ein ganzes Volk. Ein Jahr später, im Herbst 1946, wird Wolfgang Borchert in acht Tagen sein Heimkehrerstück schreiben. »Draußen vor der Tür«. Dieser Unteroffizier Beckmann, in dem eine ganze Generation sich wiedererkennt. Der Mann, der zu seiner Frau heimkehrt, die ihn vergessen hat, der seinem Oberst die Verantwortung für die 11 Mann zurückgeben will, die von dem Stoßtrupp nicht wiederkehrten. Die Toten, die in den Träumen auf den Skeletten ihre makabren Xylophonstücke spielen. Dieser Beckmann, dem Gott als ein alter weinerlicher Mann begegnet, der klagt, dass keiner mehr an ihn glaube und dass er das alles nicht verhindern konnte, und dem Beckmann seine messerscharfen Anklagen entgegenwirft: »Wo warst du in Stalingrad, an den Fronten? Haben sie dich in ihre schönen alten Kirchen eingemauert?« Der Heimkehrer, der nicht heimkehren kann und der am Ende in die dunkle Nacht hinausschreit: »Wo ist denn der alte Mann, der sich Gott nennt? Gibt es denn keine Antwort? Gibt denn keiner, keiner Antwort?«

Nein, liebe Gemeinde, als der Bach-Chor an jenem 27. Oktober 1945 in seinem ersten Konzert jenes »Ach, wie flüchtig, ach wie nichtig ist der Menschen Leben« sang, da war das nicht nur ein schönes und ergreifendes Stück Bach'scher Musik. Da war das die existentielle Erfahrung von Menschen, die durch die Hölle der Zeit gegangen waren, die in das Nichts und in den Abgrund des Lebens hineingeschaut hatten und die dem Untergang noch längst nicht entkommen waren. In solchen Zeiten steht das geistliche Wort und die geistliche Musik auf dem Prüfstand. In solcher Zeit hat sich die evokative, die Tiefen der Existenz aufreißende Kraft der geistlichen Musik zu bewähren. Und ich denke, wir können das innere Beben noch nachempfinden, mit dem die Menschen, die bis vor die Türen der Kirche standen, diese Klagen über die Flüchtigkeit und Nichtigkeit des menschlichen Lebens hörten bis zu jenem triumphalen Schluss: »Wer Gott fürcht't, bleibt ewig stehn«.

»Und ich will den Vater bitten, und er wird euch einen anderen Tröster geben, dass er bei euch sei in Ewigkeit«, sagt Jesus zu seinen Jüngern in seinen Abschiedsreden bei Johannes. Das ist genau die Situation. Zeiten gibt es, liebe Gemeinde, in denen es klar zu Tage liegt, dass man ohne einen Tröster nicht leben und nicht sterben kann. Ohne einen Parakleten, wie das im griechischen Urtext heißt, ohne einen Beistand ist da nichts zu machen. Situationen gibt es, in denen man nicht lange nachzudenken braucht, um zu wissen, dass du dich auf deinen eigenen Geist nicht mehr verlassen kannst, auf deine eigenen Kräfte, auf die Substanz bisherigen Lebens. Ja, ist es doch gerade der eigene Geist, der dazu beigetragen hat, dich an diesen Ort des Untergangs zu führen. Eine Welt versinkt und das Neue ist noch nicht zu sehen. Eine Lücke, eine riesengroße Lücke tut sich auf, und es ist nicht entfernt zu ahnen, wie sie zu füllen sei. Wie Waisenkinder kommt man sich vor, die Vater und Mutter verloren haben, die Orientierung ist weg und keiner, der mit einem abends am Bett sitzt und noch redet, betet. »Ich will den Vater bitten«, sagt Jesus, »und er wird euch einen anderen Tröster geben«. Einen Parakleten, einen Beistand. »Ich will euch nicht als Waisen zurücklassen«. Vielleicht ist ja schon die Ankündigung des Trostes Trost genug. Vielleicht ist ja schon mit der Verheißung kommender Zeitenwende Hoffnung und Zukunft da. Orte, Zeiten, Gelegenheit werden wichtig, an denen Menschen das Kommen des Parakleten, an denen sie Trost und Beistand und Perspektiven erhoffen könnten. Die Marktkirche ist für Hannoveraner und Zugereiste wohl ein solcher Ort gewesen und geworden, deshalb hat man sie auch so schnell vor den meisten Wohnungen aus den Trümmern wieder aufgebaut. Und ist nicht in der Leere unserer Tage die geistliche Musik für viele Menschen die Ankündigung eines Kommenden, Guten, von dem man noch nicht recht weiß, was er bringen wird? Musik als Beistandspakt des Glaubens? Die Lieder des Glaubens, die an das menschliche Elend erinnern, die aber vor allem das göttliche Heil besingen. Hoffnung drücken sie aus, diese Lieder, mehr noch, in der Gewissheit einer Heilsgeschichte ruhen sie. Von dem reden die Gesänge des Glaubens, was zu tun ist, aber genau von dem, was zur Rettung der Welt längst geschah.

Die Lebenskraft erneuern sie, kraftvoll ist jeder Gesang auch noch im Pianissimo, die Annäherung an den Grund allen Lebens steckt darin. Verlassenheit und Jubel, Klage, Bitte und Dank, die Lieder des Glaubens gehen durch alle Höhen und Tiefe, und ich singe manchmal nur im Geiste mit. Singend bin ich voller Erwartung, dass menschliches Schreien in der Weite des Kosmos nicht ungehört verhallt. Aus der Ankündigung, aus der Verheißung aber ist im Singen längst die Gewissheit und die Zuversicht geworden. Und ist das nicht das innere Geheimnis eines Bach-Chores, seiner Kontinuität im Wandel der Zeiten, im Wechsel der Sängerinnen und Sänger und der Dirigenten, kraft der Musik, die er singt, und des Anspruchs, dem er sich stellt. Der Trost der Musik als Beistand und als Trost des Glaubens.

Und so will ich mich denn, liebe Gemeinde, bei diesem Festgottesdienst aus Anlass des 50-jährigen Bestehens des Bach-Chores von der unwiderstehlichen Glaubenskraft der Musik hinreißen lassen. Ich habe heute keine Lust zu klagen über die angebliche Abwesenheit Gottes, über den Traditionsabbruch, über die Kümmerlichkeit der Kirche oder über die Menschen, die aus der Kirche ausgetreten sind oder sich mit solchen Gedanken tragen. Ich will nicht, wie Fulbert Steffensky es einmal gesagt hat, diesen »saudummen Glaubensgeiz« praktizieren, »der die Sprache des Glaubens dreimal umdreht, ehe er mit säuerlichem Vorbehalt ihre Versprechungen rausrückt«. Ich will von Gott reden, dass ich ihn glaube und dass er der manchmal heimliche, manchmal offene Grund meines Lebens ist. Ich will von Jesus reden und davon, dass er nach meinem Gefühl mit absoluter Eindeutigkeit alles gesagt hat, was Menschen zum Leben brauchen. Dass sein Sterben und Auferstehen eine immer neue Herausforderung für mein Verstehen sind. Ich will, wie Jesus das bei Johannes ausgedrückt hat, von dem »Geist der Wahrheit« reden. Dass ich aus ihm lebe so wie Sie und dass, was in uns an Transparenz vorhanden ist, aus dieser Wahrheit kommt. Diese Wahrheit ist kein heimliches Bescheidwissen über das, worüber alle anderen noch rätseln müssen. Ich kann die Welt in vielem nicht erklären. Mehr noch: Ich bin sehr skeptisch gegen die religiösen Welterklärer, die Gott schon immer in die Karten geschaut haben und die zu wissen meinen, dass er jederzeit einen Grand mit Vieren spielt. Nein: Zu sagen, ich weiß es nicht, kann ein guter und wichtiger Satz des Glaubens sein. Ich will nicht die Sprache des Besserwissers, ich will die Sprache der Wahrheit reden, und die ist durchsichtig wie ein Stück Musik. Ich will zu Gott schreien, reden, auf ihn hoffen. Ich will ihm danken, ich will wachsen auf ihn hin. Frech ist mein Glaube, er widersteht einer kompromittierten und faulen Gegenwart ins Angesicht hinein. Aufs Ganze geht er, und er will sich durch alle schlechten Beispiele und Erfahrungen nicht widerlegen lassen. Ich glaube, dass die Toten leben werden und dass kein Tyrann auf seinem Thron bleiben wird. Ich glaube, dass kein Krieg sich vor Gott rechtfertigen lässt, dass, wie Jesus gesagt hat, die Friedensstifter das Reich Gottes erben werden. Ich bin absolut sicher, dass das Böse nicht endgültig siegen wird, dass die Liebe die Wahrheit dieses Lebens ist und dass das Leben aller Menschen, unteilbar und ohne Ansehen der Person, in Gott seinen Ursprung und seine Würde hat. Von der Gegenwart des Geistes, von der Gegenwart der Wahrheit her will ich reden und singen. »Ich lebe«, sagt Jesus »und ihr sollt auch leben«. Ich kenne keine andere Wahrheit.

Aber nun will ich Schluss machen mit meiner Predigt und der Musik wieder ganz das Wort übergeben. »Wohl mir, dass ich Jesum habe, o wie feste halt ich ihn«, singt der Bach-Chor zusammen mit allen ehemaligen Sängerinnen und Sängern, die heute hier sind. Und da ist sie wieder, diese Gewissheit des Glaubens, die die Dinge so verpackt, wie sie sind, ohne Wenn und Aber. Wahr ist es, dass in Jesus, in seiner liebevollen und liebenden Gegenwart, das Heil des Lebens ist. Von ihm weiß ich, dass das Leben gut ist, so wie ein Liebender weiß, dass er geliebt wird. Keine kalte Welterklärung habe ich auf den Lippen, aber das trotzige Lied, das von der Heimat singt, auch wenn wir manchmal noch in fremden Landen sind.

Exaudi – 28. Mai 1995

Aufmerksamkeit macht schön

19 Es war aber ein reicher Mann, der kleidete sich in Purpur und kostbares Leinen und lebte alle Tage herrlich und in Freuden. 20 Es war aber ein Armer mit Namen Lazarus, der lag vor seiner Tür voll von Geschwüren 21 und begehrte sich zu sättigen mit dem, was von des Reichen Tisch fiel; dazu kamen auch die Hunde und leckten seine Geschwüre. 22 Es begab sich aber, dass der Arme starb, und er wurde von den Engeln getragen in Abrahams Schoß. Der Reiche aber starb auch und wurde begraben. 23 Als er nun in der Hölle war, hob er seine Augen auf in seiner Qual und sah Abraham von ferne und Lazarus in seinem Schoß. 24 Und er rief: Vater Abraham, erbarme dich meiner und sende Lazarus, damit er die Spitze seines Fingers ins Wasser tauche und mir die Zunge kühle; denn ich leide Pein in diesen Flammen. 25 Abraham aber sprach: Gedenke, Sohn, dass du dein Gutes empfangen hast in deinem Leben, Lazarus dagegen hat Böses empfangen; nun wird er hier getröstet und du wirst gepeinigt. 26 Und überdies besteht zwischen uns und euch eine große Kluft, dass niemand, der von hier zu euch hinüberwill, dorthin kommen kann und auch niemand von dort zu uns herüber. 27 Da sprach er: So bitte ich dich, Vater, dass du ihn sendest in meines Vaters Haus; 28 denn ich habe noch fünf Brüder, die soll er warnen, damit sie nicht auch kommen an diesen Ort der Qual. 29 Abraham sprach: Sie haben Mose und die Propheten; die sollen sie hören. 30 Er aber sprach: Nein, Vater Abraham, sondern wenn einer von den Toten zu ihnen ginge, so würden sie Buße tun. 31 Er sprach zu ihm: Hören sie Mose und die Propheten nicht, so werden sie sich auch nicht überzeugen lassen, wenn jemand von den Toten auferstünde. (Lk 16,19–31)

Liebe Gemeinde! Zwei Bemerkungen vorweg. Die eine. Der Asphalt-Verkäufer und die Männer, die mit ihren Bechern oder ihren Mützen draußen am Portal der Marktkirche sitzen: Die haben heute einen guten Tag. Denn wer von uns, die diese Beispielerzählung Jesu vom reichen Mann und armen Lazarus wirklich gehört haben, wird an ihnen einfach vorbeigehen können. Also gebt nur kräftig! Auch wenn es die dritte oder vierte Asphaltzeitung ist, und auch auf die Gefahr hin, dass am nächsten Sonntag doppelt so viele Männer am Portal der Marktkirche sitzen. Man soll doch ruhig merken, dass in der Kirche etwas geschieht.

Die andere Vorbemerkung. Es gibt offenbar in der kirchlichen Predigtordnung keine Gratifikationen. Ich hätte mir sicher zum 70. Geburtstag einen meiner Lieblingstexte für die Predigt gewünscht. Eines dieser vielen Bibelworte, in die man so richtig hineingehen, mit denen man so richtig seine Lieblingsgedanken entfalten kann. Aber so ist das mit dem Dienst der Verkündigung, mit der Auslegung einer Botschaft, die nicht dem eigenen Horizont entspringt. Stolpersteine werden da einem in den Weg gelegt. Wahrscheinlich sind die besonders wichtig, tröste ich mich. »Bildung ist auch eine Form der Lagerhaltung«, hat kürzlich ein Freund in seiner Abschiedsvorlesung gesagt. Grundtexte menschlicher Existenz hält die Bibel in ungeahnten Ausmaßen bereit. Und was ist eine Predigt anderes als der Versuch, sie erneut zum Sprechen oder zum Klingen zu bringen. Also, machen wir uns an die Arbeit!

»Es war aber ein reicher Mann, der kleidete sich in Purpur und kostbares Leinen und lebte alle Tage herrlich und in Freuden. Es war aber ein Armer mit Namen Lazarus, der lag vor seiner Tür voll von Geschwüren und begehrte, sich zu sättigen mit dem, was von des Reichen Tisch fiel.« Sie werden diese Szene, wie ich, plastisch vor ihren Augen haben, sonderbar schwebend und konkret zugleich ist das beschrieben. Der Reiche in teuren, kostbaren Gewändern, und der Arme nackt, krank, voller Ausschlag und Geschwüre. Beschrieben wird da eine Situation und nicht gewertet. Der Reiche wird nicht verteufelt, ist nicht ein Ausbund an Rücksichtslosigkeit und Hinterhaltigkeit. Immerhin denkt er in der Hölle zuerst an seine Brüder. Der Arme wird nicht glorifiziert. »Armut als ein großer Glanz von innen«, nein, das ist die Sicht der Bibel nicht. Es bleibt erkennbar, bis in welche Ausweglosigkeiten und Sackgassen Armut die Menschen führen kann. Mit sozialem Scharfblick, geradezu materialistisch ist die Szene hier geschildert. Bis zu dem Hund, der die Geschwüre leckt, ob das nun Mitleid ist oder eher das äußerste Ausgeliefertsein.

Die Nuancen sind und bleiben wichtig, höre ich heraus. Der Reiche bleibt anonym, hat keinen Namen. Der Arme in der Erzählung Jesu hat einen Namen. Lazarus heißt er, und das bedeutet übersetzt: Gott hilft. Es ist der einzige Name, der in den Beispielerzählungen Jesu fällt, und man mag daraus seine Wichtigkeit ersehen. Ganz anders ist das, als wir es tagtäglich sehen und erleben. Einen Namen haben bei uns die, die oben sind. Von denen man redet, die im Fernsehen und in den Zeitungen sind. Die anderen bleiben anonym. Die Weltordnung stellt Jesus mit dieser kleinen Nuance der Geschichte auf den Kopf, und das ist einer der Stolpersteine für mich, von denen ich anfangs redete. Es ist von Anfang an klar, auf welcher Seite die Sympathie des Erzählers ist. Sie ist auf der Seite dessen, der ihn, den Mann in der Vollmacht Gottes, nicht nur freundlich erwähnt, sondern wirklich braucht.

»Es war aber ein reicher Mann … Es war aber ein Armer mit Namen Lazarus«. Mit ein/zwei Sätzen umreißt die Beispielgeschichte Jesu die Unterschiedlichkeit, ja die Gegensätzlichkeit von Schicksalen, wie man sie sich größer gar nicht denken kann. Reich, im Luxus, herrlich und in Freuden lebt der eine; arm, krank, ausgeliefert lebt der andere. Beide laufen allerdings auf das gleiche Ende zu. Beide sterben. Der Tod sei der große Gleichmacher, so hat man gesagt. Alle Menschen müssen sterben, ob Millionär oder armer Schlucker, Sie und ich und alle, alle. Der Tod sei die Aufhebung aller sozialen Unterschiede. Égalité, eines der großen Leitworte der Aufklärung und der französischen Revolution, sei erst im Tode des Menschen ganze Wirklichkeit.

Das wird ein Stück weit stimmen, denke ich. Aber das Sterben der beiden Männer im Gleichnis wird sehr unterschiedlich gewesen sein. Behütet, im Kreise seiner Lieben, mit einer großen Trauerfeier und einem schönen Grabstein stirbt der eine. Einsam, unbemerkt von allen, stirbt der andere. Und wiederum werden in der Erzählung Jesu die Akzente umgedreht. Geradezu lapidar ist das gesagt: Der Reiche starb und wurde begraben. Liebevoll, mit aller spürbaren Fürsorge wird das Sterben des Lazarus begleitet. »Es begab sich aber, dass der Arme starb, und er wurde von den Engeln getragen in Abrahams Schoß«. Jesus wagt es, das Leben und das Sterben des Menschen als eine Einheit zu sehen. Ja, er wagt einen Blick auf das, was unsichtbar über unserem Leben steht. Unser Leben hat eine Verlängerung, sicher nicht in der Zeit, aber in die Höhe und in die Tiefe. Eine Geschichte, die man weiterschreiben kann über das hinaus, was man vor Augen sieht.

So aber sieht es aus, dieses Weiterschreiben des Lebens, beim reichen Mann und armen Lazarus. »Als er nun, der reiche Mann, in der Hölle war, hob er seine Augen auf in seiner Qual und sah Abraham von ferne und Lazarus in seinem Schoß. Und er rief: Vater Abraham, erbarme dich meiner und sende Lazarus, damit er die Spitze seines Fingers ins Wasser tauche und mir die Zunge kühle, denn ich leide Pein in diesen Flammen«. Ich weiß nicht, liebe Gemeinde, ob Sie die Aufregung nachempfinden können, die mich beim Lesen und Vorlesen gerade dieser Verse packt. Der Reiche sieht. Er sieht den Lazarus, sieht ihn von ferne, aber er sieht ihn dort in Abrahams Schoß. Lazarus hat vermutlich Monate oder Jahre vor seiner Tür gelegen, und der Reiche hat ihn nicht gesehen. Sie kennen das, das Übersehen von Dingen und von Menschen. Der Reiche sieht Lazarus und erbittet etwas von ihm oder durch ihn, wo doch der Arme früher etwas von ihm geradezu erbettelt und es nicht bekommen hat. Und ich spüre: Hier wird eine Geschichte nach dem Tode weitergeschrieben, die sich im Leben der beiden, in einem Netzwerk glückender Beziehungen hätte ereignen sollen. Eine Geschichte für dieses Leben ist die Beispielerzählung Jesu, nicht eine Aufdeckung dessen, was nach dem Tode vielleicht kommen könnte.

Und nun lassen Sie uns, liebe Gemeinde, all das beiseitelegen, was man in der Geschichte des christlichen Glaubens in diese Beispielgeschichten Jesu hineingelegt hat. Die Ausmalung der Hölle und der ewigen Qualen, die die Angst erzeugen, die – auch wenn die Schrecken der Hölle verblassen – aus unserer Welt mitnichten verschwunden ist. Die Angst, die ein so wirksames Instrument von Herrschaft ist. Wo doch Jesus das unbändige Vertrauen in uns wecken will, das der Glaube an die spürbare Nähe Gottes schafft. Lassen Sie uns auch all die Versuche beiseitestellen, den armen Lazarus mit der Aussicht auf ein schöneres Leben im Jenseits über die Misere dieses Lebens hinwegzutrösten. Mitten in dieses Leben hinein will die Beispielerzählung Jesu vom reichen Mann und armen Lazarus doch reden. Und so mögen diese Ängste und Sorgen einmünden in die einzige Angst, so verstehe ich das, die wirklich gilt: Die Angst, unsere Bestimmung zu verlieren. Vielleicht kann ich es auch so formulieren: Lassen Sie das vor allem unsere Angst und Sorge sein, dass Sie und ich unsere Schönheit nicht verspielen.

Der Mensch ist Mitmensch, sagt Jesus, hier und überall. Ich bin nur dadurch, dass auch andere sind. Als Mensch und Mitmensch, als Brüder und Schwestern sind wir miteinander da. Ich entwerfe mich in allem, was ich bin, vom anderen her. So, als Mensch und Mitmensch, trotz aller Verschiedenheit der Schicksale, so hat Gott uns geschaffen und gewollt. Der gemeinsame Weg bleibt die Bestimmung, Wo der in Frage steht, da ist die Krise da. »Eure Armut kotzt mich an«, der Slogan, den man an Autos lesen kann und der nur sichtbar macht, was viele denken und empfinden. Das ist die Aufkündigung der Gemeinsamkeit. Die Verleugnung des Mitmenschen ist die schlimmste Gotteslästerung, die ich mir denken kann. Ein Schlag in das Gesicht der eigenen Menschlichkeit ist es zugleich, die Fratze des Unmenschen wächst heraus. »Incurvatus in se ipsum« hat Martin Luther das genannt, hineingekrümmt in sich selbst. Die Definition von Sünde war das für ihn.

Die Aufspaltungstendenz unserer Gesellschaft in reich und arm nimmt zu, die soziale Kälte wächst. »Die Spaltung der Stadt in Gewinner und Verlierer verschärft sich«, hat unser Diakoniepastor gerade gesagt. In der Obdachlosenhilfe sei die Zahl der Neuzugänge um ein Drittel in diesem Jahr gestiegen, von Armut seien gerade Kinder sehr betroffen. Vor allem hohe Arbeitslosigkeit der Väter und Mütter, der jungen Menschen lässt eine bittere Saat aufgehen. Ich bin kein Politiker, will nicht den Anschein erwecken, als wüsste ich von der Kanzel wirksame Veränderungsstrategien zu propagieren. Aber eines kann und muss ich sagen. Im Sinne Jesu – und ich denke, das ich ihn recht begreife – steht in solchen Entwicklungen nicht nur der soziale Friede und – im Blick auf die reichen und armen Länder – die Zukunft der Menschheit auf dem Spiel. Die menschliche Bestimmung, das, wozu wir eigentlich auf der Welt sind, ist in Gefahr. Als eine große Schöpfungsgemeinschaft, ja, als eine Verantwortungsgemeinschaft hat Jesus das, was er das Reich Gottes nannte, verkündet und gelebt. Mit Würde und Freiheit steht der Mensch vor Gott, die er bewährt, wenn er sich selbst und anderen Würde und Freiheit schenkt. Ein Leben voller verpasster Gelegenheiten wie in der Geschichte vom reichen Mann und armen Lazarus, das muss es doch nicht sein.

So ist es vor allen Dingen eins: Es ist die Aufmerksamkeit gefragt. Mit dem Lieben-Lernen hat es die Aufmerksamkeit zu tun, und es ist die Aufmerksamkeit auf die Realität der anderen, die zu begreifen ist. Eine kritische Kraft ist die Aufmerksamkeit, die es merkt, wenn sie den anderen als Nutzobjekt oder Lustobjekt betrachtet oder ihn – wie der Reiche den armen Lazarus – ganz übersieht. Ein Mensch, der voller Aufmerksamkeit ist, der wirklich da ist: Der ist schön. An seinen Augen, an seiner Sprache, an seiner ganzen Haltung ist es zu erkennen. Das meinte ich, wenn ich vorhin sagte: Es sollte unsere größte Angst sein, unsere Schönheit nicht zu verspielen. Mit Augen, Ohren, Mund und Händen sind wir geschaffen. Und manchmal weiß man dann auch, wenn man ganz beim anderen ist, was zu tun sein mag. Es ist einfach wunderbar, an einer solchen Beispielgeschichte wie an diesem Predigttext die konzentrierte Aufmerksamkeit Jesu zu erleben. Vielleicht habe ich etwas davon vermitteln können.

So lassen Sie mich schließen mit einer Geschichte, die die meisten von Ihnen kennen werden. Eine kleine Mahnung muss es am Ende dann doch sein, aber zuerst ist das alles immer auch mir selbst gesagt. Ein Rabbi sitzt im Tempel. Er hat eine Erleuchtung. Es wird ihm mit einem Male klar: Du musst den Armen helfen. Er kommt aus dem Tempel heraus und trifft einen Armen vor der Tür. Er geht auf ihn zu, will ihn umarmen und sagt: »Ich liebe dich, sag mir, was dir fehlt!« Darauf der Arme: »Wie kannst du mir sagen, dass du mich liebst, wenn du nicht weißt, was mir fehlt'«

Im Sinne einer hoffentlich zunehmenden Aufmerksamkeit lassen Sie uns gemeinsam in die Tage gehen, die da kommen.

1. Sonntag nach Trinitatis – 22. Juni 2003
70. Geburtstag Dannowskis

Das kannst du nicht kaufen

1 Wohlan, alle, die ihr durstig seid, kommt her zum Wasser! Und die ihr kein Geld habt, kommt her, kauft und esst! Kommt her und kauft ohne Geld und umsonst Wein und Milch! 2 Warum zählt ihr Geld dar für das, was kein Brot ist, und sauren Verdienst für das, was nicht satt macht? Hört doch auf mich, so werdet ihr Gutes essen und euch am Köstlichen laben. 3 Neigt eure Ohren her und kommt her zu mir! Höret, so werdet ihr leben! Ich will mit euch einen ewigen Bund schließen, euch die beständigen Gnaden Davids geben. (Jes 55,1–3)

Liebe Gemeinde! Von einem orientalischen Marktschreier, von einem Wasserverkäufer, der das kostbare Nass unter die Leute bringt, hat der Prophet anscheinend gelernt. »Wohlan alle, die ihr durstig seid, kommt her zum Wasser«! Gott als ein Wasserverkäufer, als ein Marktschreier, das ist ein neues Bild. Heiter ist das, wenn die Marktschreier auf dem Steintor sich gegenseitig an Lautstärke und Witz überbieten, noch eine Banane und noch eine und noch eine und noch eine zum gleichen Preis! Heiter muss das alles sein und witzig, so wie die Werbespots und die riesigen Werbetafeln Heiterkeit ausstrahlen mit irgendeinem Pfiff, der an die Sehnsüchte der Menschen rührt. Das Prinzip des Warenaustausches beherrscht das Leben, und auch das nicht einmal, und mehr, umsonst ist höchstens der Tod und auch das nicht einmal mehr. Was umsonst ist, ist nichts wert. Kommt her, die ihr Geld habt, kauft und esst.

Einige von Ihnen wissen, liebe Gemeinde, dass ich gerade 14 Tage in Los Angeles und Hollywood gewesen bin. An einem Punkt bin ich tief erschüttert zurückgekehrt: wie der Film in Hollywood nicht nach dem beurteilt wird, was er an Qualität ist, sondern nach dem, was er einbringt. So dass man nur selten mit jemandem über Filme reden kann. Variety, die wichtigste Filmzeitschrift Holly-wods, ist ein einziges Börsenblatt, die Filme sind nach dem Box office nach dem Finanzergebnis des Wochenendes eingeordnet. Wenn ein Politiker – wie in diesen Tagen Senator Dole – äußert, der Hollywood-Film verherrliche Gewalt und Sex und zerstöre die Familie, dann trifft das auf totales Unverständnis. Wir bringen doch nur, was die Leute sehen wollen. Kommt her alle, die ihr nichts mehr erlebt, die ihr in einem grauen und manchmal fürchterlichen Alltag eingezwängt seid, wir bieten euch Abenteuer und Kitzel und Sensationen!

»Warum zahlt ihr Geld dar für das, was kein Brot ist, und sauren Verdienst für das, was nicht satt macht?« Die Frage der Fragen in einem kapitalistischen System ist das, vor 2500 Jahren von einem Propheten als Wort seines Gottes aufgeschrieben. Die Frage deckt den zunehmenden Sinnverlust auf, die abnehmende Lebensgewiss-heit und Lebensfreude, die seltsamerweise mit dem materiellen Ge-winn oft Hand in Hand geht. Ich will mit dieser Infragestellung vor-sichtig umgehen, wer im Glashaus sitzt, soll nicht mit Steinen werfen. Auch in der Kirche wird über Geld geredet, na, und ob. Aber wir müssen doch reflektieren, was die Konzentration auf die Geldfrage mit uns allen macht. Die Armut zerstört den Armen oft Leib und Leben, der Reichtum aber saugt den Reichen oft geradezu die Seele aus dem Leib. Haben wird wichtiger als Sein. Scheinen wird wichti-ger als Handeln. Kaufen ist lustbesetzter als Lernen. In der Habsucht verraten wir unsere Sehnsucht danach, anders zu sein. »Schaffe in mir, Gott, ein reines Herz und gib mir einen neuen gewissen Geist«, diese ursprüngliche Sehnsucht wird so lange in uns manipuliert, dass wir am Ende selber glauben, es nicht mehr nötig zu haben. Der stän-dige Umgang mit dem Tauschwert macht die Person zu einer Sache, um die sich eine Zeitlang alles dreht und die man ebenso schnell ver-gisst. How nice. Der Durst ist weg, der Hunger ist gestillt, die Wut beschwichtigt, und die Sehnsucht grummelt irgendwo ganz unten in den Eingeweiden. »Wohlan alle, die ihr durstig seid, kommt her zum Wasser!« Das ist wie in Brechts »Der gute Mensch von Sezuan« der Ruf des Wasserverkäufers nach dem Regen. In einer Situation, in der keiner mehr das Wasser zum Trinken, vielleicht höchstens noch zum Kochen braucht.

Aber, liebe Gemeinde, noch ist der Durst doch da. Noch ist der Hunger, der ungestillte, der witternde, bei dem einem das Wasser im Munde zusammenläuft. So abgebrüht sind wir doch noch alle nicht, denke ich, so resigniert, so müde, so mit einem schweren Stein im Magen.

Das kann es doch noch nicht alles gewesen sein! Da muss doch etwas danach kommen! So kann es doch nicht ständig weitergehen mit dem Morden und Töten, mit der Abstumpfung von Menschen, mit der Gewalt. Die Sehnsucht nach dem ganz anderen ist in mir einfach nicht zu drosseln, die Neugierde auf das Morgen, die Hoffnung auf Zukunft, auf Gottes neue Welt. Und der Ruf des Wasserverkäufers, des Milchhändlers, des Weinverkäufers, der Ruf vom Bäcker- und Schlachterwagen trifft mein Ohr. Wohlan alle, die ihr durstig und hungrig seid, kommt her, kommt nahe. Und mein Herz schlägt schneller wie beim Läuten des Eiswagens, ich laufe hin und ziehe mein Portemonnaie, ich kann's ja bezahlen, verdiene ein gutes Gehalt. Aber da winkt der Wasserverkäufer, der Weinhändler, die Frau am Eiswagen ab und sagt: »Steck ein, die Börse«. Umsonst das alles. Ein Gratisangebot, offensiv und öffentlich feilgeboten, Winterschlussverkauf zum Nulltarif. »Und ihr, die ihr kein Geld habt, kommt her und kauft und esst! Kommt und kauft ohne Geld und umsonst Wein und Milch«.

Ja, liebe Gemeinde, und nun ohne Bild gesprochen: das Gratisangebot des Evangeliums. »Höret, so werdet ihr leben. Ich will mit euch einen ewigen Bund schließen«. Das Angebot der souveränen Gnade Gottes, gratis und umsonst. Das Angebot der freien Gnade Gottes hat es schwer in einer Welt, die vom Tauschwert und vom Geldwert bestimmt ist. Vielleicht würden es viele Menschen attraktiver finden, wenn wir für den Gottesdienst – wie bei den Rolling Stones – 85 Mark Eintritt nehmen würden. Dann müssten wir Ihnen freilich auch, Pastor, Kirchenmusiker, Kirchenvorsteherinnen, etwas ganz Besonders bieten, und Sie kämen mit der Erwartung her, heute etwas ganz Einmaliges zu erleben. Die Enttäuschung gibt man sich, wenn man so viel bezahlt hat und weite Anreisen in Kauf genommen hat, dann auch nicht so leicht zu. Aber das Ganze wäre dann vielleicht auch nicht nach der Weise des Evangeliums von Jesus Christus, gratis und umsonst. Dabei ist es mir doch eigentlich klar, dass ich vieles Wichtige, ja das Wichtigste in meinem Leben nicht kaufen und bezahlen kann. Die Liebe, die Männer so kaufen können, die währe eine Stunde oder eine Nacht, und ob man das Liebe nennen kann? Freundschaft kann man nicht kaufen und bezahlen, Vertrauen nicht. Das Leben insgesamt kann man sich nicht kaufen und bezahlen, ein wenig verlängern kann man es durch gute ärztliche Kunst, die man bezahlen muss. Aber irgendwann ist es mit Sicherheit zu Ende, und wenn man seine Seele dem Teufel verkaufen wollte. Das alles weiß ich wohl. Und dennoch fällt es Ihnen und mir, denke ich, so wahnsinnig schwer, unser Lebenszentrum im freien Bündnisangebot Gottes zu verankern. »Neigt eure Ohren her und kommt her zu mir! Hört, so werdet ihr leben. Ich will mit euch einen ewigen Bund schließen«. Wort des unendlichen, alles umfassenden Gottes, der die Millionen von Sonnensysteme geschaffen hat und die Dynamik dieser Welt erhält. Da bleibt mir einfach der Atem weg.

Die Erklärung für meine Unfähigkeit, sich dem mir liebend nahekommenden Gott in die Arme zu werfen, habe ich u. a. in dem Werk des von mir oft zitierten katholischen Theologen und Psychoanalytikers Peter Schellenbaum gefunden. 1991 hat er ein Buch geschrieben mit dem Titel »Die Wunden der Ungeliebten«. »Keine Wunde ist älter«, sagt er, »als die Wunde des Ungeliebten«. Schlimme Auswirkungen hat es im Leben eines Menschen, wenn er oder sie sagen und erkennen muss: »Meine Mutter, mein Vater oder beide haben mich nie geliebt. In bin ungeliebt. Ich bin verstoßen«. Aber leise schmerzt diese Wunde des Ungeliebten in uns allen, droht jederzeit, bei jedem Verlust, bei jedem Alleinsein in voller Tiefe aufzubrechen. Vielleicht wird narzisstisch die Liebe der anderen vom eigenen Größen-Ich eingefordert. Aber so einfach: Liebe als grundlos sichere Existenzerfahrung, als bis zum letzten ausbalanciertes Schweben in der Zeit? Da will ich mich doch lieber Gottes in irgendeiner Weise fest versichern, will ihn als Sicherheitspartner für mein Leben mir fest verpflichten. Aber er, ja er: Er will sich nicht von mir bezahlen und verpflichten lassen. Er, er will ein Fest, er will ein Fest des Lebens mit mir feiern.

»Wohlan alle, die ihr durstig seid, kommt her zum Wasser!« Und die ihr kein Geld habt, das könnt ihr alles gar nicht bezahlen, ist unbezahlbar, kommt her, kauft, esst, kauft Wein und Milch, esst

Gutes und schmeckt Köstliches. Euer Leben sei ein Fest. Es soll nicht kümmerlich, nicht einsam sein. Neigt eure Ohren her, hört auf mein Wort, kommt und lebt. Ich will mit euch einen ewigen Bund schließen. Kinder Gottes sollt ihr heißen, Menschen des Friedens und des Heils, Friedensstifter, Hungernde, Dürstende nach der Gerechtigkeit. Werft eure Schuld und eure Sünden hinter euch, was soll das alles. Die Wunde des Ungeliebten kann sich schließen, wird wieder aufbrechen, wird sich wieder schließen. Mit allen kannst du morgen kommen auf dies Fest des Lebens, mit deiner Müdigkeit und deinen Sorgen. Denke nicht, dass du mich bezahlen musst, den Gastgeber des Festes zu bezahlen, ist eine Beleidigung. Tritt ein in diesen Raum der »beständigen Gnaden Davids«, in dieses wiederkehrende Geschehen, in meinen Segen, der Wachsen, Reifen und Abnehmen der Kräfte, Glück und Gelingen, Geburt und Tod umfasst. Kommt, kauft, esst, hört und ihr werdet leben.

So wird uns von Jesaja, liebe Gemeinde, die Einladung Gottes übermittelt. Und ich als Prediger habe sie Ihnen weiterzugeben. Einen Einladenden zu einer Hochzeit hat man früher, glaube ich, den Hochzeitsbitter genannt. Der Prediger als Hochzeitsbitter, das will mir gar nicht schlecht gefallen. Das Sinnliche ist darin, der Leib, die Seele. Und nun lasst euch einladen, kommt in die Nähe Gottes, nachher beim Fest des Abendmahls überhaupt. In der Nähe zum Du Gottes bin ich mir selber nahe und den anderen Menschen ganz gewiss. Eine Gemeinschaft ist das, in der man viel erfahren, wagen, feiern und Zukunft gestalten kann. Kommt und hört und lebt.

2. Sonntag nach Trinitatis – 25. Juni 1995

Die Körperlichkeit der Sünde

12 Ich danke unserm Herrn Christus Jesus, der mich stark gemacht und für treu erachtet hat und in das Amt eingesetzt, 13 mich, der ich früher ein Lästerer und ein Verfolger und ein Frevler war; aber mir ist Barmherzigkeit widerfahren, denn ich habe es unwissend getan, im Unglauben. 14 Es ist aber desto reicher geworden die Gnade unseres Herrn samt dem Glauben und der Liebe, die in Christus Jesus ist. 15 Das ist gewisslich wahr und ein Wort, des Glaubens wert, dass Christus Jesus in die Welt gekommen ist, die Sünder selig zu machen, unter denen ich der erste bin. 16 Aber darum ist mir Barmherzigkeit widerfahren, dass Christus Jesus an mir als Erstem alle Geduld erweise, zum Vorbild denen, die an ihn glauben sollten zum ewigen Leben. 17 Aber Gott, dem ewigen König, dem Unvergänglichen und Unsichtbaren, der allein Gott ist, sei Ehre und Preis in Ewigkeit! Amen. (1. Tim 1,12–17)

Liebe Gemeinde! Wie gut, dass es vorgeschriebene Predigttexte für jeden Sonntag gibt. Sonst wüsste ich vielleicht heute gar nichts zu sagen. Man kann sein eigenes Ende nicht denken, auch das Ende seiner Amtszeit nicht. Dass ich zum letzten Male, jedenfalls als amtierender Pastor der Marktkirche, auf dieser Kanzel stehe, ist in meinen Kopf, aber längst noch nicht in meine Seele eingedrungen. Denn noch stehe ich ja hier und danke Ihnen allen von Herzen, dass wir in dieser großen Gemeinde diesen Gottesdienst miteinander feiern können. Aber damit diese Ahnung von einem Abschied mich nicht dann doch noch überwältigt und ich ohne Worte dastehe, lassen Sie mich einfach wieder das Amt eines Predigers ausüben, ein Wort der Bibel auszulegen. Nicht die vordergründigen und auch fragwürdigen Parallelen sollen es sein, von der Einsetzung in das Amt und von dem Dank für geschenkte Stärke und ausgewiesene Treue: das mögen andere beurteilen, ich weiß auch um andere Erfahrungen bei mir selbst. Nein, um die zentrale Aussage dieses Predigttextes soll es mir heute gehen: dass Christus Jesus in die Welt gekommen ist, die Sünder selig zu machen.

»Sünder« und »selig machen«, das sind so wunderbar ambivalente und zwielichtige Begriffe, wie sie ständig in der Bibel vorkommen und wie ich sie gerade wegen ihrer Zwiespältigkeit so sehr liebe. »Der alte Sünder«: das war das erste Stück, das ich – es war im Jahr 1946 – auf der Bühne des Hamburger Schauspielhauses mit Paul Hörbiger gesehen habe. Sie werden sich denken können, worum es dabei ging. »Selig« ist einer, der ein wenig zu tief in das Glas geschaut hat, und was die »Seligmacherinnen« sind, werden einige von Ihnen auch noch wissen. Aber die großen Worte der Seligpreisungen Jesu gibt es dann auch und sind in der Vertonung des Brahms'schen Requiems das unaussprechlich Letzte, was in dem Trauergottesdienst für die Toten von Eschede noch zu sagen blieb. »Selig sind, die da Leid tragen, denn sie sollen getröstet werden. Selig sind die Toten, die in dem Herrn sterben«. In dem weiten Spannungsbogen zwischen Trivialität und letzter Wahrheit stehen die Sätze unseres Predigttextes. Nein, ich bleibe dabei: Es ist die zentrale Aufgabe eines Predigers und der Kirche, dieses tief in die Herzen und in das Bewusstsein der Menschen hinein zu senken: Dass Christus Jesus in die Welt gekommen ist, die Sünder selig zu machen.

Das werden nicht alle so erwarten und so sehen, liebe Gemeinde. Da sagen die einen: Es sei die Aufgabe der Predigt und der Kirche, die Gerechten selig zu sprechen. Staatstragend müsse die Kirche sein, vor allem in der Demokratie. Nun sind heute viele hier in der Kirche, die im politischen Leben tätig sind, und wir wissen es alle, wie wichtig es ist, die Verantwortung für den nahen wie für den fernen Nächsten und für das Gemeinwesen, für die Stadt und für das Land und für die ganze Erde zu wecken und zu fördern. Aber wenn die Kirche nur ständig das wiederholt, was man eh schon weiß, dann müsste Jesus eigentlich ein großer Staatsmann oder Staatsdenker und nicht der Ausgestoßene, der Mann am Kreuz gewesen sein.

Das sagen oder denken andere: Die Predigt und die Kirche seien dazu da, die Frommen selig zu sprechen. Fromm ist glücklicherweise von einem Schimpfwort für Engstirnigkeit wieder zu der Beschreibung einer bestimmten Lebenserfahrung und eines bestimmten Lebensstiles geworden, und ich sage wieder gerne, dass ich fromm bin, dass mir Gebet und Bibel und Gottesdienst wichtig sind und eine bestimmte Haltung den anderen Menschen gegenüber. Aber wer wirklich fromm ist, weiß, wie dicht er am Abgrund lebt, weiß um die Nöte von Zweifel und Unglaube, und spürt die innere Verbindung zu allen, die nach dem Sinn des Lebens suchen. Frömmigkeit ist eine Wegbeschreibung, ist nicht das Ziel, so könnte man vielleicht sagen.

Da sagen schließlich die Dritten: Das Evangelium, die Predigt und die Kirche sind dafür da, die Guten selig zu sprechen. Noch immer melden manche Eltern ihre Kinder zum Konfirmandenunterricht an mit der Begründung, sie sollten endlich dort die 10 Gebote lernen. In Zeiten der schwindenden Kraft moralischer Werte in unserer Gesellschaft wird es immer wichtiger, das Bewusstsein für Gut und Böse, für Gerechtigkeit und Ungerechtigkeit neu in den Köpfen und Herzen zu verankern. Aber die Weitergabe bestimmter Verhaltensregeln wird wenig dabei helfen. Tiefer muss man hier wohl ansetzen, elementarer, ganzheitlicher. Vielleicht dann doch bei jenem: Dass Christus Jesus in die Welt gekommen ist, die Sünder selig zu machen.

Sünde, liebe Gemeinde, das ist ein Ausdruck für die dunkle Seite in unserem Leben und in unserer Welt. Die Psychoanalytiker bestimmter Prägung reden dabei gerne von einem Schatten, von einer Schattenproblematik, die jeder von uns hat, auch wenn er sie manchmal gar nicht kennt. Sünde, gestatten Sie mir bitte für eine Zeitlang diese Einseitigkeit: Sünde hat es stark mit der Körperlichkeit des Menschen zu tun. Aus der Tiefe unseres Menschseins steigt eine Kraft auf, die gerade darin zunehmend positive wie verheerende Auswirkungen hat, dass sie unseren Körper ergreift und voll umfasst. Ich denke dabei gar nicht in erster Linie, wie wir es bei dem Wort »Sünde« tun, an die Sexualität. Die Sexualität ist eine mächtige Daseinskraft, aber spielt biblisch bei weitem nicht die Rolle, die sie im modernen Denken hat. Elementar ist die biblische Sündenproblematik aber genau dort gesehen, wo sie uns gegenwärtig die größten Sorgen macht. Schon in den ersten Kapiteln der Bibel, nachdem der Mensch gerade erst erschaffen ist, schlägt Kain seinen Bruder Abel tot. Warum, wieso? Die Erklärungen dringen nie ganz bis ins Letzte vor. Die Gewaltproblematik ist ein biblisches Urthema, und sie ist darum so verheerend, weil sie in unserer Körperlichkeit nach außen bricht und den Menschen zum Herrn über das Leben und Sterben anderer Menschen macht. Der äußere Ausdruck deutet schon lange vorher an, was kommen wird, und wer die gröhlenden und höhnischen Gesichter auf den Fotos von Lens gesehen hat, der kann sich vorstellen, was mit der Eisenstange dann geschieht. Die Häftlinge der Konzentrationslager oder die Frauen, die eine Vergewaltigung erlebt oder fast erlebt haben, denen hat das Erlebnis von demütigender Gewalt gegenüber ihrem Körper und ihrer Seele tief zerrissen hat.

Liebe Gemeinde, die Eltern des 18-jährigen Joachim, der die Taxifahrerin, die vorgestern beerdigt wurde, ermordet hat, seine Eltern haben oft in unseren Gottesdiensten in unserer Mitte gesessen. Ich bin mit ihnen befreundet und ich weiß, dass sie mit aller Liebe und Verantwortung versucht haben, den angenommenen Sohn in guter Weise zu erziehen. Können Sie sich das abgrundtiefe, das lähmende Entsetzen in der Seele der Eltern vorstellen, wenn der Sohn oder die Tochter so etwas tut? Und wer kann sich sicher sein, dass in seiner allernächsten Nähe nicht Vergleichbares geschieht? Die Gewaltausübung der Hooligans etwa unterliegt keinen rationalen Regeln mehr, sagen die Experten, auch nicht mehr dem Schema Freund und Feind. Ein ungezügelter Ausdruck des Rechtes der Stärkeren in unserer Gesellschaft sind sie, meinen viele. Und wenn ich jetzt auf der Fußballweltmeisterschaft sehe, mit welchem – nur mühsam geregelten – Körpereinsatz dort gespielt wird, dann ist das meilenweit von der spielerischen Art des Fußballs entfernt, die ich kenne und liebe.

»Das ist gewisslich wahr und ein teuer wertes Wort«, hat Martin Luther übersetzt, »dass Christus Jesus in die Welt gekommen ist, die Sünder selig zu machen, unter denen ich der fürnehmste, der erste bin«. Da ist ein Mensch in die Welt gekommen, der hat den Kontakt mit den dunklen Seiten des Menschen nicht gescheut. Ja, er hat ihn geradezu gesucht. Von Kranken und Besessenen ist er umgeben, Gemeinschaft zu korrupten Zöllnern und mit Huren hat er fast permanent gehabt, oder sie haben ihn zu finden gewusst. Abgefärbt hat das auf ihn, zumindest im Bewusstsein der Zeitgenossen haben sie das Dunkle, Aufrührerische, Anarchische auch ihm selbst zugeschrieben. »Seht, ein Fresser und ein Weinsäufer, der Zöllner und der Sünder Geselle«. Auf der Richtstätte vor den Toren der Stadt haben sie ihn dann auch gekreuzigt. Aber für die, mit denen er in einen engen Kontakt kam, ist er wie ein Spiegel gewesen. Nicht ein Spiegel von der kalten, abwehrenden Widerspiegelung, die eine wirkliche Einsicht nicht zulässt. Sondern dieser geheimnisvoll einladende Spiegel ist er für sie gewesen, in dem auftaucht, was hinter dem eigenen Rücken ist oder im Unbewussten verborgen liegt. Das Bild des auf Gott bezogenen und darin seiner selbst innewerdenden Menschen ist in ihm zu sehen. Voller sinnlicher Kraft und körperlicher Nähe sind die Begegnungen Jesu mit den Menschen. An einem Tisch hat er mit ihnen gegessen und getrunken, im Abendmahl setzen wir diese sinnliche Nähe und Tischgemeinschaft fort. Mit Segnungen und Berührungen geht er zu den Menschen, mit liebender Umarmung, so wie der Vater im Gleichnis den verlorenen Sohn umfängt. Und der Hörer des Gleichnisses weiß und kann es an ihm sehen: So und nicht anders, so ist Gott! In diesem Spiegelbild seiner selbst entdeckt der Mensch mit Schrecken, das er ein Sünder ist, dass das Böse wie ein Tier vor seiner Tür lauert und längst schon in ihm ist. Und zugleich sieht er darin mit dem Seufzer unendlicher Erleichterung, dass er trotzdem nicht abgeschrieben, nicht vergessen, nicht in Abschiebehaft genommen ist. Das ist das menschliche, liebende Gegenüber, das mir die Selbsterkenntnis nicht erspart und sich doch in der freien Zuwendung nicht erschüttern lässt. Die Sensibilität für die eigenen dunklen Seiten, für sein Sündersein, wird nur der entwickeln können, der auf sicherem Boden steht. So geschieht die Umkehr: Der Zöllner lässt seine Geldgier fahren und Maria Magdalena wird zur treuesten Jüngerin und Auferstehungszeugin ihres Meisters. Das »Selig«, das Glück der göttlichen Heimholung des Menschen breitet sich aus in unserem Leben, und wir versuchen, das Dunkle, das Aufregende auch, das Anarchische hineinzunehmen in eine Liebe, die vielen gilt.

Und so bin ich nun mit meiner Abschiedspredigt fast am Ende. Bleibt mir nur, dies noch einmal persönlich zuzuspitzen. Da ist mir von Zeit zu Zeit in diesen Jahren hier an der Marktkirche die Tiefe einer Gotteserfahrung begegnet, die die Schmerzen und das Elend der Welt nicht ausblendet und diese gerade dadurch hineinnimmt in einen neuen Horizont. Mein Freund Rolf Zerfaß aus Würzburg, der hier auch irgendwo in der Kirche ist, hat einmal geschrieben, die christliche Gemeinde sei ein heilendes Milieu, nicht weil die Wunden alle versorgt und die Schmerzen abgeschafft sind, sondern weil in ihr alle Verletzungen und Schwächen zu Chancen eines neuen Wachstums werden. Räume entstehen auf einmal, in denen Menschen sich herzlicher, offener, unbefangener, in geistig wacher und kritischer Weise begegnen, und ich bin für Jahre mitten darin gewesen. Räume, in denen aus der Spiegelung von vielen Einzelnen mit einem gemeinsamen Gottesbild dann vielleicht sogar ein gemeinsames Denken, Fühlen und Handeln entsteht. Freiräume für Begegnungen, in denen auch Körperlichkeit und Sinnlichkeit ihre Rolle spielen, und in denen Menschen einen klaren Blick nach außen mit einem tiefen Blick nach innen verbinden. Eben aus dieser Erkenntnis leben in dem weiten Spannungsbogen des Glaubens: dass Christus Jesus in die Welt gekommen ist, die Sünder selig zu machen. Gott sei Dank, kann ich für diese ganze Zeit nur sagen. In solche Glaubens- und Lebenserfahrung erhalte Sie alle und auch meine Frau und mich und unsere Kinder der immer wieder spürbar nahe, ja, der unendlich liebende Gott.

3. Sonntag nach Trinitatis – 28. Juni 1998
Abschiedspredigt aus dem Amt als Pastor und Stadtsuperintendent

Von Freiheit und Ordnung

11 Und er sprach: Ein Mensch hatte zwei Söhne. 12 Und der jüngere von ihnen sprach zu dem Vater: Gib mir, Vater, das Erbteil, das mir zusteht. Und er teilte Hab und Gut unter sie. 13 Und nicht lange danach sammelte der jüngere Sohn alles zusammen und zog in ein fernes Land; und dort brachte er sein Erbteil durch mit Prassen. 14 Als er nun all das Seine verbraucht hatte, kam eine große Hungersnot über jenes Land und er fing an zu darben 15 und ging hin und hängte sich an einen Bürger jenes Landes; der schickte ihn auf seinen Acker, die Säue zu hüten. 16 Und er begehrte, seinen Bauch zu füllen mit den Schoten, die die Säue fraßen; und niemand gab sie ihm. 17 Da ging er in sich und sprach: Wie viele Tagelöhner hat mein Vater, die Brot in Fülle haben, und ich verderbe hier im Hunger! 18 Ich will mich aufmachen und zu meinem Vater gehen und zu ihm sagen: Vater, ich habe gesündigt gegen den Himmel und vor dir. 19 Ich bin hinfort nicht mehr wert, dass ich dein Sohn heiße; mache mich zu einem deiner Tagelöhner! 20 Und er machte sich auf und kam zu seinem Vater. Als er aber noch weit entfernt war, sah ihn sein Vater und es jammerte ihn; er lief und fiel ihm um den Hals und küsste ihn. 21 Der Sohn aber sprach zu ihm: Vater, ich habe gesündigt gegen den Himmel und vor dir; ich bin hinfort nicht mehr wert, dass ich dein Sohn heiße. 22 Aber der Vater sprach zu seinen Knechten: Bringt schnell das beste Gewand her und zieht es ihm an und gebt ihm einen Ring an seine Hand und Schuhe an seine Füße 23 und bringt das gemästete Kalb und schlachtet's; lasst uns essen und fröhlich sein! 24 Denn dieser mein Sohn war tot und ist wieder lebendig geworden; er war verloren und ist gefunden worden. Und sie fingen an, fröhlich zu sein. 25 Aber der ältere Sohn war auf dem Feld. Und als er nahe zum Hause kam, hörte er Singen und Tanzen 26 und rief zu sich einen der Knechte und fragte, was das wäre. 27 Der aber sagte ihm: Dein Bruder ist gekommen und dein Vater hat das gemästete Kalb

geschlachtet, weil er ihn gesund wiederhat. 28 Da wurde er zornig und wollte nicht hineingehen. Da ging sein Vater heraus und bat ihn. 29 Er antwortete aber und sprach zu seinem Vater: Siehe, so viele Jahre diene ich dir und habe dein Gebot noch nie übertreten, und du hast mir nie einen Bock gegeben, dass ich mit meinen Freunden fröhlich gewesen wäre. 30 Nun aber, da dieser dein Sohn gekommen ist, der dein Hab und Gut mit Huren verprasst hat, hast du ihm das gemästete Kalb geschlachtet. 31 Er aber sprach zu ihm: Mein Sohn, du bist allezeit bei mir und alles, was mein ist, das ist dein. 32 Du solltest aber fröhlich und guten Mutes sein; denn dieser dein Bruder war tot und ist wieder lebendig geworden, er war verloren und ist wiedergefunden. (Lk 15,11–32)

Von drei Männern habe ich Ihnen heut zu erzählen, liebe Gemeinde. Aber natürlich ist das keine Männergeschichte, diese Geschichte vom verlorenen und vom zuhause gebliebenen Sohn und die vom Vater. Damit das ganz deutlich wird, werde ich Ihnen später auch noch eine Frauengeschichte erzählen. Nein, keine Männergeschichte, eher eine Menschheitsgeschichte ist dies hier, und die beiden Söhnen, das könnten, ob Frau oder Mann, eher zwei Seiten in unserer eigenen Brust, in unserem eigenen Herzen sein. Die Seite der Freiheit und die Seite der Ordnung. So möchte ich dieses Gleichnis einmal heute predigen.

Da ist die Seite der Freiheit. »Gib mir, Vater, das Erbteil, das mir zusteht«, sagt der jüngere Sohn. Das gehört zum Menschen mit dazu, dass er hingeht. Dass er seine Freiheit nicht nur sucht und theoretisch akzeptiert, nein, dass er seine Freiheit praktiziert. Jeder von uns kennt das Drama der nicht geschehenen Ablösung der Kinder von den Eltern. Sicher ist die Angst da, bei dem Sohn und mehr noch bei den Eltern. Die Eltern ahnen, was da alles passieren kann, sie wissen auch, dass das Leben mehr ist als seine Phantasien ausleben. Aber die Eltern sehen schlecht aus, wenn sie ihre Kinder an dem Praktizieren der Freiheit zu hindern suchen. Nein, es gehört einfach dazu, dass das Gefühl den Jungen, das Mädchen überfällt: Ich will etwas anderes, ich will etwas Neues. Ich will in die Stadt, übers Meer. Ich will den Wind und frei atmen, einfach leben. Ich will heute nicht wissen müssen, was ich morgen tue. Ich will meine Freiheit praktizieren.

So denkt und spricht der jüngere Sohn, so klingt die Seite der Freiheit auch in uns Älterwerdenden noch. Kein Gedanke daran, in welche Niederlagen die Freiheit hineingeraten kann, welche anderen Bedürfnisse sich einmal melden werden, in welcher Verfassung der Sohn dem Vater wieder vor die Augen kommen wird. »Und er, der Vater, teilte Hab und Gut unter sie«, heißt es einfach. Die Angst, das Zittern werden hingenommen in dem Respekt vor der Eigenständigkeit der Person. Der Sohn aber zieht in ein fernes Land davon. Das ist die Seite der Freiheit.

Ja, und das ist die andere Seite, der Bereich der Ordnung. Der ältere Sohn lebt sie. Er, der zuhause geblieben ist. Auch das ist eine starke Seite in uns, und wo würden wir alle bleiben, wenn es das nicht gäbe. Ich will meinem Vater ein guter Sohn, meiner Frau ein treuer Mann sein, meinen Kindern ein verlässlicher Vater sein. Ich will geduldig auf den Regen warten und mit allem Einsatz die Ernte in die Scheunen fahren. Ich will anpacken und will weiterkommen. Ich will für Menschen und Freunde da sein, man soll sich auf mich verlassen können. Wie gesagt: Wo wollten wir alle bleiben, wenn es das nicht gäbe – die Verlässlichkeit der Bewährten und die Anständigkeit derer, die dafür sorgen, dass es weitergeht.

Nur seltsam: für Christus, für seine Glaubens- und Lebenserfahrung sind offensichtlich die Anständigen, die Zuhause-Gebliebenen, die Älteren das größere Problem. Hier erreicht das Gleichnis Jesu das Niveau einer vollen Provokation. Der die Seite der Freiheit gelebt hat, der an seiner Freiheit Gescheiterte, der Verlorene, der weiß anscheinend zumindest, was ihm fehlt und was ihm helfen kann. »Ich will mich aufmachen und zu meinem Vater gehen …«

Aber dass die Seite der Freiheit und die Seite der Ordnung zu einem unauflösbaren Konflikt zusammengeraten können, das wird erst an der Figur des älteren Sohnes deutlich.

Ausgerechnet der ältere Sohn, der Zuverlässige, der Beständige, der betritt die Szene des Gleichnisses als Verbitterter. »Dieser dein Sohn da, der dein Hab und Gut mit Huren verprasst hat«. Im Anblick des Bruders, der seine Freiheit gelebt und daran fast zugrunde gegangen ist, wird die Noblesse des Anständigen zur Häme, zum Sarkasmus.

Wieso denn dies? Ich stelle mir vor: Unterdrückte Wünsche tauchen da auf, nicht eingestandene Phantasien. Das nicht gelebte

Leben. So vieles, worin man ständig zurückgesteckt hat, um der anderen, um der Sache willen. Die Jahre gehen dahin, und man wird alt. Auf einmal wird einem das bewusst, wie das Leben ohne Höhen und Tiefen verrinnt, wird einem bewusst angesichts eines Menschen, der sein Leben exzessiv gelebt hat und dem der totale Reinfall, die totale Bauchlandung eigentlich von Herzen zu gönnen war. Dem aber sogar noch in seiner Bauchlandung vergeben wird, und die eigene Anständigkeit gibt im Geheimen, im ganz Geheimen solcher Vergebung auch noch recht. Da soll einem doch!

Ich weiß nicht, ob es Ihnen auch so geht: Ich begegne häufig einer Haltung, die ich eine »Anständigkeit mit Zähnefletschen« nenne. Eine Lebenshaltung, die Recht und Ordnung preist und dies auch lebt, aber dies so aggressiv vertritt, dass man sofort spürt, um dieser Anständigkeit willen würde dieser am liebsten völlig unanständig über den anderen herfallen und ihn fertig machen. Der Konflikt ist spürbar in der inneren Hochspannung, unter der ein solcher, eine solche steht.

Nun, so ist das also anscheinend mit den beiden Seiten in uns, mit der Seite der Freiheit und mit der Seite der Ordnung. Sie gehören zusammen, die beiden Seiten, das hat ein jeder längst gemerkt. Aber anscheinend ist es so, dass die, die das Risiko der Freiheit häufiger wagen, um ihre Sehnsucht nach der Seite der Ordnung deutlicher wissen. Während die, die wie der ältere Sohn im Gleichnis die Seite der Anständigkeit, des Rechts und der Ordnung leben, die Notwendigkeit der Freiheit für ihr Leben nur unwillig anerkennen können und deshalb auch die Notwendigkeit der Vergebung schlecht einsehen, akzeptieren können.

Und deshalb liebe ich die Geschichte, die ich Ihnen zum Gleichnis vom verlorenen Sohn noch dazu erzählen möchte. Einmal, weil sie eben der Männergeschichte noch eine Frauengeschichte hinzufügt, und dann, weil sie die Notwendigkeit und Wirklichkeit der Vergebung gerade auch gegenüber den Vertretern von Recht und Ordnung vertritt.

Es ist eine Geschichte, wie könnte es anders sein, aus einem Film, und Paul Schrader, ein ehemaliger Theologe, ein Amerikaner, hat ihn gerade gedreht: »Day of Light«. Tageslicht. Es ist in dem Teil, der mich interessiert, eine Geschichte zwischen einer Mutter und einer

Tochter. Die Tochter ist Rock-und-Roll-Musikerin wie der Bruder und hat ein uneheliches Kind, dessen Vater sie geheim hält. Und die Mutter ist von einer protestantisch anständigen Frömmigkeit, die sie beim Tischgebet am Sonntag, wo die Familie einmal wieder zusammenkommt, um die Vergebung der Verfehlungen der Tochter beten lässt, was diese mit Türenschmeißen und Abfahren quittiert. Auf dem Sterbebett der Mutter aber erweist sich, dass die Beziehung zwischen den beiden am stabilsten geblieben ist. Die Mutter offenbart der Tochter, wen sie als Frau für den zurückgebliebenen Mann, für den Vater ausgesucht hat. Er muss wieder heiraten. Weißt du, er ist so schwach und hilflos. Und im Blick auf die Art und Weise, wie ich dich behandelt habe, sagt die Mutter: »Can you forgive me?«, kannst du mir vergeben? »This is past«, sagt die Tochter da einfach. Das ist Vergangenheit.

This is past. Gibt es eine schönere Umschreibung für das, was die Vergebung ist. Die Niederlagen der Freiheitshungrigen und Freiheitssuchenden – this is past. Die ungelebte Liebe der Frommen und der Anständigen – this is past. Vergangenheit ist das, merkst du das und weißt du das? Vergangenheit, wenn du in die Gegenwart dessen trittst, bei dem Freiheit und die Ordnung, die Noblesse und der Wagemut zusammengehören.

Und so lassen Sie mich nur ein paar Sätze noch sagen über den, der im Mittelpunkt des Gleichnisses steht: der Vater – der wie Gott und Jesus in einer Person ist. Um das eine ungeteilte Leben geht es ihm, um das Leben, das Gott in Jesus Christus austeilt und das er lebt. Die Freiheit, die Phantasie, das Abenteuer, ja. Aber das Leben besteht nicht nur aus den angenehmen Seiten, ist auch Verpflichtung, Mühsal, Anspruch. Die Leistung, die Beständigkeit, die Zuverlässigkeit, ja. Aber das Überraschende, das Neue, das Geschenk gehört dazu. Das, was man nicht erreichen, was man nur feiern kann. Beides aber fällt zusammen in der Gegenwart der Liebe. Die Liebe, die wagt und die durchhält, die aufbricht und den langen Atem hat. Unvorstellbar fast, wie man das zusammen leben kann. Aber so ist es eben: in seiner, in Jesu Gegenwart ist der Horizont einer neuen Welt.

Um das eine, das ganze Leben werden wir ihn bitten, um den Mut zum Risiko das eine Mal, um den Mut zur Beständigkeit das andere Mal, um den Mut zur Liebe immer. »This is past«, dein Sündersein ist Vergangenheit, eine Sünde, die nicht das ganze Leben will. Und du wirst seine Gegenwart spüren, im Wort, im Mahl, und das ganze Leben, das wird mit ihm noch einmal wieder beginnen.

3. Sonntag nach Trinitatis – 5. Juli 1987

Gnade kann sehen

> 3 Aber die Schriftgelehrten und Pharisäer brachten eine Frau, beim Ehebruch ergriffen, und stellten sie in die Mitte 4 und sprachen zu ihm: Meister, diese Frau ist auf frischer Tat beim Ehebruch ergriffen worden. 5 Mose aber hat uns im Gesetz geboten, solche Frauen zu steinigen. Was sagst du? 6 Das sagten sie aber, ihn zu versuchen, damit sie ihn verklagen könnten. Aber Jesus bückte sich und schrieb mit dem Finger auf die Erde. 7 Als sie nun fortfuhren, ihn zu fragen, richtet er sich auf und sprach zu ihnen: Wer unter euch ohne Sünde ist, der werfe den ersten Stein auf sie. 8 Und er bückte sich wieder und schrieb auf die Erde. 9 Als sie aber das hörten, gingen sie weg, einer nach dem andern, die Ältesten zuerst; und Jesus blieb allein mit der Frau, die in der Mitte stand. 10 Jesus aber richte sich auf und fragte sie: Wo sind sie, Frau? Hat dich niemand verdammt? 11 Sie antwortete: Niemand, Herr. Und Jesus sprach: So verdamme ich dich auch nicht; geh hin und sündige hinfort nicht mehr. (Joh 8,3–11)

Liebe Gemeinde! Mit einem leisen inneren Zittern stehe ich auf dieser Kanzel. Es ist fast wie zwischen Tag und Traum: Man wacht auf und weiß nicht recht, ist das eigentlich die Realität oder ist das noch die Welt des Unbewussten. Der Traum des Pfarrers, einmal von der Kanzel zu predigen, auf der vor 450 Jahren ein Martin Luther stand, ein Johann Sebastian Bach sich langsam in sich selbst zurückgezogen die Worte des Evangeliums in die Welt der Töne transformiert hat. Und so, zwischen Traum und Tag steh ich vor Ihnen als ein Bote, als ein *angelos* der geschwisterlichen Verbundenheit der Kirchen und der Christen über alle Grenzen hinweg und grüße Sie mit dem Gruß unseres Gottes. »Der Friede des Herr sei mit Euch allen«. Mögen wir uns in diesen Tagen, da Sie der 450-jährigen Wiederkehr der Einführung der Reformation gedenken, als Kirchen der Reformation bewähren und das Wort so weitergeben, wie Menschen es zum Leben und zum Atmen brauchen.

Aber nun stehe ich vor Ihnen auch mit einem Bibeltext. Es ist der Text, so wie ich ihn liebe: knapp, voller Inhalt und voller Geheimnisse. Generationen haben an ihm herumgerätselt, er ist erst spät ins Neue Testament gekommen Und es ist ein Wort in einer riskanten gesellschaftlichen und religiösen Situation, im Antagonismus der Meinungen und Erfahrungen. Es ist die Geschichte der zahlreichen Männer und der einen Frau, und die Geschichte eines Mannes, in dem augenscheinlich die Männer wie die Frauen sich zugleich provoziert wie auch angenommen wissen.

Also, so lassen Sie uns nun mitten hinein in die Geschichte springen. Da ist eine Frau, beim Ehebruch ertappt. Auf frischer Tat heißt es sogar, also in flagranti. Die Ausmalung kann ich mir ersparen. Die Frau wird von den Pharisäern und Schriftgelehrten zu Jesus geschleppt und in die Mitte einer Volksmenge gestellt. Wo sind eigentlich die Männer, fragt die feministische Theologie. Zu einem Ehebruch gehören immer zwei. Ich weiß auf solche Fragen keine Antwort. Aber so ist das wohl: Dass oft die Männer auf der Seite der Anklagenden und der Richter sitzen. Die, die das Sagen haben und die Atmosphäre bestimmen, die, die die Worte setzen und angeben, worüber zu lachen und worüber sich zu entrüsten sei, das sind auch im Zeitalter der Emanzipation noch oft die Männer. In Hannover jedenfalls ist das so, ob auch in Leipzig, mögen Sie entscheiden. Jedenfalls steht es, denke ich, gerade uns Männern gut an, sich in die Erfahrungswelt einer Frau hineinzuversetzen, die – von Männern herbeigezerrt, vor ein Tribunal der Männer gestellt – ganz allein sich für etwas verteidigen muss, was sie nicht allein begangen hat und was sie vielleicht gar nicht selbst verteidigen kann und will. Frauen, die sich mit der Frage und dem Schuldgefühl einer Abtreibung herumschlagen, mögen so allein sein. Auf frischer Tat beim Ehebruch ertappt, so ist die Anklage. Auf Ehebruch steht Steinigung. Meister, was sagst du?

Und damit ist der erste der beiden großen Problembereiche angesprochen, die unser Bibeltext enthält. Es ist die Frage nach der Kompetenz zum Richten. Unablösbar scheint das mit dem Wesen des Menschen verbunden zu sein, über andere Menschen zu Gericht zu sitzen. Viele haben nicht die geringste Ahnung, aber sie meinen, über alles Bescheid zu wissen und also über alles eine Richtkompetenz zu haben. Wenn man die Menschen doch von ihrer Ahnungslosigkeit überzeugen könnte. Der größte Philosoph, den diese Erde wahrscheinlich gesehen hat, Sokrates, hat dies zum Zielpunkt seines ganzen Wirkens gehabt – und sich damit wahrscheinlich das größte Ziel gesetzt, das man sich setzen kann: Menschen von ihrer Ahnungslosigkeit, von ihrem Nicht-Wissen zu überzeugen. Ich weiß, dass ich nichts weiß. Es ist die Hybris des Menschen, über alles Bescheid zu wissen und also sein Urteil über alle und alles ständig bereit zu haben. Ich weiß, dass ich nichts bin.

Da geht eine Ehe auseinander, da zerbricht eine Familie. Die Nachbarn, die Mitarbeiter zerreißen sich die Mäuler. Aber was wissen die anderen, wie sich die beiden abgequält haben, wie viel Verzweiflung, Tränen und Wut, auch wie viel Bemühung in diesem gemeinsamen Leben war, wie sich Menschen kaputt machen können. Da begehren junge Menschen auf. Die Motivsuche ist schnell zu Ende. Aber wenn man doch erst einmal hören könnte, wie viel Sehnsucht auch in einem solchen Aufbegehren steckt nach einer Gesellschaft und nach einem Leben, das man bejahen, für das man mit Überzeugung und mit eigener Person eintreten könnte. Der Mensch ist ein unausrottbarer Moralist, und das Urteil über die anderen ist nicht weniger scharf und schnell wie das Urteil über sich selbst. Die Anmaßung der Richtkompetenz, das ist der Anfang und die Quelle vielen Übels.

Man könnte noch einen Augenblick darüber nachsinnen, woher diese Neigung zur überschnellen Aneignung der Kompetenz des Richtens kommt. Ich wage eine Vermutung. Ich fange da an zu richten, wo mir einer gegen meinen Willen zu nahekommt. Der Ehebruch: Da bringt einer eine heilige Ordnung durcheinander. Anarchische Züge sind darin, die ich mir nur mühsam eingestehen kann. Da ist jemand anders und doch mir gleich, in dieser Mischung von Anderssein und Gleichheit stellt er mich in Frage. Ich denke, gerade weil die Deutschen in den beiden Staaten sich so nahe sind, hat ihre Andersartigkeit eine Tendenz zum Richten. So schwer ist es, einen nahen Menschen auf einem anderen Weg zu sehen. Als zwei Freunde in ihrer Ehe kürzlich auseinandergingen, wie schwer fiel es mir, nicht bei dem einen oder anderen die Schuld zu konzentrieren. Da ist eine beim Ehebruch ertappt. Die Steine liegen bereit, und Mose hat die Steinigung befohlen. »Meister, was sagst du?«

Und der Meister, aber der Meister, der sagt nichts. Er bückt sich, schweigt vor sich hin und malt in den Sand. Unendliche Spekulationen sind darüber angestellt worden, was Jesus da wohl in den Sand gemalt hat. Ins Buch des Lebens habe er die Namen eingeschrieben, so wahr und so flüchtig diese Schrift in Spuren ist, die der Wind im Sand verweht. Wir wissen es nicht, was Jesus in den Sand geschrieben hat, das muss ich ganz klar sagen. Aber wie schön, daran herumzurätseln. Und so lassen Sie mich den vielen Spekulationen noch eine weitere hinzufügen. Ich behaupte, Jesus hat in den Sand das Gesicht der Frau gemalt. Um den Vollzug von Gerechtigkeit wird Jesus angegangen, einer Gerechtigkeit, so wie man es damals wohl verstand. Mose hat im Gesetz geboten. Die Gerechtigkeit aber wird mit verbundenen Augen dargestellt. Gerade weil es in der Gerechtigkeit, wenn sie denn gerecht sein will, kein Ansehen der Person gibt. Jesus aber geht nicht mit verbundenen Augen durch die Welt. Er schaut den Menschen an. Und aus der Gerechtigkeit wird in ihm die Gnade. Gnade geschieht immer unter Ansehen der Person. Die schöne Wendung des Alten Testamentes, dass man Gnade in den Augen eines anderen gefunden hat, macht deutlich, dass die Gnade sieht. Ich werde eines Blickes gewürdigt, und dieser Blick ist Zuwendung, und diese Zuwendung ist unverdient Gnade. So ist es zwar auch eine Spekulation, aber eine wichtige, eine theologisch richtige Spekulation, dass Jesus das Bild dieser Frau in den Sand gemalt habe. Und er bückte sich und malte dort und schrieb und schwieg.

Und als die Pharisäer, die Schriftgelehrten nicht aufhören, ihn zu bedrängen und zu einer Antwort zu provozieren, da richtet er sich auf und sagt einen einzigen Satz. »Wer selber ohne Sünde ist, der werfe den ersten Stein«. Wie ein Keulenwurf ist dieser Satz, Worte, die wie ein souveränes Handeln sind: Er entwindet mit diesen Worten den Menschen die Kompetenz zum Richten. Wer selber ohne Sünde ist …? Die Antwort kann doch nur lauten: Natürlich ist keiner ohne Sünde. Also, sagt Jesus, was willst du richten. Wie soll ein Schuldner einen Schuldigen, wie soll ein Verklagter einen Angeklagten richten und verdammen. Ein anderer ist es, der euch

richten wird. »Von dannen er kommen wird, zu richten die Leben-
den und die Toten«, bekennen wir in unserem Credo.

An Gottes Weltgericht glauben wir, und das meint doch nicht,
einem letzten, großen Schrecken, einer letzten möglichen Vernichtung irgendwann ausgeliefert zu sein. Ist doch der, der zum
Gericht kommt, zugleich der, der am Kreuz für uns gestorben ist.
Nein, das Bekenntnis zu Gottes Weltregiment und Weltgericht gibt
die Freiheit, das Richten überhaupt zu lassen. Einander Gnade zu
erweisen, sich gnädig anzunehmen, sich anzuschauen und die Gnade
als das Privileg des Menschlichen anzusehen: Das ist die Art des
Glaubens. Wer selber ohne Sünde ist. Und dann folgt der großartige
Schluss der Geschichte, wie da die Männer sich davonschleichen, der
heimliche Abmarsch der ins Herz Getroffenen. »Wo sind sie, Frau?
Hat dich niemand verdammt? So verdamme ich dich auch nicht«.
Geh hin, nun solltest du eigentlich nicht mehr sündigen.

Und da ist nun die zweite große Erkenntnis, die mir aus diesem Bibeltext entgegenkommt, und mit dieser will ich schließen.
Diese Erkenntnis lautet. Nur was du akzeptieren kannst, das kannst
du auch verändern. Das hohe Lied der Gnade kann man doch nur
anstimmen, wenn man diese Geschichte von der Ehebrecherin ver-
nommen hat. Aber Gnade bedeutet nicht, alles so zu belassen, wie
es ist. Die Frau wird auch nicht dort gelassen, wo sie ist. So unendlich viel gibt es in unserer jeweiligen Gesellschaft und in dieser Welt,
was von Grund auf anders sein müsste. Christlich aber kommt in
der Regel die Veränderung nicht aus einer Fundamentalopposition,
sondern aus der Kraft des Akzeptierens. Die amerikanische Bürgerrechtsbewegung mit Martin Luther King hat dies mit Konsequenz
gelebt. Aus dem Unterdrücker den Menschen herauslieben, so wie
ihn Gott geschaffen hat: Das ist keine Sache für schwache Gemüter.
Das ist Herausforderung für die ganze Kraft des Glaubens.

Also, liebe Freunde, liebe Geschwister: Bleibt der Erde, bleibt den
Menschen treu. Überhebt euch nicht, sagt euch nicht los, gebt nicht
auf! Lasst euch nicht zu Vorurteilen und Verurteilungen verleiten.
Schaut hindurch und seht im Schulterschluss der Hochmütigen und
der Gleichgültigen und der Ordnungsfanatiker das zitternde Herz
des Menschen, der um sein Leben bangt. Lasst euch nicht die Augen
verbinden, schaut und kämpft und glaubt und liebt.

Das alles, das spürt ein jeder, eine jede, das ist nicht von uns selbst zu schaffen. Alle leben wir aus der Kraft dessen, der in Christus uns angesehen, uns geliebt hat. So stehen am Anfang und am Ende das große Staunen und das Lob dessen, der Menschen so anblickt, dass sie unter diesem Blick verwandelt werden. Und was könnte man den Kirchen der Reformation mehr wünschen als dies: Dass sie lebendig und ganz klar aus der Kraft dessen leben, für den nichts und niemand seiner Gnade unwürdig war. Eine Christusgeschichte ist dieser Bibeltext vom ersten bis zum letzten Wort, und welch ein Herr ist das, auf dessen Namen wir getauft sind, in dessen Namen wir uns zum Abendmahl versammeln, in dessen Kraft wir leben.

4. Sonntag nach Trinitatis – 18. Juni 1989
in der Thomas-Kirche Leipzig (5 Monate vor dem Fall der Mauer)

Kranke besuchen

36 Ich bin krank gewesen und ihr habt mich besucht. (Mt 25,36)

Liebe Gemeinde! Die Szene eines Films hat mich in den letzten Wochen sehr beschäftigt. »Die Braut« heißt er und schildert in großen Zeitsprüngen das Leben der Christiane Vulpius, die erst nach 18 Jahren freier Liebe und der Geburt von vier Kindern, von denen drei starben, Frau Geheimrat von Goethe werden darf. Die letzte große Szene dieses Films meine ich. Da hat Christiane wieder einmal in Lauchstädt ganze Serien von Schuhen durchgetanzt, ist in das Haus am Frauenplan in Weimar zurückgekehrt, ist von einem Schlaganfall hingestreckt und dämmert im Bett vor sich hin. Wann kommt der Geheimrat von seiner Reise zurück, ist die bange Frage aller. Nach Tagen im Dämmerschlaf der Krankheit fährt Christiane hoch. »Wo ist Goethe?« »Lichtjahre entfernt«, antwortet der treue Diener Meyer. »Er sitzt seit drei Tagen im übernächsten Zimmer und kommt nicht herein«. Christiane schreit sich ihre Einsamkeit und ihre Schmerzen mit letzter Kraft heraus. Goethe hört ihr Schreien, es fährt ihm in den Körper, er fällt in sich zusammen, aber er besucht sie nicht. Einsam wird sie sterben und ohne ihn zu Grabe getragen werden.

»Ich bin krank, und ihr habt mich besucht«. In dem Entsetzen, das einem angesichts einer solchen Geschichte wie dieser von Christiane und Johann Wolfgang von Goethe überfällt, wird deutlich, dass das Wort, das Jesus in der Erzählung vom großen Weltgericht in Matthäus 25 ausspricht, zu den elementaren Grundwahrheiten und Grundnotwendigkeiten unseres Lebens gehört. Ohne ein solches Wort und eine solche Haltung kann man eigentlich gar nicht leben. Aber in dem gewaltigen Panorama von dem großen, herrlichen und furchtbaren Tag, an dem der Menschensohn kommen wird und alle Engel mit ihm zum Gericht, da wird auch ausgesprochen, dass man diese einfache Grundwahrheit des Lebens noch und noch verfehlt. «Ich bin krank und im Gefängnis gewesen, und ihr habt mich nicht besucht». Der Zorn und das Entsetzen über die Haltung unseres größten deutschen Dichters, der es offenbar nicht aushalten kann, am Krankenbett der geliebten Frau zu sitzen, wendet sich sehr schnell in eine lähmende Erstarrung, in Vorwürfe über einen selbst. Wie oft habe ich eine Todesanzeige in den Händen gehabt und habe gedacht oder gesagt: »Du wolltest ihn/sie doch noch unbedingt besuchen.« Da ist jemand lange, lange im Krankenhaus gewesen und ist wieder gesund geworden, und ich habe es nicht geschafft, ihm die schweren Tage wenigstens durch einen kurzen Besuch ein wenig zu verkürzen. Nein, wir sind alle keine Heroen in dieser Sache und tragen oft genug ein schweres und verletztes Gewissen mit uns herum. Aber ganz intuitiv, ganz sicher wissen wir, denke ich, alle, dass das Wort, das das Leitwort der Henriettenstiftung ist, dass das gar nicht etwas Besonderes und Heroisches, sondern eben eine einfache, große Selbstverständlichkeit des Lebens beschreibt. »Ich bin krank, und ihr habt mich besucht.

Warum ist das so? Weit muss ich ausholen und kann doch nahe bei uns, bei Ihnen und bei mir bleiben. Der Mensch ist nicht als Einzelwesen, er ist zu zweit, er ist im Dual erschaffen. Nicht nur Adam und Eva, nicht nur auf die Anziehungsmacht der Frau auf den Mann und des Mannes auf die Frau bezieht sich das. Adam ist der Mensch und Chawa ist die Lebendige, und nur im Zusammenspiel zwischen dem einen, zwischen der einen und dem anderen vollzieht sich menschliche Existenz. Martin Buber hat eine ganze Philosophie darauf gegründet. Die Grundworte des Lebens sind nicht Einzelworte, sondern Wortpaare, hat er gesagt, Ich und Du, das ist das größte, das ist das tiefste aller Wortpaare, die es gibt. Nie Ich allein. Erst am Du wird der Mensch, der er werden soll. Der Mensch wird am Du zum Ich. Unmittelbar ist diese Beziehung von Du und Ich, nur mit dem ganzen Wesen kann sie gesprochen und gelebt werden. Alles wirkliche Leben ist Begegnung. Im Anfang ist die Beziehung. Und so kommt Martin Buber zu dieser merkwürdigen, aber doch zutiefst zutreffenden Aussage, dass sich das entscheidende im »Zwischen« vollzieht. So, wie manchmal in einer Begegnung die Funken überspringen, und auch, wenn sie nicht überspringen, sagt dies genügend aus. Das Ich setzt sich eben zu einem guten Teil zusammen aus der Vielzahl der Beziehungen zu ganz unterschiedlichen Menschen, die wir haben.

»Ich bin krank gewesen, und ihr habt mich besucht«. Es fällt uns sicher nicht ganz leicht, liebe Gemeinde, diesen Satz von der unmittelbaren Zusammengehörigkeit von Menschen als eine einfache Grundwahrheit unseres Lebens zu verstehen. Die Suche nach dem Sinn des Lebens, nach der Erfüllung unseres Daseins ist weithin individualistisch geworden. Wie Monaden sind viele Menschen und vielleicht auch ich selbst geworden, die in sich selber ruhen und nach draußen wie nur noch aus kleinen Fenstern schauen. Wichtig scheint es zu sein, nach einem Sinn zu suchen, der unabhängig von allem anderen ist. Kommt es daher, dass Menschen auf der Suche nach dieser solchen Sinnerfüllung das Leben leicht als absurd erscheint? Auf der ersten bis zur letzten Seite argumentiert die Bibel gegen solchen Rückzug des Menschen in sich selbst hinein, und ich will das aufnehmen und Ihnen und mir heute morgen weitersagen. Von der Schöpfung bis zur Erlösung. Weltgeschehen ist Sprache und Sprache kann nur als Zwiesprache verstanden werden. »Du kannst dir nicht selber Gute Nacht sagen«. Groß steht es da am Anfang jeden Schöpfungstages: »Und Gott sprach«. Und die Feste der Erde, das Meer, Licht und Sonne und Mond und der Mensch am Ende, das ist die Antwort. Gott redet, und Gott hört oder hört auch nicht, und der Mensch ist beglückt oder sehr allein. Jeder Mensch wird durch das, was ihm widerfährt, was ihm geschickt wird, durch sein Schicksal angeredet. Durch sein Tun und Lassen wird er antworten, wird sein Leben in einem tiefen Sinn ver-antworten. In großartiger Weise kommt dieses, dass unser Leben Zwiesprache ist und bleibt, in der Erzählung Jesu vom Weltgericht heraus. »Ich bin hungrig gewesen«, sagt Jesus zu denen auf seiner Rechten, »und ihr habt mir zu essen gegeben. Ich bin ein Fremder gewesen, und ihr habt mich aufgenommen. Ich bin krank gewesen, und ihr habt mich besucht.« Das sagen die so unerwartet groß Herausgestellten. »Herr, wann und wo und wie haben wir dich hungrig oder durstig oder nackt oder als Fremden oder krank oder gefangen gesehen?« »Was ihr einem von diesen meinen geringsten Brüdern und Schwestern getan habt«, sagt Jesus, »das habt ihr mir getan«. Nie der andere, die andere ein Objekt meiner Fürsorge und meines Dienstes, immer ich und du und immer in allen, dir mir begegnen. Er.

»Ich bin krank gewesen, und ihr habt mich besucht«. Eine große, einfache Grundwahrheit des Lebens. Deshalb kann mit einem Besuch am Krankenbett auch kein Zweck und keine Absicht verbunden sein. Ein älterer Amtskollege hat mir, als ich noch Berufsanfänger war, als Ratschlag mit auf den Weg gegeben. »Ich achte immer voller Spannung darauf, wo sich eine Tür eine Handbreit auftut, und schon ist mein Fuß dazwischen und ich werde meine Botschaft los«. Aber jede Absicht, jede Verzweckung verdirbt die Begegnung von Ich und Du. Etwa gar die Schwäche des andern auszunutzen, das ist furchtbar. Mutter Teresa hat in den Sterbehäusern von Kalkutta keine Mission betrieben. Auf die Frage eines Journalisten, was sie denn dann beabsichtige, hat sie zur Antwort gegeben: »Ich möchte jedem Menschen das Gefühl geben, willkommen zu sein«. Einmal, und sei es an den letzten Tagen seines Lebens, soll auch der Ärmste in den Slums von Kalkutta das Gefühl haben, auf dieser Welt willkommen gewesen zu sein. So hat Mutter Teresa offenbar gemacht, wer Gott ist. So ist er in ihrem Wirken vorgekommen und gerade diese absichtslose Akzeptanz des anderen hat sie schon zu Lebzeiten zu einer Heiligen gemacht. Dass Sterbende auf ihrer Matte lächeln und weinen dürfen, weil sie sich behütet wissen, ein Widerschein des göttlichen Lichtes in dieser Welt. Da geht es nur noch um die Würde des Menschen, um das Ich und Du. Als »Dienst am Nächsten« hat man das Wesen der Diakonie auch der christlichen Krankenhäuser oft beschrieben, und ich will gestehen, dass dies mir von Jahr zu Jahr immer weniger behagte. Mir ist, als ob sich hinter unserem Rücken dann doch schon wieder die isolierte Monade einschleicht, die durch aufopferungsvollen Dienst am anderen sich ihres Sinns zu vergewissern sucht. Nein. Die Aufmerksamkeit für das Du, die Intensität des Lebens in der Begegnung, das wird das Kernstück des christlichen Glaubens sein. Hier macht man damit Ernst, dass alle Menschen gerade auch die Fremden, die Unbekannten, die Gesunden wie Kranken in Gottes Güte geborgen sind. Wie es das schöne Wort aus der Weisheit Salomos in Kapitel 11 sagt. »Du hast mit allen

Erbarmen, weil du alles vermagst, und siehst über die Sünden der Menschen hinweg, damit sie sich bekehren. Du liebst alles, was ist, und verabscheust nichts von all dem, was du gemacht hast, denn hättest du etwas gehasst, so hättest du es nicht geschaffen. Du schonst alles, weil es dein Eigentum ist, Herr, du Freund des Lebens«.

Als eine einfache, menschliche Grundwahrheit wollte ich Ihnen das heute predigen, liebe Gemeinde. Dieses schlichte, geradeaus gerichtete Leitwort: »Ich bin krank gewesen, und ihr habt mich besucht«. Es ist ja auch gar nichts Herausstechendes und Besonderes, ein Christ zu sein und eine Schwester im Henriettenstift, eine Henriette oder eine Oberin. Vielleicht steht man mehr als andere in der Begegnung mit anderen Menschen und im Nachdenken darüber, was das alles sei. Vor allen Dingen ist das Kollektiv der Gemeinschaft wichtig, die Gemeinde als Hüter der Erinnerungen, da, wo die großen Erzählungen über die Wahrheiten des Lebens zu Hause sind. Die Wahrheit heute aus der Geschichte von dem großen Weltgericht stellt die Zusammengehörigkeit von Menschen in einem einfachen Verhaltenskodex fest. »Du bist ein Bild meines heimlichen Lebens«, sage ich zum anderen, und blicke in sein Gesicht wie in einen Spiegel. Da ist zu sehen, was ich bin, aber auch, was ich nicht bin und was vielleicht doch zu mir gehört. Wie oft bin ich von einem Besuch am Krankenbett niedergedrückt, aber wie oft auch viel getrösteter nach Hause gegangen, als ich es vorher war. Ein Geben und Nehmen ist das alles. Wir geben von dem, was wir haben, und nehmen von dem, was andere haben. Die Krankheit gehört zu unserem Leben, und wenn ich krank bin, möchte ich nicht vom Leben ausgeschlossen sein. Das Ich und das Du, das ist die Basis unseres Lebens. Dahinter aber steht das ewige Du. Von dem wir alle leben, das uns manchmal geheimnisvoll und manchmal offen umgibt. Das göttliche Du, in dem wir ein Gegenüber haben, das immer bleibt.

4. Sonntag nach Trinitatis – 27. Juni 1999
Stiftungsfest im Henriettenstift Hannover

Das Lob der Torheit

Liebe Gemeinde, da stiftet uns Paulus heute Morgen an, das Lob der Torheit zu singen. Seltsam anachronistisch mag das klingen in einer Zeit, da die Schulabschlüsse viele junge und alte Menschen bewegen und nebenan im Festsaal des Alten Rathauses Abend für Abend die Abiturbälle das Lob der Klugheit singen. Seltsam unzeitgemäß mag das sein in dieser wunderbaren Zeit, da die Sonne am Himmel lacht und das Lob der Schönheit und der lauen Sommernächte den guten alten Wettergott beschwört. Nein, gegen den Strich werden wir da gebürstet. Und ich will mich anstecken lassen von dem Apostel vor fast 2000 Jahren, nicht das Lob der Schönheit und der Heiterkeit und der Klugheit, sondern das Lob der Torheit Gottes in der Gemeinde anzustimmen.

Große Toren gibt es in der Weltgeschichte und in der Weltliteratur. Der Junker Don Quixote de la Mancha ist ein solcher großer Tor. Cervantes hat das beschrieben in seinem bedeutenden Roman: Wie da der Ritter auf seinem traurigen Klepper auszieht aus den armseligen Verhältnissen seines Dorfes, den dicken Diener auf dem Maultier an seiner Seite, um gegen Unrecht und Unterdrückung zu streiten, um Menschen aus der Macht von Riesen und Zauberern zu befreien. Eine Figur zum Lachen ist das und zum Spott, der Ritter von der traurigen Gestalt. Aber in die Lachlust mischt sich jene Spur von Nachdenklichkeit, die die Gestalt zu einer unvergessenen Figur der großen Literatur macht. Ja, vielleicht ist das so: der Mensch, ein solcher Tor!?

Das Lob der Torheit. Ist die Torheit vielleicht näher als wir denken? War es nicht Torheit, als jener bedeutende Orgelvirtuose, Theologe und Arzt die große Karriere abbrach, um im afrikanischen Urwald die »Ehrfurcht vor dem Leben« zu praktizieren? Der spätere Ruhm des Albert Schweitzer hat die bissigen Kommentare vergessen lassen, die seinen Ausstieg aus dem normalen Leben begleitet haben. War es nicht Torheit, dass ein junger Schweizer Theologe sich nicht ins wohlgeordnete reformierte Pfarramt begab, sondern mit ein paar Freunden sich in einem verlassenen Nest Burgunds als evangelischer Ordensbruder niederließ? Die Bedeutung, die Roger Schutz und Taizé für uns gewonnen hat, hat die Herablassung vergessen lassen, mit der viele Theologen und Kirchen diesen Schritt kommentierten. Das Sexidol, das sich auf einmal für Greenpeace und Wale einsetzt, der Filmschauspieler, der seinen Einsatz für die Dritte Welt und gegen Weltraumrüstung nicht zur Förderung seiner Publicity, sondern absolut und konsequent vollzieht – ist das nicht Torheit, dieses alles? Vielleicht sind wir von vorne bis hinten viel zu klug dafür.

Was ist denn das nun eigentlich: Torheit, Klugheit? Torheit, das ist – so lerne ich aus den angeführten Beispielen – alles auf eine Karte zu setzen. Den unbedingten Anruf zu spüren, der in irgendeiner Sache ist, und daraufhin zu handeln, sich auf den Weg zu machen. Ein Stück Realitätsblindheit wird dabei sein, ein ganzes Stück von Unvernunft, auch Rücksichtslosigkeit gegenüber sich selbst und anderen. Während die Klugheit die vorsichtige Absicherung nach allen Seiten ist. Klugheit, das ist, sich nach oben abzusichern, was die wohl denken mögen, und auch zur Seite zu schauen. Die Klugheit ist die Haltung von Leuten, die leben und weiterkommen wollen. Auf allen Seiten sind wir von Menschen umgeben, die eine selbstverständliche Lebensklugheit erfahren haben und sie weiter praktizieren. Das Lob der Klugheit aber anzustimmen, bin ich nicht selbst der Erste, der dies tut?

Das Lob der Torheit zu lernen aber, darum geht es hier. Ich überlege, wo ich denn selbst schon einmal zum Toren und zum Narren geworden bin. Und auf einmal fällt's mir ein, auf einmal ist's mir klar, stehen mir Augenblicke und Situationen genug vor Augen. Die Torheit hat es mit der Liebe zu tun. »Schau an, da geht er hin, der Tor«. Ein Wort des William Shakespeare ist es, und seine Komödien sind bis an den Rand voll von Toren, die Verliebte sind. Wo die Liebe hinfällt, da ziehen Vernunft und alles Gleichmaß aus. Da ist die Realitätsblindheit, die Helena in jedem Weibe sieht und Adonis bei jedem Burschen von nebenan. Vor allem aber: Wer liebt, der wird verletzbar. Der hat alles auf eine Karte gesetzt, und wehe, wenn der Stich nicht zieht. Wer liebt, der kehrt sein Innerstes nach außen, der hat sein Zentrum gewissermaßen außerhalb seiner selbst. Wer liebt, der zeigt sein Herz, und jedes Herz ist schwach.

Das Lob der Torheit ist das Lob der Liebe. Verstehen Sie nun, warum sich Paulus anschickt, das Lob der Torheit Gottes anzustimmen? Gott hat sich geoffenbart in Torheit. Gott hat sich geoffenbart in einem Menschen derart wie du und ich. Klug wäre es gewesen, die überlegene Kraft der Gegenwart Gottes in eindeutigen Zeichen auszuspielen: So fordern es die Juden. Klug wäre es gewesen, die Fragen der Gotteserkenntnis in tiefen Überlegungen zu einem nicht mehr überbietbaren Ende zu führen: So denken die Griechen. Ein Stück weit ist ja auch der Mann aus Nazareth den Weg der Klugheit, den Weg der Zeichen und der tiefen Gotteserörterung gegangen. Überzeugt hat das am Ende alles nicht. Überzeugt hat allein – das Ende. Am Ende bleibt der Gott, der seinen Sohn dahingibt. Am Ende bleibt der Gott, der die unendliche und verletzbare Schwäche der Liebe zeigt. Torheit ist das, mein Gott, ja, wie hätte man sich die Offenbarung Gottes anders vorstellen mögen. Die ersten Lästerer des Christentums hatten es schon begriffen, die Männer, die Christen mit einem Eselskopf am Kreuz von oben herab verhöhnten. Eine Torheit ist es, dieser Gottessohn am Kreuz. Aber uns, die wir glauben, uns, die wir von der Liebe Gottes ergriffen sind – ist es nicht mehr? »Denn die Torheit Gottes ist weiser als die Menschen sind, und die Schwachheit Gottes ist stärker als die Menschen sind.«

Im Gespräch mit den Juden und Muslimen, in das wir hier an der Marktkirche gerade eingestiegen sind, spielt das alles immer wieder eine große Rolle. Warum offenbart sich denn Gott allein in Christus? Warum nicht auch im Gesetz des Mose und den Propheten, warum nicht auch in Mohammed? Als Christ weiß ich im Gefolge des Paulus nur eine einzige Antwort: Es ist der Weg der Torheit, der alles auf eine einzige Karte setzt. Es ist der Weg des Gottes, der nicht etwas an ihm offenbart hat, sondern ganz sich selbst. Keinen anderen Weg der Gotteserkenntnis wird es geben, lieben Freunde, als nur diesen. Ein Gott erscheint da, der Schmerzen trägt, nicht zufügt. Ein Gott, der sich verwunden lässt, nicht tötet. Ein Gott, der nicht die Schwächen der anderen bekämpft, der selbst die Schwäche akzeptiert, der leidet. Ein Gott, so realitätsfern, so realitätsfremd, dass er die Feinde liebt.

So wird es nie ein Christentum der Stärke geben. Lasst euch das sagen, liebe Freunde, und wo wir dem begegnen, da ist das nicht unser Weg. Wohl aber wird es ein Christentum des Glücks, des Schmerzes und der Liebe geben. Der Rang eines Menschen ist an dem zu erkennen, worüber er Schmerz empfindet. »Die Reife eines Christen ist daran zu erkennen, wie weit er Schwäche akzeptieren und aussprechen kann«. Das sind die Sätze, die den Standort eines Lebens im Raum des Evangeliums bestimmen. Da es doch Gott gefallen hat, durch die törichte Predigt von dem Mann am Kreuz die Menschen selig zu machen.

Das Lob der Torheit wollte ich heute unter ihnen anstimmen. Die Kluge bringen nicht das Leben weiter – wohin hat nicht unsere gesammelte Klugheit diese Welt geführt. Nicht die Klugheit hilft weiter, hat Max Frisch gesagt, die Weisheit ist es. Weil nur die Weisheit von der Torheit der Liebe weiß. Ach, liebe Freunde, lasst euch von dieser Torheit Gottes ergreifen. Schaut auf den Mann am Kreuz, der alles in Gott und von Gott offenbart. Der sich uns allen gibt.

5. Sonntag nach Trinitatis – 29. Juni 1986

Verlassen

25 Es ging aber eine große Menge mit ihm; und er wandte sich um und sprach zu ihnen: 26 Wenn jemand zu mir kommt und hasst nicht seinen Vater, Mutter, Frau, Kinder, Brüder, Schwestern und dazu sich selbst, der kann nicht mein Jünger sein. 27 Und wer nicht sein Kreuz trägt und mir nachfolgt, der kann nicht mein Jünger sein. 28 Denn wer ist unter euch, der einen Turm bauen will und setzt sich nicht zuvor hin und überschlägt die Kosten, ob er genug habe, um es auszuführen, – 29 damit nicht, wenn er den Grund gelegt hat und kann's nicht ausführen, alle, die es sehen, anfangen, über ihn zu spotten, 30 und sagen: Dieser Mensch hat angefangen zu bauen und kann's nicht ausführen? 31 Oder welcher König will sich auf einen Krieg einlassen gegen einen andern König und setzt sich nicht zuvor hin und hält Rat, ob er mit zehntausend dem begegnen kann, der über ihn kommt mit zwanzigtausend? 32 Wenn nicht, so schickt er eine Gesandtschaft, solange jener noch fern ist, und bittet um Frieden. 33 So auch jeder unter euch, der sich nicht lossagt von allem, was er hat, der kann nicht mein Jünger sein. (Lk 14,25–33)

Liebe Gemeinde! Es gibt Worte in der Bibel, die ich nicht besonders liebe, und der eben verlesene Predigttext für diesen Sonntag, der gehört dazu. Worte sind es, die meine Phantasie eher lähmen als beflügeln. Dass Hassen von Vater, Mutter, Frau, Kinder usw. im Urtext nicht das emotionale Gefühl des Hassens meint, diesen bedingungslosen Vernichtungswillen, sondern dass Hassen hier als »bewusste Absage, als Abkehr, Ablehnung« verstanden werden muss, das macht das alles ja auch noch nicht viel besser. Die Nachfolge Jesu schließt ein Nein zu allen anderen Bindungen und Ansprüchen ein, die die Ausschließlichkeit dieser Nachfolge in Frage stellen: Das ist kurz zusammengefasst der Inhalt dieser Worte. Im

Munde eines Fundamentalisten oder Fanatikers könnte dieses Wort eine gefährliche Brisanz entwickeln. Da, wo der Glaube leicht mit der Unmenschlichkeit Hand in Hand geht. Nein, ich liebe dieses Wort aus Lukas 14 nicht. Aber – auch die ungeliebten Worte der Bibel haben wohl einen von mir nicht sofort zu erfassenden Sinn. Sie müssen sein.

»Wenn jemand zu mir kommt und sich nicht abkehrt von Vater, Mutter, Frau, Kinder, Brüder, Schwestern und von sich selbst, der kann nicht mein Jünger sein«. Eine historische Erklärung will ich vorweg noch geben, um dieses Wort wenigstens intellektuell zu verstehen. Es ist offensichtlich, dass Jesus in seiner Lebenszeit nicht primär Ortsgemeinden gegründet hat, sondern eine Bewegung, wie der Neutestamentler Gerd Theißen das genannt hat, eine Bewegung von »Wandercharismatikern«. Die entscheidenden Gestalten des frühen Christentums waren wandernde Apostel, Propheten und Jünger. Menschen, die sich dauernd von Ort zu Ort bewegten und sich in diesen Orten auf kleine Sympathisantengruppen stützen konnten. Zu ihrem Leben gehörte Heimatlosigkeit, ein Prophet, der länger als zwei Tage bleibt, ist ein Pseudoprophet, sagt eine frühchristliche Schrift, die Didache. Zu ihnen gehörte Familienlosigkeit, sie hatten mit Haus und Hof auch ihre Familie verlassen. Oft war das mit Pietätlosigkeit verbunden. Lass die Toten ihre Toten begraben. Besitzlosigkeit gehörte zu diesen Wandercharismatikern, ein Kleid zu haben ist genug, jeder Reichtum lenkt nur vom Wesentlichen ab. Recht- und Schutzlosigkeit werden bewusst riskiert. Wer ohne Stab auf die antiken Straßen geht, verzichtet bewusst auf das geringste Mittel der Selbstverteidigung. Und ich kann es mir gut vorstellen, wie Jesus dieses sicherlich authentische Wort seinen Jüngern und Jüngerinnen auf einer seiner täglichen Wanderungen durch die Berge Galiläas, von Ort zu Ort mit nichts in der Hand, gesagt hat. Wie gesagt: Eine historische Erklärung ist das und nicht mehr. Wir alle sind keine Wandercharismatiker, sondern sind immer sesshaft gewesen. Ich bin hier zu Hause. Und wenn ich zu lange und zu oft unterwegs bin, dann packt mich die Sehnsucht, die Sehnsucht nach zu Hause zu kommen mit unwiderstehlicher Kraft. Ich bin verheiratet und dies gerne, und liebe meine Familie, meine Freunde. Ich habe Besitz und bin nicht gerne schutzlos. Soziologisch lebe ich also in einem Gegenentwurf zu der Bewegung der frühen Wandercharismatiker. Und die Nachfolge Jesu bedeutet für mich eine Nachfolge in meinen Beziehungen und Bezügen, bedeutet eine Nachfolge in all dem, in dem ich lebe. Überspitzt formuliert: Nachfolge bedeutet für mich und sicherlich auch für Sie Nachfolge in der Zuwendung und nicht in der Abwendung von der Welt.

Nein, ich liebe dieses Wort nicht. Aber es muss wohl sein. »Wenn jemand zu mir kommt und nicht zurücklässt Vater, Mutter, Frau, Kinder, sich selbst, der kann nicht mein Jünger sein«. Eine Periode im Leben eines jeden Menschen gibt es, in der sich eine solche Haltung fast von selbst versteht. Jemand hat dieses Bibelwort einen Junge-Mann-Test genannt. Der pubertierende, mehr noch, der heranwachsende junge Mensch muss das Netz der Rücksichtnahmen zerreißen, das einen gefangen hält und nicht zu sich selbst kommen lässt. Aus den zu engen Beziehungen in einem Akt der Überbietung, ja der Lieblosigkeit aussteigen, weil man anders immer ein Gefangener seiner Herkunft und seiner Eltern bleiben wird. Das Netz, das mir bisher Vertrauen und Sicherheit gab, fängt an zu stinken, als ob nur faule Fische drin wären. Ein Rundumschlag, ein Befreiungsschlag, voller Ungerechtigkeit und Erbitterung manchmal von jungen heranwachsenden Menschen ausgeführt. Aber soll, was in einer Entwicklungsphase begreifbar, wenn auch nur schmerzlich erfahrbar bleibt, nun zur Daseinsmaxime einer allgemeinen christlichen Praxis werden? Rigoristische Ethik als Grundprinzip?

Aber, liebe Gemeinde, da bin ich nun schon ein kleines Stück mit diesem Bibeltext gegangen. Da habe ich schon die kleine Differenz gespürt zwischen dem, wie ich lebe – gesichert, heimatlich, in vertrauten Banden – und dem ungesicherten Weg, auf den mich Jesus ruft. Ich will mich schnell noch umblicken, schon nach diesen wenigen Schritten will ich mich wie Lots Frau noch einmal umsehen nach der Stelle, von der mich das Wort Jesu weist. Ein Nest haben, das einen aufnimmt und wärmt, etwas Schönes! Ein Haus, eine Wohnung, eine Familie, Freunde. Einen Ort haben, an dem man sich beruhigt schlafen legen kann und nicht immer in sprungbereiter Wachheit auf die nächste Aufgabe oder Gefahr warten muss. Den Ort möchte ich achten, an dem ich lebe, und die Menschen, und mein Abschiednehmen soll haben die Struktur des Wiederkommens.

Meine Sehnsucht weist mich ständig zurück an den Ort, von dem her ich komme und an dem ich schon immer war.

Einen Ort haben, in dem mein Zuhause ist, in einem Beziehungsgeflecht leben, das einen schützt. Und gar keine Sehnsucht mehr nach vorne? Gar keine Visionen, Hoffnungen, Wünsche mehr, gar keine Perspektiven mehr, die meine Gegenwart aufreißen und auf eine Zukunft, die Gottes Zukunft sein könnte, hin öffnen können. Ich will Ihnen eines hier heute gestehen. Die Perspektiv- und Zukunftslosigkeit des Lebens, auch unserer Kirche und unserer Politik, erscheint dem Älterwerdenden als die größte Anfechtung und Gefahr, in der Menschen überhaupt leben können. Es gibt eine Sehnsucht, die ihren Traum schon hinter sich hat. Es gibt ein Leben, das eigentlich nichts mehr vor sich hat. Alle Liebessüße und Lebensganzheit liegt in der Vergangenheit, die wir in der Gegenwart zu bewahren suchen. Sich selber treu bleiben, das kann nur heißen, sich in einer großen Kontinuität zu sehen, die alles Negative aus der Erinnerung ausschließt und sich nur an das hält, was einem heute offensichtlich weiterhilft. Vergesst, was diese eure Vergangenheit Menschen angetan hat und heute noch mit Menschen tut. Was sie dem Leben vorenthalten hat, was sie an Leben korrumpiert und zerstört hat und zerstört. Vergesst die Opfer, dann hast du deine saubere Vergangenheit und Gegenwart, dann hast du deinen geretteten Traum von einer heilen Welt, in der man sich eigentlich nur, solange es eben geht, zu amüsieren braucht.

An dieser Stelle, liebe Gemeinde, wird mir mein ungeliebter Predigttext dann doch noch fast sympathisch. Wenn jemand zu mir kommt, sagt Jesus, und nicht zurücklässt Vater, Mutter, Frau, Kinder, Geschwister, sich selbst. Der kann nicht mein Jünger sein. Eine andere Sehnsucht steckt darin. Nicht die Sehnsucht nach einem Traum, der in der Vergangenheit liegt und in der lückenhaft wahrgenommenen Gegenwart. Es ist die Sehnsucht nach dem, was kommen soll und was schon angebrochen ist. Das Reich Gottes, in dem keiner mehr weinen wird. Das Reich Gottes, in dem keiner hungert. Das Reich Gottes, in dem keiner mehr die Beute des anderen ist. Das Reich Gottes, in dem Gott alles in allem ist. Aber warum trennt mich denn das Reich Gottes von dem Ort, von dem ich komme, und aus den Beziehungen, in denen ich bin?

Ich denke, die Erklärung ist ganz einfach. Jeder große Traum macht einen hungrig und unversöhnt mit seiner Gegenwart. Wenn die Sklaven nicht wissen, was Freiheit ist, leben sie leichter. Wenn die Frauen nicht wissen, was Emanzipation ist, geht es ihnen besser. Und den Männern natürlich auch. Dann ist ihr Los natürlich, und sie sind in der Entfremdung ein Stück zuhause. Wenn sie aber von der Freiheit gehört und ihre Bilder gesehen haben, dann wachsen sie auf und sehen sich um, und sie sind fremd im Land des geknechteten Lebens. Ich glaube, Adorno hat es gesagt: Wer Musik nicht kennt, dem fehlt etwas: Wer aber Musik kennt, dem fehlt noch mehr. Die großen Träume arbeiten am Ende der Bescheidenheit. Das Reich Gottes, die Vision vom ganzen und unzerstörbaren und befreiten Leben, das ist die Einführung in die Verachtung der Fleischtöpfe Ägyptens. Und das macht uns ein Stück fremd hier, ruhelos und ortlos. Die Türen an dem Haus, aus dem wir kommen, müssen aufgesprengt werden, weil wir einen großen Traum haben. Wir lernen, dass wir unsere Seele bewahren, wenn wir sie an den großen Traum verlieren. Wir lernen, dass nicht Kontinuität und Wiederholung unser Leben retten werden, sondern immer wieder auch radikaler Einschnitt, Abschied von diesem oder jenem, woran unser Herz hängt. Aufbruch zu neuen Ufern des Denkens und Fühlens, im Verhältnis zu allem, was uns umgibt, zur Erde, zum Menschen, zu Gott und zu mir selbst. Bekehrung nennt das unsere Tradition. Oder auch eben Nachfolge Jesu. Etwas seltener »Im schönsten Wiesengrunde« singen und etwas häufiger »We shall overcome some day«. Schon aufgebrochen aus den alten Orten, aber noch nicht angekommen in dem versprochenen Reich, eben unterwegs. Eine beschwerliche Schönheit, so dazwischen zu leben, eine Schönheit ohne Dach über dem Kopf.

So, liebe Gemeinde, das war nun mein Versuch, etwas von diesem Text Lukas 14 zu begreifen und an Sie weiterzugeben. Es wird weiter so sein, dass dies ein ungeliebter Bibeltext für mich bleibt. Es wird weiter so für mich sein, dass ich meinen Glauben, mein Christsein in meinen Beziehungen, an meinem Ort zu leben versuche. Aber wenn es diesen Bibeltext nicht gäbe, dann würde vielleicht mein Christsein sehr schnell absolut bürgerlich. Dann hätten schnell andere Dinge den Vorrang und nicht der große Traum, die große Sehnsucht, die Vision vom Reiche Gottes, die in der Person Jesu auf diese Welt gekommen ist. Wer davon nichts weiß, der kann in der Tat nicht sein Jünger sein, wie Jesus sagt. Diese Perspektive wollen wir uns nie nehmen lassen.

5. Sonntag nach Trinitatis – 16. Juli 1995

Taufe ist Zeitkehre

> 3 Oder wisst ihr nicht, dass alle, die wir auf Christus Jesus getauft sind, die sind in seinen Tod getauft? 4 So sind wir ja mit ihm begraben durch die Taufe in den Tod, damit, wie Christus auferweckt ist von den Toten durch die Herrlichkeit des Vaters, auch wir in einem neuen Leben wandeln. 5 Denn wenn wir mit ihm verbunden und ihm gleich geworden sind in seinem Tod, so werden wir ihm auch in der Auferstehung gleich sein. 6 Wir wissen ja, dass unser alter Mensch mit ihm gekreuzigt ist, damit der Leib der Sünde vernichtet werde, sodass wir hinfort der Sünde nicht dienen. 7 Denn wer gestorben ist, der ist frei geworden von der Sünde. 8 Sind wir aber mit Christus gestorben, so glauben wir, dass wir auch mit ihm leben werden. (Röm 6,3–8)

Liebe Gemeinde! In seinem faszinierenden Buch über Deutschland nach der Vereinigung hat der Erlanger Philosoph und Nietzsche-Spezialist Manfred Riedel von der »Zeitkehre« gesprochen. »Zeitkehre in Deutschland«, so heißt das Buch. Die Zeitkehre, das ist die Umdrehung des Geschehens am Grunde der Zeit. Eine Umkehr, eine radikale Veränderung aller Erfahrungen ist das. Die Zeitkehre, das ist die Einkehr in das Einmalige der Zeit, ein Ausstieg aus dem gleichmäßigen und gleichgültigen Verfließen unserer Tage. Nach dieser Zeitkehre ist alles anders geworden, als es vorher war, ein Abschied vom Alten und ein Hineintreten in ein Neues, für das man erst die Sprache langsam finden muss.

Als eine Zeitkehre beschreibt Paulus die Taufe im Leben des Menschen und des Christen. In der Taufe wird der Mensch der Einmaligkeit des Todes Christi gleichgestellt. Er stirbt mit Christus. Er nimmt teil an dem Tod des Mannes von Nazareth und an seinen Wirkungen. Damit geschicht auch in seinem Leben die Wende, für die das Kreuz Christi steht. Das ist das Absterben der Sünde auf der einen Seite und das Leben für Gott auf der anderen Seite. Er ist der Sündenmacht gestorben, nun gehört er Gott. Eine Zugehörigkeit ist das, die sein ganzes Leben beansprucht, umfasst, befreit. Die Taufe als ein Herrschaftswechsel: Der Sünde seid ihr gestorben und lebt nun Gott in Christus Jesus. Schwierige, grundlegende theologische Gedankengänge sind das, die Paulus vor der Gemeinde in Rom ausbreitet. Aber das ist sicher, als eine Zeitkehre will der Apostel die Taufe verstanden wissen, einen Eingriff in den Ablauf unserer Zeit, nach dem nichts mehr ist, wie es vordem war.

Nun wird man natürlich, liebe Gemeinde, sehr schnell fragen müssen, ob denn die Taufe als Ort und Manifestation der Zeitkehre in unserem Leben noch geeignet sei. Als Kinder sind die meisten von uns getauft, als Säuglinge gar. Das Datum ist bei manchen nicht einmal feststellbar, die Erinnerung an die Taufe ist geliehen. Die einzige Geschichte, die ich von meiner Taufe weiß, ist der Bericht über die Enttäuschung meiner Mutter, die der Meinung war, sich einen einmaligen Namen für mich ausgedacht zu haben, und erleben musste, dass der andere Täufling ebenfalls Hans Werner hieß. Aber auch wenn die eigene Anschauung fehlt, vielleicht sollte ich es als Hypothese gelten lassen, dass meine Taufe die Zeitkehre meines Lebens ist. Und wenn es so ist, dass das Leben aus Erinnerung besteht und aus der Durchdringung dessen, was wir schon erfahren haben und uns gegenwärtig widerfährt, dann wäre es vielleicht eine noch ausstehende Leistung eines reif gewordenen Glaubens, die Taufe in die Grunddaten meines Lebens einzubeziehen. Das Zurückkriechen zur Taufe, von dem Martin Luther immer wieder redet. Das Faktum, das ich getauft bin, als Dreh- und Angelpunkt nehmen für den Widerstand gegen die zerstörende Kraft des Bösen und zum Ausgangspunkt des neuen Lebens. Modern ausgedrückt eben: als Zeitkehre, die das Bewusstsein wie das Handeln ganz bestimmt.

Und das ist nun, liebe Gemeinde, das Erste, wenn ich anhand unseres Predigttextes diese Veränderung zu beschreiben versuche. Der Bibeltext aus Römer 6 ist übersät mit Verben des Trennens und des Zusammenfügens. »So sind wir mit Christus begraben durch die Taufe in den Tod«. »Dass unser alter Mensch mit ihm gekreuzigt ist«. »Sind wir aber mit Christus gestorben, so glauben wir, dass wir auch mit ihm leben werden«. Ein Mitsterben, ein Mitleben mit einem anderen, ein Mitbegrabenwerden mit Christus, damit wir auch mit ihm leben werden. In diesen Vollzug der Trennung von dem alten Sein, der Sünde und in den Vollzug des Zusammenfügens mit der neuen Wirklichkeit, mit Christus, in diese Zusammenhänge fügt sich die Taufe ein.

Anscheinend bedeutet schon diese Beobachtung eine Veränderung unserer Fragestellung. Die entscheidende Frage des modernen Bewusstseins ist doch die Suche nach der eigenen Identität. Wer bin ich? Was lässt sich über mich sagen, wo ist meine Mitte, mein Lebensskript, meine Perspektive und mein Ziel? Was ist der Mensch, und wenn ich das zu beantworten wüsste, dann wäre das meine je eigene Geschichte. Paulus aber variiert die Frage. Mit wem bin ich zusammen? Das wird entscheidend. Wozu, zu wem gehöre ich dazu? Die alte Lebensweisheit ist ja doch nicht von der Hand zu weisen: Sage mir, mit wem du umgehst, und ich sage dir, wer du bist. Sage mir, woran und an wen du glaubst, ich sage dir dann, wer du bist. Der Mensch ist kein isoliertes Wesen. Vom Du bestimmt sich seine Sprache. Jede Sprache beruht auf Konvention, basiert auf einer längst vor mir geschehene Übereinkunft, sonst könnten wir nicht miteinander reden. Du kannst dir nicht selber Gute Nacht sagen. Nicht nur die jungen Menschen leben mit Identitätsanleihen, wir alle sind bis ins Peinliche von dem bestimmt, was uns umgibt. Ich hab einmal die Gelegenheit gehabt, 100 Predigten von 100 Predigern, die in unserer Landeskirche an demselben Sonntag gehalten sind, zu analysieren und zu lesen. 100 Prediger, junge, alte, auf dem Lande, in der Stadt, konservative, progressive, lauter Individualitäten, so sollte man wohl meinen. Die Predigten waren sich ähnlicher, als ich je vermutet hätte. Tief dringt der Zeitgeist, die gegenwärtige Sprache des Glaubens und des Denkens in das eigene Bewusstsein ein. Wir sind vielmehr bestimmt von dem, wozu wir gehören, als davon, was wir je selber sind.

»So sind wir ja mit Christus begraben durch die Taufe in den Tod, damit, wie Christus auferweckt ist von den Toten durch die Herrlichkeit des Vaters, auch wir in einem neuen Leben wandeln«. Die Taufe als das Sakrament des Zusammenfügens, so hat Paulus das wohl gemeint. Hineingezogen werden in seine Geschichte, und dies, als sei dies alles heute, ganz gegenwärtig und ganz klar. Die großen Verheißungen werden über mir ausgesprochen. »Ich habe dich bei deinem Namen gerufen, du bist mein«. Ich werde nie mehr namenlos und verlassen sein. Ich werde mit der Wirklichkeit Gottes, mit seiner Offenbarung in Christus zusammengefügt, ja, zusammengeschweißt. Und ich denke, wer das Wort Gottes vergisst, das über ihm gesprochen ist, der fragt nicht mehr über sich hinaus. Hineingestellt werde ich in eine Wirklichkeit, in der von der Liebe und der Sehnsucht, von der Gerechtigkeit und vom Frieden die Rede ist, und dies wird mich niemals mehr zur Ruhe kommen lassen. Ja, in symbolhaften Handlungen wird diese Wirklichkeit an mir vollzogen. Ich habe eine Tauffeier vor Augen, wie ich sie vor einem Jahr in der russisch-orthodoxen Kathedrale in Ivanovo erlebte. 20 Säuglinge und 20 Erwachsene, und die Säuglinge schrien wie am Spieß; denn sie werden ganz untergetaucht, und die Erwachsenen steigen gesammelt und andächtig im Taufhemd in das Baptisterium. »So sind wir ja mit Christus durch die Taufe begraben in den Tod«. Und dann werden sie mit dem Gesicht zur Wand, werden in die Ecke gestellt: »Entsagst du dem Teufel …«. Und wenn sie sich umdrehen, dann ist da die Weite des Gottesraumes in das Licht der Kerzen, der Gesang. Das Sinnbild des neuen Lebens, in das ich eingefügt werde und das ich künftig bin. »Damit, wie Christus auferweckt ist von den Toten durch die Herrlichkeit des Vaters, auch wir in einem neuen Leben wandeln«.

Und dies nun, liebe Gemeinde, als Zweites und Letztes heute: eine kurze Erörterung dessen, was das wohl heißt, dass wir – durch die Taufe mit Christus mitbegraben – hinfort in einem neuen Leben wandeln. Auch hier interessiert Paulus offensichtlich nicht die Frage, wer ich bin und wer ich sein werde in einem neuen Leben, das aus der Kraft der Auferstehung kommt. Das neue Leben als das Leben der Heiligkeit, der sittlichen Veredelung und Vollkommenheit? Nein, auch hier geht es Paulus um die Frage: Wem gehöre ich und mit wem ist man zusammen?

Max Frisch hat in seinen Tagebüchern darauf hingewiesen, dass es zweierlei sei, in seinem Leben das Gute zu erwirken oder ein guter Mensch zu sein. Frisch meint sogar, das schließe sich gegenseitig aus. Die meisten Menschen wollten gerne ein guter Mensch werden oder sein. Niemand aber hat größere Freude daran, wenn wir gute

Menschen werden als der Böse. Zitat Max Frisch: »Wir retten dann die Welt nicht vor dem Teufel, sondern wir überlasen ihm die Welt, damit wir selber nicht des Teufels werden. Wir räumen einfach das Feld, um sittlich zu sein«.

»Damit, wie Christus auferweckt ist von den Toten durch die Herrlichkeit des Vaters, auch wir in einem neuen Leben wandeln«. Das neue Leben ist nicht das Leben der individuellen Heiligkeit und Sittlichkeit. Christus ist in diesem Sinne keine Heiliger gewesen. Ihn hat der besinnungslose Zorn gepackt, als er die Händler aus dem Tempel trieb. Er hat sich der Samaritanerin verweigert, als die ihn wegen ihres Kindes bat. Die Zweideutigkeit des Galgentodes hat er angenommen. Es ging ihm um das Reich Gottes, nicht um seine eigene Heiligkeit oder Sittlichkeit. Zusammengeschweißt in der Taufe mit ihm, das heißt dann doch: Wir können die Welt einfach nicht dem Teufel und dem Tod überlassen, der in Christus längst überwunden ist. Schmutzige Hände wird es da oft genug geben, Kampf und Auseinandersetzung, Zweideutigkeiten, Missverständnisse. Das Ideal des Christen ist doch nicht das Ideal des netten, unauffälligen, perfekten Menschen. Es ist das Bild der Frau, des Mannes, die für das neue Leben einstehen, für ein Klima der Entfeindung und Menschlichkeit, der Gerechtigkeit, der Solidarität. Weit sind wir von solchen Selbstverständlichkeiten immer noch entfernt. Der Kater, der uns in den Kirchen nach der Stasi-Debatte überfallen hat, zeigt, dass wir insgeheim noch immer nach der Unanfechtbarkeit des Heiligen schielen und diese uns als Erwartung unterschieben lassen und es nicht begreifen können, dass man sich im Einsatz für andere notwendigerweise die Hände dreckig machen muss.

Liebe Gemeinde, als eine Zeitkehre beschreibt Paulus das Geschehen, das mit der Taufe auch uns ergriffen hat. Das Alte ist vergangen, siehe, es ist alles neu geworden. Deshalb neu, weil wir mit ihm, dem Auferstandenen, zusammengefügt und auf ihn ausgerichtet sind. Es wird seine Zeit brauchen, bis wir das begreifen. Aber wir wollen in der Erinnerungsarbeit unseres Lebens das Faktum unsere Taufe nicht vergessen. Vielleicht ist es eben doch – wie Paulus meint – das Geschehen am Grunde der Zeit, die Umkehr, nach der alles Gott sei Dank nicht mehr so ist, wie es einmal war.

6. Sonntag nach Trinitatis – 26. Juli 1992

Von der Ethik des Lächelns

Liebe Gemeinde! Einen solchen Brief kann man nur aus dem Gefängnis schreiben. An einem uns unbekannten Ort ist Paulus in römischer Haft, und das ganze moralische Gewicht seiner Situation fließt hinein in diesen Brief an die Philipper. Ich gehe einmal davon aus, schreibt er, dass vieles an euch und an eurem Umgang miteinander zu loben ist. Dass bei euch Ermutigung und Tröstung in Christus da ist, dass keiner ungetröstet nach Hause geht. Dass Zuspruch aus Liebe da ist, Mitgefühl aus der Tiefe des Herzens, ja aus dem Bauch heraus da ist, Gemeinschaft des Geistes und wer weiß nicht, was alles noch. Aber nun tut mir noch einen Gefallen, nun macht meine Freude vollkommen. Eine ganz persönliche Motivation für diese Bitte, eine personenbezogene Begründung für das ethische Handeln der Gemeinde in Philippi wird herangeführt. So wie das neulich bei dem Aids-Gottesdienst in der Marktkirche war, als ein aidskranker junger Mann, der wahrscheinlich nicht mehr lange zu leben hat, sich wünschte, noch einmal einen großen Gottesdienst in unserer Kirche zu gestalten. Was hätten wir nicht alles für ihn getan! Handeln aus Rücksicht! Handeln, um jemandem, den man schätzt, einen Gefallen zu tun, handeln auch, um vor sich selbst zu bestehen, das ist nicht die schlechteste Begründung für unser Tun. Vier Wochen bin ich gerade in einem erzkatholischen Sanatorium zu einer Kur gewesen, und um nichts in der Welt hätte ich doch meine protestantische Kirche dort blamieren wollen. Das ging alles, ohne dass ich mich verleugnet hätte. Eine Ethik mit einem Lächeln ist das. Nicht der große Knüppel des himmlischen Imperativs oder der unbedingten Selbstbestimmung wird da geschwungen. Vielleicht sehe ich das in Paulus hinein, aber ich sehe ihn mit entspanntem Gesicht an die Philipper schreiben oder diesen Brief diktieren, manchmal sorgenvoll, aber noch häufiger leicht vor sich hin schmunzelnd. Macht meine Freude dadurch vollkommen, dass ihr eines Sinnes seid. Eine Ethik der Freiheit ist das. So wie es Octavio Paz, der mexikanische Schriftsteller einmal gesagt hat: »Jeder Mensch ist einmalig, und jeder Mensch ist viele Menschen, die er nicht kennt. Das Ich ist pluralistisch«. Viele Möglichkeiten des Handelns gibt es, und die eine musst du in Freiheit wählen und verfolgen. Von Cervantes hat Octavio Paz dies gelernt, dass die Kritik des Absoluten mit einem Lächeln anfängt. Und wo es um die Ethik der Freiheit geht, da ist – meine ich – die Geschichte der Freiheit in Christus nicht weit. So macht meine Freude doch noch vollkommen. Zwei Dinge, liebe Gemeinde, will ich herausgreifen, um die Paulus bittet. »Dass ihr eines Sinnes seid, gleiche Liebe habt, einmütig und einträchtig seid«. Das Wort »eines« spielt hier eine entscheidende Rolle. Aber die Eins ist nicht wichtiger als die Zwei. Das heißt, wenn diese Bitte unter die Rubrik des Absoluten gerät, wenn dies zur einzigen und allbeherrschenden ethischen Norm wird, dann wird alles falsch. Dann kommt ein Harmoniestreben heraus, dass alles glatt bügelt, oben lächeln und unten treten. Dann muss man gegen die Harmonie der Walzerseligkeit die Erkenntnis Arnold Schönbergs ins Feld führen, die von der »Würde der Dissonanz« redet.

Nein, zu dieser Ethik der Freiheit gehört die Ausgangssituation dazu. Und die ist in Philippi so, dass die Gemeindeglieder sich nicht in den Armen, sondern in den Haaren liegen. Die Auseinandersetzung, das sagt schon das Wort und das merkt man bei jedem Zerbrechen einer Ehe oder Freundschaft, die Auseinandersetzung verzerrt die Perspektiven. Das Kleine wird groß und das Große klein. Der Nahe wird zu Fremden hochstilisiert. Versucht es doch einmal anders, rät Paulus, du musst ja nicht gleich fürchten, dass der andere zum absoluten Sieger wird. Versuch doch bitte, die grundlegende

Einheit des Menschlichen, der Geschöpflichkeit des anderen, die Gottesebenbildlichkeit gerade bei ihm, bei ihr vorauszusetzen. Wie nach dem Doppelgebot der Liebe in der Übersetzung Bubers: Liebe deinen Nächsten, er ist wie du. Es ist immer die Gefahr, dem anderen das Vollmaß des Menschlichen – und sei es auch nur gefühlsmäßig – abzusprechen. Es ist vor allem dies gewesen, was mich beim Tod des jungen Kurden in Hannover vor 14 Tagen erschreckt hat. Der Gedanke: Vielleicht ist ein Ausländer eben doch nicht ganz so viel wert wie ein Deutscher, und die Pistole geht leichter los. Wie gesagt, ich unterstelle nicht eine bewusste Absicht, aber der Gedanken, so etwas könnte aus dem Unbewussten aufsteigen, erschreckt mich, weil solches auch bei mir dann nicht undenkbar wäre. Habt gleiche Liebe, schreibt der Apostel. Seid eines Sinnes.

Wie gesagt: Die Mahnung zur Einsicht ist keine absolute Norm, auch das Gegenteil kann entscheidend wichtig sei. Das Ziel ist eine gelingende Gemeinschaft, oder, wenn sie nicht gelingt, dass man mit den Narben leben lernt. Eben: Die Ethik der Moderne beginnt mit einem Lächeln der Freiheit. Das Lächeln ist kein Grinsen der Überlegenheit. Das Lächeln hat ein Gegenüber.

Es lächelt an. Es weiß um die Fehler, die einer macht, und dass sie manchmal nicht einfach aus der Welt zu schaffen sind. Mit Dissonanzen kann man nur leben, wenn der Grundton festgehalten wird. Seid eines Sinnes, einmütig und einträchtig.

Das andere, liebe Gemeinde, das Paulus in seinem Brief an die Philipper anspricht, scheint mir für uns fast noch wichtiger zu sein. »Tut nichts aus Eigennutz oder um eitler Ehre willen, sondern in Demut achte einer den anderen höher als sich selbst, und ein jeder sehe nicht auf das Seine, sondern auch auf das, was dem andern dient«. Wieder ist das so: Wenn ein solcher Rat als absolute Norm genommen wird, schlägt das ins genaue Gegenteil um. Allenfalls als Sehnsuchtsdenken des Paulus könnte man dies konstatieren, eine Idealität, die in der heutigen Wettbewerbsgesellschaft unmöglich geworden ist. Eine Gesellschaft ist das doch, die auf den Egoismus, nicht auf den Altruismus setzt. Den Eigennutz aus unserem Handeln zu eliminieren, wäre ein Rat von gestern.

Aber nehmen Sie es, liebe Gemeinde, nehmen Sie es anders. Nehmen Sie es als eine Bewegung der Freiheit, als eine Bitte mit einem

Lächeln, die um die Triebhaftigkeit des Narzissmus, die um die Wichtigkeit der Selbstbezogenheit wohl weiß. Aber gerade unter solchen Perspektiven begegnen einem Menschen mit einer ungewöhnlichen Aufmerksamkeit für andere. Carl Friedrich von Weizsäcker hat Pastor Fritz von Bodelschwingh, den »mittleren« Bodelschwingh, der für kurze Zeit Reichsbischof war und dem er durch seine Frau verwandtschaftlich verbunden war, so beschrieben. »Eine fast stille kindliche Neugier bei diesem scharfsinnigen Theologen, ein Gelten-Lassen des einmaligen Mitmenschen, der ihm jeweils begegnete. Das war tiefer als ein intellektuelles Verstehen, es war das einfach Dasein mit dem Anderen. Nun konnte man reden, erzählen, fragen, man konnte vorbringen, was man vorzubringen hatte, man durfte auch schweigen; man wusste, dass er die Worte und das Wortlose hörte und, wie man biblisch sagt, in seinem Herzen bewahrte«. So weit Weizsäcker über Fritz von Bodelschwingh.

Demut nennt Paulus diese Haltung. Demut ist das Gegenteil von Eitelkeit. Eine aktive Haltung ist die Demut, eine Kraft zur Aufmerksamkeit. Sich an den Ort stellen, an den der Mensch gehört: Unter Gott und neben die Menschen und die Dinge in der unendlichen Vielfalt ihres Seins. Jeder und jede von uns, denke ich, kennt viele eitle Menschen, die sich ständig nach vorne schieben. Und kennt auch einige demütige, die hören und die zur rechten Zeit reden können, in deren Nähe man sich wohlfühlt. Die die Wirklichkeit auch mit den Augen des anderen sehen können.

Vor zwei Jahren ist endlich, lang erwartet, der Briefwechsel von Dietrich Bonhoeffer mit seiner Braut Maria von Wedemeyer veröffentlich worden. Dietrich Bonhoeffer, das war der große Fixstern meiner Studienjahre, der mit seiner Vision der Kirche in einer heraufziehenden religionslosen Welt und mit seinem Märtyrertod im Dritten Reich uns das Christentum glaubwürdig gemacht hat. Jeder, der nach dem »Brautbriefen Zelle 92« griff, so vermute ich, hoffte noch Näheres über Bonhoeffers Denken in den letzten Monaten seines Lebens zu erfahren. Aber etwas Erstaunliches trat ein: Das Umwerfende an diesem Briefwechsel sind für mich nicht die Briefe Bonhoeffers, sondern die des jungen Mädchens. Die Maria von Wedemeyer, die 18 Jahre alt war, als der 37-jährige Bonhoeffer sie kennenlernte, die 19 war, als sie sich verlobten, und 20, als Bonhoeffer hingerichtet wurde. Mit der Phantasie ihrer Liebe hat sie ihm Briefe geschrieben, die ihm den Perspektivenwechsel aus der Düsterheit seiner Haft heraus möglich machten. So schreibt sie ihm kurz vor Pfingsten 1944 von den Blumen im Haus und um das Haus herum, dass man sie richtig riecht. Und vom Backen des Pfingstkuchens, dass man sich selbst fast ausschütten kann vor Lachen. »Ich habe heute den Kindern ein Märchen erzählt, schreibt sie, darin kam vor, dass zwei Menschen ihre Augen auswechselten, so dass sie mit dem einen noch ihre Umwelt sahen, während das andere mit dem anderen Menschen herumspazierte und dessen Erleben mit aufnahm. Gefällt Dir das nicht auch! Ich möchte Dir oft so gern ein Auge von mir leihen, damit Du alle Schönheit und Freude hier um mich sehen und miterleben kannst. Und ich würde Dir auch versprechen, meine anderes Auge zuzumachen, wenn Du nicht magst, dass ich in Deine Arbeiten schaue.« »In Demut achte einer den anderen höher als sich selbst, und ein jeder sehe nicht nur auf das Seine, sondern auch auf das, was dem anderen dient«.

Liebe Gemeinde! Eine Ethik mit einem Lächeln habe ich aus dem Brief des Paulus herausgehört. Keine großen Trommelstöße des Absoluten, eher das aufhelfende: Probiert es noch einmal. Vor allem dies: Macht doch meine Freude vollkommen. Und dabei ist mir eingefallen, dass manche Geschichten um Jesus im Neuen Testament so enden, dass Freude im Himmel ist über einen Sünder, der Buße tut. Gott freut sich über gelingendes Leben, und Gelingen im Sinne Jesu meint auch dies, dass das Misslingen ausgehalten und Gott anheimgegeben werden kann. So macht doch meine Freude vollkommen. Versuchen wir's doch immer wieder, den Grundton des Menschlichen festzuhalten und die Aufmerksamkeit auch für das andere Leben. Eben: Diese Ethik der Freiheit, die aus der Weite und Gelassenheit des Glaubens kommt.

7. Sonntag nach Trinitatis – 17. Juli 1994

Zeichen sind Grenzsteine

10 Und die Apostel kamen und erzählten Jesus, wie große Dinge sie getan hatten. Und er nahm sie zu sich, und er zog sich mit ihnen allen in die Stadt zurück, die heißt Bethsaida. 11 Als die Menge das merkte, zog sie ihm nach. Und er ließ sie zu sich und sprach zu ihnen vom Reich Gottes und machte gesund, die der Heilung bedurften. 12 Aber der Tag fing an, sich zu neigen. Da traten die Zwölf zu ihm und sprachen: Lass das Volk gehen, damit sie hingehen in die Dörfer und Höfe ringsum und Herberge und Essen finden, denn wir sind hier in der Wüste. 13 Er aber sprach zu ihnen: Gebt ihr ihnen zu essen. Sie sprachen: Wir haben nicht mehr als fünf Brote und zwei Fische, es sei denn, dass wir hingehen sollen und für alle diese Leute Essen kaufen. 14 Denn es waren etwa fünftausend Mann. Er sprach aber zu seinen Jüngern: Lasst sie sich setzen in Gruppen zu je fünfzig. Und sie taten das und ließen alle sich setzen. 16 Da nahm er die fünf Brote und zwei Fische und sah auf zum Himmel und dankte, brach sie und gab sie den Jüngern, damit sie dem Volk austeilten. 17 Und sie aßen und wurden alle satt; und es wurde aufgesammelt, was sie an Brocken übrig ließen, zwölf Körbe voll. (Lk 9,10–17)

Liebe Gemeinde! Eine leise, ganze leise Ironie steckt wohl in dieser Geschichte drin. Da hatte Jesus die 12 Jünger ausgesandt, hatte ihnen Macht gegeben, Krankheiten zu heilen, böse Geister auszutreiben, das Reich Gottes mit Vollmacht zu verkündigen. Nun kommen sie zurück und erzählen Jesus, wie große Dinge sie getan hätten. Ihre Erfolgsmeldungen liefern sie ab, und wer täte das – auch in der Kirche – nicht immer wieder gern. Aber dann sind eben diese 12 Jünger die ersten, die auf der Matte stehen, als der Abend anbricht und die Menschenmenge, die Jesus nachgefolgt ist, nichts mehr zu essen hat. »Schick sie nach Hause«, sagen sie. Nichts mehr an Erwartung auf irgendwelche

»großen Dinge«. Ja, die »großen Dinge« relativieren sich sehr rasch, besonders, wenn sie sich mit Jesus, mit seinem Tun und Denken konfrontieren lassen müssen. Im Blick auf das, was da geschieht, an jenem Abend in Bethsaida, im Blick auf jenes Wunder der Speisung der Fünftausend, da sind wir wohl alle ganz auf der Seite der Jünger. Ahnungslos, staunend, ratlos, wenig oder nichts begreifend.

Ja, liebe Gemeinde, der Eintritt in die Welt der Wunder. Auf der Grenze zwischen sichtbarer und unsichtbarer Welt, da steht das Wunder. So habe ich das in der Theologie gelernt. Das Wunder gehört nicht ganz in die unsichtbare Welt, so dass man ständig von unerhörten Mirakeln, von der Durchbrechung der Naturgesetze reden und handeln müsste. Dann würde das Wunder zu einer Anleitung für ein sacrificium intellectus, für ein Opfer des Verstandes. Nein, das ist es nicht. Aber es wäre ein genauso großer Fehlschluss, das Wunder ganz auf die Seite der sichtbaren Phänomene zu verbuchen. So, wie man es ein Jahrhundert lang im Zeitalter der Aufklärung versucht hat, die Wunder ganz natürlich zu erklären. Das beginnt dann damit, dass man anfängt, die fünf Brote auf fünftausend Menschen zu verteilen, mit einem Dreisatz kann man das machen. Ich bin in Mathematik eine absolute Null, ein Gramm pro Person kommt wohl dabei heraus. Das führt dann weiter zu der Annahme, da von einem Gramm doch wohl niemand satt werden kann, dass da doch einige verborgene Reservebrote im Spiel gewesen sein werden. Ach nein, das ist es nicht. Das Wunder gehört weder ganz auf die Seite der sichtbaren noch auf die Seite der unsichtbaren Welt. Ein Grenzphänomen ist das Wunder, ein Phänomen auf der Grenzlinie des Überschreitens. »Zeichen« hat Jesus selbst oft seine Wunder genannt. Ein Zeichen deutet auf etwas hin. Ein Zeichen ist wie ein Wegweiser. Ist ein Grenzstein, ein Zeichen ist ein Hinweis auf etwas, das in der unsichtbaren Welt, das in ihr dahinter, darüber und darunter ist. Die Doppelbödigkeit von Wirklichkeitserfahrung, eine Mehrdimensionalität ist ein Zeichen, ist im Wunder angesprochen. Es ist wie ein Gewebe, das sich nur dem Auge des Scharfsichtigen durch die gröbere Struktur der Welt hindurch abzeichnet. Und dies nicht in Permanenz, dies als Geschehen, als Widerfahrnis, als Ereignis. Eben: ein Wunder. Zum Überwältigtsein, zum Staunen und zur Freude.

So weit, so gut, werden Sie sagen. Aber nun kommt das Schwierigere. Versuch uns doch bitte, werden Sie sagen, diese Doppelstruktur, diese Mehrdimensionalität unserer Wirklichkeit an dieser Speisungsgeschichte, an diesem Speisungswunder aufzuzeigen. Nun gut, ich will es versuchen. Ich stehe da wieder ganz auf der Seite der Jünger, trete mit ihnen zusammen auf die Matte vor Jesus hin, sehe die Menschenmenge, vielleicht sind die Fünftausend ein wenig übertrieben so wie die Zahlen der Gottesdienstbesucher in Bödekers Tagebuch. Aber es sind unendlich viele, und es wird Abend und der eigene Magen knurrt. Vor dem Hintergrund dieses Wunders steht, denke ich, eine Angst, es ist die Angst, es wird nicht reichen. Jede Hausfrau kennt diese Angst. Wer wird nicht als Mann bei jeder größeren Einladung geholt (Sie merken, ich setze noch das traditionelle Rollenschema voraus), um zu begutachten, ob es wohl reicht. Es reicht fast immer, es ist fast immer viel zu viel. Aber das eine Mal, wo es nicht gereicht hat, das sitzt tief. Wenn man am Freitag oder Sonnabend die Menschen wahre Berge von Proviant aus den Lebensmittelmärkten nach Hause schleppen sieht, denkt man, sie wollten die ganze Nachbarschaft versorgen. Die Angst, es könnte nicht reichen, sitzt ungeheuer tief und hat es sicher mit der Selbstsicherung des Menschen, mit seinen Versuchen der Selbstabsicherung zu tun. Als könnten wir das alles selber schaffen. Als hätten wir nicht uns selbst und alles, was wir zum Leben brauchen, selbst empfangen. Als könnten wir für uns und auch für die, die wir uns nahekommen lassen wollen, bis ins Unendliche hinein sorgen.

Neulich ist es mir zum ersten Mal passiert, dass bei einer Einladung die Gastgeber sagten: »Wir haben nur zwei Flaschen Wein da«. Man stutzt ein wenig, denkt, nun ja, vielleicht keine Zeit gehabt, genügend einzukaufen. Trinkt ein wenig vorsichtiger. Findet es am Ende ganz vernünftig. Und es wurden alle satt. Ist nicht da, wo die Angst überwunden wird, dass es nicht reichen könnte, auf einmal ein viel weiterer Horizont da? Ein Hinweis, der gerade in der Begrenzung spürbar wird, dass wir vom anderen her, vom Gegebenen, vom Geschenkten leben?

An dieser Stelle, liebe Gemeinde, wird das Speisungswunder zum Zeichen. Zum Hinweis auf eine grundlegenden Dimension Ihres und meines Lebens. Verständlich wird mir auch, weshalb sich der christliche Glaube besonders stark in der Mahlgemeinschaft, in Eucharistie und Agape, im Empfangen und Teilen von Brot und Wein beim Abendmahl sich auszusprechen vermag. Da lagert sich die Menge, zu fünfzig und fünfzig, in Gruppen zusammengefasst, in der Wüste bei Bethsaida. Sie sind gekommen, Jesu Wort zu hören und seine Hand zu spüren. Und dann nimmt er Brot und den Fisch, sie schauen alle auf ihn, er dankt Gott und gibt. Teilt aus. Genau das ist es, was Johannes nach einem ähnlichen Speisungswunder in Johannes 6 in das Wort Jesu zusammenfasst. »Ich bin das Brot des Lebens«. Gott ist Brot. Christus ist Brot. Ist die Kraft des Lebens, die wieder aufbaut nach Er-schöpfung und Müdigkeit. Handfest, sozusagen beißbar. Nicht nur etwas für die Seele. Körper, ja, Leib und Seele umgreifend ist dieses Wunder, dieses Zeichen. Und das Gewebe wird sichtbar, das alles zusammenhält, unsichtbar, aber wirksam. Wir leben vom Geschenkten, bis tief ins Materielle und Dingliche hinein. Und jedes Tischgebet verwandelt den Verzehr von Materiellem hinein in eine Beziehung. Öffnet unsere Wirklichkeit zu dem hin, in dem sie ruht, nein, zu dem hin, der sich ihr gibt. Gott ist der, der sich austeilt und den wir, in welcher Gestalt auch immer, empfangen können.

Ja, liebe Gemeinde, das Wunder als ein Zeichen, als ein Grenzphänomen in das Sichtbare hinein. Eine zweite und letzte Beobachtung ist mir an dieser Speisungsgeschichte aus Lukas 9 noch wichtig. Die große Menge. Das Sich-Lagern zu fünfzig und fünfzig. Das Brot, das Gott ist, das Jesus Christus ist, das geht aufs Ganze. Das gilt für alle. Dieses Brot ist keine Einzelspeisung, keine Sonderspeisung, und das »für dich gegeben« wird auch dem Bruder und der Schwester nebenan gesagt. Der ungeheure Individualisierungsschub, der die Neuzeit ergriffen hat, hat uns trotz aller Medien, die die Welt umspannen, das Gefühl für die Zusammengehörigkeit mit allen nahezu vergessen lassen. Denn sonst wäre es ja kaum zu erklären, dass ein Drittel der Welt im Überfluss lebt und zwei Drittel der Weltbevölkerung darben oder gar verhungern.

Die Botschaft des Jesus Christus wagt es, von Gott her in einer Zeit der weitgehenden Utopieverdächtigung diese Utopie in die Welt zu setzen. Da ist eine Riesenmenge, kaum zu zählen ist sie, vielleicht Fünftausend. Und sie werden alle satt. Dass Gott sich austeilt, dass Gott sich gibt, das ist nicht zu privatisieren. Die Bitte »Unser täg-

liches Brot gib uns heute« ist nicht heimlich umzudefinieren in ein
»Es ist genug, wenn ich es habe«.

Der russische Religionsphilosoph Solowjow hat gesagt »Das Brot,
das ich esse, ist ein materielles Problem. Das Brot, das meinem Nachbarn fehlt, ist ein spirituelles Problem.« Der Gott, der das Brot ist,
der ist geteiltes Brot. Und so stehen neben uns im Abendmahl all
die Schwestern und Brüder, die nicht da sind und die wir nicht kennen, aber um deren bedrohte Existenz wir wissen. Die Erde hat auch
heute noch Brot genug für alle ihre Kinder. Essen als das Grund-
recht des Lebens, das Gott gibt. Das ist einer der Horizonte, der
sich über diese Szene am Abend bei Bethsaida auftut. Und »Brot
für die Welt«, das ist nicht nur ein Slogan, der Herzen erweicht, das
ist ein Kampfruf der Kirche, die die Person und das Handeln Jesu
zu begreifen sucht.

»Wir haben nicht mehr als fünf Brote und zwei Fische«, sagen
die Jünger. Und ein anderer Evangelist ergänzt den so sehr verständ-
lichen Satz »Was ist das für so viele?« Eine wunderbare Geschichte
im wahrsten Sinne des Wortes ist das, diese Speisung der Fünftausend, und man könnte noch lange darüber nachdenken und
davon reden. Aber am Ende ist es doch auch eine ganz einfache,
eine unmittelbar einleuchtende Geschichte. Der Anfang des Wunders ist das Erbarmen, hat jemand gesagt. Unser Leben ist ein Wunder, wenn wir's begreifen. Und die Liebe ist ein Wunder, die Liebe,
die wir empfangen und die wir weitergeben können. Und dass Gott
sich dieser Welt erbarmt, dass er sich austeilt, dass er Brot ist und
Leben schafft, das ist das eigentliche Wunder, das als Gewebe diese
Welt zusammenhält. Dass wir dieses wunderbare Erbarmen in unserer Reichweite weitergeben, wie sollte sich das nicht ganz von selbst
verstehen.

7. Sonntag nach Trinitatis – 30. Juli 1995

Sehnsucht nach Vertrauen

1 Dies ist's, was Jesaja, der Sohn des Amoz, geschaut hat über Juda und Jerusalem: 2 Es wird zur letzten Zeit der Berg, da des HERRN Haus ist, fest stehen, höher als alle Berge und über alle Hügel erhaben, und alle Heiden werden herzulaufen, 3 und viele Völker werden hingehen und sagen: Kommt, lasst uns auf den Berg des HERRN gehen, zum Hause des Gottes Jakobs, dass er uns lehre seine Wege und wir wandeln auf seinen Steigen! Denn von Zion wird Weisung ausgehen und des HERRN Wort von Jerusalem. 4 Und er wird richten unter den Heiden und zurechtweisen viele Völker. Da werden sie ihre Schwerter zu Pflugscharen und ihre Spieße zu Sicheln machen. Denn es wird kein Volk wider das andere das Schwert erheben, und sie werden hinfort nicht mehr lernen, Krieg zu führen. 5 Kommt nun, ihr vom Hause Jakob, lasst uns wandeln im Licht des HERRN! (Jes 2,1–5)

Liebe Gemeinde! »Und sie werden hinfort nicht mehr lernen, Krieg zu führen«! Dieses Bibelwort bleibt vermutlich in ihrem und meinem Gedächtnis hängen, 10 Tage nach den Anschlägen von London, mitten in den täglichen Nachrichten von Blutbädern und Kindermorden aus dem Irak und Palästina. Aus unerschöpfbaren Quellen scheint die Gewaltbereitschaft der Menschen zu kommen. Die eindrucksvolle Ausstellung von Hiltrud Schäfer aus Osnabrück, die wir für einige Zeit in der Marktkirche haben, greift gerade dieses Thema in umfassender Weise immer wieder auf und führt es weiter. Der Satz aus dem Tao-te-King, dem Hauptwerk des chinesischen Taoismus aus dem 4. vorchristlichen Jahrhundert, ist mir in diesen Tagen wieder in den Sinn gekommen. »Wer sich freut, Menschen zu töten, kann sein Ziel in der Welt nicht erreichen«. Die Berichterstatter und Kommentatoren versuchen, die Abgründe des Menschlichen und der politischen und religiösen Hintergründe aufzudecken, die die Bereitschaft wecken, sich selbst und andere zu zerstören. Es ist wichtig, Licht in die Dunkelheiten zu bringen, damit sie uns nicht unerkannt überwältigen und alle und alles in den Untergang des Menschlichen hineinziehen.

Der Predigttext dieses Sonntags aus dem 2. Kapitel des Jesaja, der in Micha 4 in ähnlicher Weis noch einmal auftaucht, geht einen anderen Weg. Gegenbilder gegen die Orgien der Gewalt, die in allen Zeiten immer wieder triumphiert hat: Gegenbilder baut er auf. Bilder vom Friedensreich Gottes stellt dieses herrliche Bibelwort vor unsere Augen. Malt sie in dem großen Bild eines idealen Jerusalem, zu dem am Ende der Tage die Völker pilgern werden, um Gottes Weisung, nein, um Gottes unmittelbare Wirklichkeit zu erleben. Da, wo Gottes Gegenwart unübersehbar wird, am Ende der Zeit, werden Schwerter zu Pflugscharen und Spieße zu Sicheln gemacht. Da hört man auf, das Kriegshandwerk zu lernen, da weiß man nicht mehr, wie man Kriege führt. Keine unmittelbaren politischen Handlungsanweisungen sind das, das muss man in den Zeiten der Terrorismusbekämpfung sicherlich betonen. Aber es sind auch keine wirkungslosen Träumereien, von geknechteten Menschen ins Blaue hineinfabuliert. »Schwerter zu Pflugscharen« war das Motto der Friedensbewegung in der DDR, und die hat, neben manchen anderen Einflüssen, immerhin ein ganzes autoritäres und menschenverachtendes Regime ins Wanken und zum Einsturz gebracht. Wo wir diese Gegenbilder, diese Wahrheit Gottes tief in unsere Seele, auch in unser politisches Handeln hineinnehmen, da wird sich das Gesicht der Erde verändern. Davon bin ich restlos überzeugt. Was geschieht also bei uns Menschen, bei Ihnen und bei mir, wenn wir von dem Geist Gottes, von seiner Gegenwart auf dem hohen Berg ganz und gar ergriffen werden?

Ich habe am vergangenen Montag im Arbeitszimmer eines großen jüdischen Gelehrten gestanden. Ich habe ihn immer an erster Stelle genannt, wenn man mich fragte, wen ich in meinem Leben gerne noch kennengelernt hätte. Martin Buber hat 22 Jahre lang in jenem Haus in Heppenheim an der Bergstraße gelebt, bis ihn die Nazis 1938 aus Deutschland trieben. In diesem Arbeitszimmer sind alle diese Gedanken gedacht worden, die er damals und später in

Vorträgen und Büchern mitgeteilt hat und die ein Teil meines Denkens und Weltverstehens geworden sind. Das alles ging mir in jener halben Stunde durch den Kopf. Ich sah mich 1953 bei der Übertragung von Bubers Rede bei der Verleihung des Friedenspreises des deutschen Buchhandels fasziniert vor dem Radio sitzen. Die Sätze von der »Wortlosigkeit des Einander Umbringens« fielen ganz tief in mich hinein. Aus Jerusalem kam Martin Buber damals, und Buber ist für mich immer eine der Verkörperungen jener Stadt Gottes gewesen, von der Jesaja redet.

Das Wesen des Menschen, das Geheimnis des guten Miteinanders der Menschheit liegt in der Sprache, hat Buber damals uns immer wieder gesagt. Durch Gottes Wort ist die Welt und ist der Mensch erschaffen, und Gottes Weisung zieht die Völker in Scharen am Ende der Tage zu jenem hohen Berg, nach Jerusalem hin. Gottes Weisung. Das ist nicht das Gesetz, das Lasten auferlegt. Gottes Weisung. Das ist nicht das Antreten zum letzten Appell, bei dem alles auf den Vordermann hin ausgerichtet wird. Gottes Weisung ist das Wort zum Leben. Das mich sieht und das mich meint. Das Wort ist es, das mich zu einer einmaligen Person macht, das mich den anderen, die anderen als ein besonderes Gegenüber sehen und verstehen lässt. Das Gerede und das Geschwätz, das mag auf den Partys Kontakte schließen. Aber das Wort, zu dem die Völker pilgern, das will mein Ohr und mein Herz, will das Ohr und das Herz des anderen finden. Das Wort, das zum Wesen des Menschlichen gehört, verbindet mich mit allen Kreaturen. Wo wir das Ohr des anderen nicht mehr finden, kein Ohr mehr haben für ihn, keine gemeinsame Sprache mehr finden, da ist die Krise des Zusammenleben da. Auch im persönlichen Bereich, in der Ehe, unter Eltern und Kindern, Freundinnen und Freunden ist das so. Wo wir keine gemeinsame Sprache mehr sprechen, da ist der Abgrund da, über den es keine Brücken mehr zu geben scheint. Wo wir uns über die strittigen Gegenstände nicht mehr verständigen können, wo wir miteinander der Sprache entfliehen, wie Martin Buber es einmal gesagt hat, da beginnt der Krieg.

»Es wird zur letzten Zeit der Berg, da des Herrn Haus ist, fest stehen«. Und die Heiden und die Völker werden kommen und sagen: »Kommt, lasst uns auf den Berg des Herrn gehen«. Das Wort, mit dem Menschen leben können, das Friedensreich, das Gott schafft, vor Augen und im Herzen. Das könnte doch die Perspektive sein, die dem Leben auf dieser Erde eine Zukunft und die der Sprache, die den anderen findet, Wort und Stimme gibt. Wie sieht die Veränderung unter uns aus, die anzeigt, dass das alles nicht nur Rederei und Vertröstung, sondern erfahrbar ist? Lassen Sie es mich zunächst ganz abstrakt und kopfig sagen: Das große Bild von der Völkerwallfahrt zur Wahrheit Gottes verlangt den Wechsel von einem »geschlossenen« zu einem »offenen« System.

In einem geschlossenen System haben wir die Wahrheit in der Tasche. In einem geschlossenen System weiß ich, wer der Freund und wer der Feind ist. In einem geschlossenen System kann ich die Wahrheit, die meine Wahrheit und die meiner Bundesgenossen ist, auch herbei zu bomben suchen. Die Opfer der Gegenwart zählen nicht, weil wir mit der Wahrheit auch die Zukunft in der Tasche haben. Mag dahinter auch nur die Angst stecken und die Isolierung des eigenen Lagers. Der energetische Überdruck eines geschlossenen Systems reicht von der wahllosen Vernichtung anderer in jeder Form bis hin zur Selbstzerstörung.

Das offene System, das ist ein Weg. Es ist ein Leben, das unterwegs ist, unterwegs zu einem hohen Berg, auf dem die Wahrheit zu Hause ist. Ich weiß auch, oder ich meine es zu wissen, wer die Wahrheit ist und wie sie zu finden ist. Aber ich weiß auch, dass mein Leben viel zu kurz ist, um in ihren ganzen und vollen Besitz jemals zu gelangen. Das offene System macht den Versuch, wenigstens im Ansatz, in Kontakt zu bleiben mit allen Menschen, die auf dieser Erde leben. Die Franzosen haben ein wunderbares Wort für diese Geistes- und Lebenshaltung. »Le désire de l'autre« sagen sie. Die Sehnsucht nach dem anderen, die Leidenschaft für den anderen. Weil doch der andere das Bild meines heimlichen Wesens ist und ich erst durch die andere, durch den anderen erfahre, wer ich eigentlich bin. Meine Identität liegt in der Sehnsucht, sage ich gerne, und unterwegs sind wir in diesem Leben auf den anderen zu und auf Gott hin. Ich bin doch keineswegs am Ziel, der ich einer der unendlichen Gedanken Gottes bin und werden kann. »Nicht, dass ich's schon ergriffen habe oder schon vollkommen bin«, wird Paulus einige Jahrhunderte nach Jesaja sagen. »Ich jage ihm aber nach, ob ich's wohl ergreifen könnte, weil ich von Christus ergriffen bin«.

Unterwegs sind wir, so sieht es der Prophet, in eine Zukunft, die nicht den Krieg aller gegen alle, die nicht der Sieg der einen über die anderen, sondern die die Gegenwart des Gottesfriedens als Ziel der Geschichte glaubt und weiß.

Wenn man unter dieser Perspektive die Weltgeschichte von heute im Großen wie im Kleinen durchgeht, dann hat man dabei eigentlich nicht allzu viel in der Hand. Eigentlich bleiben nur der Glaube und das Vertrauen. Beides scheint auf unsicherem Boden zu stehen. Ich denke, was wir in dieser Zeit am stärksten und am gravierendsten erleben, ist eine tiefe Krise des Vertrauens. Deshalb ist die Sehnsucht nach Menschen so groß, denen man vertrauen kann. Die einen trauen den anderen nicht zu, das sie in deren Weltbild noch einen Platz und eine Lebensberechtigung haben. Dabei weiß im Grunde jeder, dass ein dauerhafter Friede zwischen den Einzelnen wie zwischen den Völkern nur möglich ist, wenn Vertrauen herrscht. Jede Ausbeutungsmentalität, jeder rücksichtslose Egozentrismus zerstört Vertrauen. Aber ich meine nicht nur das Vertrauen in dieses oder jenes, ich rede vom Vertrauen schlechthin. Vertrauen in das Sein, in die Güte des Seins meine ich. Vertrauen in die Schönheit der Welt und das Wunder des Lebens meine ich, das man nicht antasten und verschleudern darf. Dass das alles mit dem Vertrauen in Gott zusammenhängt, brauche ich nicht extra zu betonen. Und die Vertrauensfrage wird zur alleinigen kritischen Frage werden, wenn Sie und ich eines Tages sterben. Ob wir diese Welt verlassen, uns dahingeben können in der Zuversicht, dass uns eine andere Macht, das uns Gott in Ewigkeit hält und trägt.

Vertrauen als Diagnose und Therapie der Zeit? Ja, ja, ich weiß, Vertrauen kann man nicht machen. Es sind viele unter uns, denen in der Kindheit dieses Urvertrauen nicht mitgegeben worden ist, denen Eltern und besondere Umstände viele Ängste, Verlustängste vor allem, in die Seele eingesenkt haben. Nein, Vertrauen kann man nicht machen. Aber Vertrauen kann wachsen. Schulen des Vertrauens gibt es. Und sind nicht die Kirche und der Gottesdienst eine einzige Schule des Vertrauens? Da komme ich in den Gottesdienst, vielleicht mit persönlichen und anderen Sorgen, und entdecke, dass ich auf einmal anstimme. »Du, meine Seele singe«. »Geh aus mein Herz und suche Freud«. Die Seele weitet sich. Das Hören, das sorgsame Achten lerne ich einmal wieder. Vielleicht ist es ein Satz nur aus einem Gebet oder der Predigt, aber dieses Wort geht mit mir durch den Tag. Da stehen wir beim Abendmahl um den Altar herum. Ich schaue alle an. So viele verschiedene Menschen, und jeder und jede ein ganz besonderer Gedanke Gottes. Vielleicht ein kleines Abbild der Menschheit sind wir, jeder empfängt das Gleiche, empfängt Vergebung und Mut zum Leben. Und miteinander sind wir unterwegs, hin zu dem großen Berg Gottes, zu der Wahrheit, die das Leben trägt.

Und es wird sein zur letzten Zeit. Die letzte Zeit, das ist die Zeit, die immer vor uns liegt als die Wahrheit unseres Lebens. Es ist die Zeit, in der Gott die Welt verwandeln will in eine Welt des Vertrauens und der Liebe. Und nun also: Was verkrampfst du dich, verschließt dich in dir selbst und vor dem anderen? Der offene Horizont ist da, ein weiter Raum zum Leben für dich und alle. Geh also deinen Weg mit Klarheit und Gewissheit. Ziehe deine Straße im Lichte Gottes. Geh!

8. Sonntag nach Trinitatis – 17. Juli 2005

Vom Weinen

Liebe Gemeinde! Der 10. Sonntag nach Trinitatis ist nach der alten Tradition der Kirche dem Verhältnis Kirche-Israel gewidmet, und das Evangelium aus Lukas 19 gehört dazu. Vor allem der erste Teil dieser Doppelgeschichte, auf den ich mich in meiner Predigt auch beschränken werde. Man ahnt, aus welchem Überlegenheitsgefühl der Kirche über Israel diese Zuordnung entstanden ist. Jesus weint über Jerusalem, weil er das Gericht heraufziehen sieht, das wegen der Verstockung des jüdischen Volkes und der Ablehnung seiner Botschaft über diese Stadt kommen wird. Im Hintergrund steht die Zerstörung Jerusalems im Jahre 70 nach Christus durch die Römer, bei der kein Stein auf dem anderen blieb. Dies war dann auch der Beginn des großen Exils, der Zerstreuung des jüdischen Volkes unter die Völker der Erde. Bis sich in unseren Tagen der Staat Israel wieder gebildet hat. Das Unbehagen ist riesengroß. Sie werden es genauso spüren wie ich, eine solche Theologie nachzuvollziehen nach den Auswirkungen, die diese Theologie über die Jahrhunderte hinweg und besonders dann auch in diesem Jahrhundert, zu den Lebzeiten von vielen von uns gezeitigt hat. Aber ich will diesem Unbehagen auch nicht ausweichen, diesen Text, dessen theologische Aussage an den Trümmern Jerusalems haftet, nur aus den Trümmern unserer eigenen Geschichte zu sich sprechen lassen. Ich will es anders sagen: Man kann dieses Gerichtswort über das jüdische Volk nur verstehen, indem man selbst ein Jude wird.

Und so beginne ich meine Predigt mit einer jüdischen Geschichte, die mich ganz stark innerlich berührt und in der ich seit einigen Jahren ganz zu Hause bin. Es ist eine Episode aus dem Film »Die Kommissarin« des russischen Regisseurs Alexander Askoldov, der bei uns an der Marktkirche in einem Forum vor einem halben Jahr zu Gast war und den einige von Ihnen dabei auch persönlich kennengelernt haben. Da ist die ukrainische Kleinstadt in dem russischen Bürgerkrieg nach der Revolution zwischen den Roten und den Weißen um das Jahr 1920 herum. Und da ist die hochschwangere Kommissarin, die von ihrer Truppe bei einer jüdischen Familie einquartiert wird, um ihr Kind zur Welt zu bringen. Der Blechschmied Jefim und seine bildhübsche Frau Marija, die sechs Kinder und die Großmutter. Ja, das ist eine eigene jüdische Welt. Eine chassidische Frömmigkeit ist das fast, Jefim begrüßt die aufgehende Sonne mit einem verzückten Lied und einem lächelnden Tanz. Die Großmutter murmelt ständig jiddische Gebete. Am Abend, und die Episode meine ich vor allem, kniet sich Jefim nieder und wäscht seiner Marija die Füße. Die Geschichte von der Fußwaschung Jesu legt sich dabei so unheimlich nahe. Liebevoll streichelt er die Füße und Beine seiner Frau und sagt ihr, dass er sie liebt. Und sie, die tapfere, mutige Marija, die Maria, die Urfrau, für die es keine Frage war, dass die Kommissarin trotz des drohenden Einzugs der weißen Truppen bei ihnen bleiben kann. Marija bekennt ihm, dass sie Angst hat. Und dann weinen die beiden ein bisschen. In der Nacht, als die Kanoneneinschläge näher rücken und das Haus zittert, da schreien und weinen die Kinder. Und Jefim erzählt ihnen eine Geschichte und führt einen Tanz durch das ganze

Haus an, so dass sie wieder still und fröhlich werden. In einer Vision ist der Gang der ganzen Familie mit allen Juden des Städtchens unter dem Spiel der Geige in das Konzentrationslager vorausgeschaut. Sein Leben verlaufe zwischen sich verstecken und andere beerdigen, klagt Jefim. »Und wer wird etwas sagen, wenn es mich morgen nicht mehr gibt, Jefim Magasanik?« »Gott wird's rausschreien«, sagt die Großmutter in der Ecke. Es ist wie ein stilles Weinen über diesen ganzen Film und das berührt ganz tief, und es hilft vielleicht sogar weiter.

»Und als Jesus nahe hinzukam, sah er die Stadt und weinte über sie«.

Wann und wo weinen wir eigentlich? Wir weinen, wenn wir ganz dicht an einer Sache oder an einem Menschen sind. Wir weinen, wenn wir lieben und es auf irgendeine Weise für längere oder kürzere Zeit nicht so weitergeht. Jemand, dessen Herz kalt und unberührt ist, der wird nicht weinen. Geweint wird auf den Bahnsteigen, wenn ich von einem mir lieben Menschen auf eine längere Zeit mich trennen muss. Geweint wird an den Gräbern, wenn ich mich von einem lieben Menschen – jedenfalls in der Leiblichkeit und Geistigkeit des täglichen Umgangs – endgültig trennen muss. Geweint wird in den Beratungszimmern, wenn sich etwas in meinem Leben radikal verändert. Sicher gibt es auch das Weinen des Protestes und des Trotzes, mit dem ich etwas erreichen will. So oder so: Ich werde weinen, wenn mich etwas in meiner Existenz erschüttert. Werner Heiduczek hat ein wunderschönes Märchen »Das verschenkte Weinen« geschrieben, in dem er deutlich macht, dass der Mensch nicht mehr Mensch ist, wenn er sein Weinen weggibt. Bei mir als Mann, dem als Kind beigebracht worden ist, dass ein Junge nicht weint, wird es häufiger ein stilles Weinen sein als das laute sichtbare. Aber ich werde weinen, wo ich liebe und irgendetwas dabei anders wird. »Als Jesus nahe hinzukam«.

Im Weinen steckt das Gefühl von Ohnmacht. Das ist das andere. Wahrscheinlich fällt es uns als Frauen und Männer, die seinen Namen tragen, so schwer, den weinenden Christus zu sehen und anzunehmen, weil dieses Element der Ohnmacht in dem Weinen steckt. Er predigte und handelte mit Vollmacht und nicht wie die Schriftgelehrten, das können wir viel leichter akzeptieren. Aber Jesus hat in Gethsemane geweint. In seiner Klage, dass die Menschen hilflos sind wie eine Herde ohne Hirte, da steckt ein stilles Weinen darin. Vielleicht oder sicherlich hat er auch am Kreuz geweint. In jedem Weinen steckt das Gefühl, dass es nicht weitergeht. Meine Hilflosigkeit tritt aus der Unsichtbarkeit heraus, und eine leise, oft vielleicht gar nicht bewusste Bitte um Hilfe steckt manchmal auch darin.

Aber – und das ist die dritte Beobachtung, die ich an dem Weinen Jesu und an dem Weinen von uns Menschen überhaupt mache und weitergeben möchte. Im Weinen liegt der Anfang der Erlösung. Im Weinen steckt ein weiterführendes Element. Bei den Beerdigungen bete ich gerne mit den Angehörigen: »Gott, gib uns allen, die wir sie geliebt haben, den Mut und die Kraft zu weinen, damit wir nicht an unserer Traurigkeit ersticken«. Das spürt man doch sofort: Wenn einer, wenn eine erst weint, wenn sie oder er aufbricht aus seiner Erstarrung, wenn die Erstarrung aufbricht, dann ist schon vieles gewonnen. Weinen schafft und erwartet Solidarität, eine Weinende kann ich in den Arm nehmen, einen Weinenden kann ich trösten. Weinen ist sichtbarer Ausdruck einer unaufhebbaren Solidarität und Nähe zu dem, um den man weint. Im Weinen geht es immer um eine Beziehung, die zu zerbrechen droht oder die zerbricht, aber gerade darum bin ich auch und gerade an der Seite dessen, um den ich weine. Jesus ist nie so sehr Jude wie dort, wo er über Jerusalem weint. Jesus steht nie so sehr in der Mitte seines Volkes wie dort, wo er seinen Untergang beklagt. Und es kommt wohl nicht von ungefähr, dass die Geschichte von der Tempelreinigung Jesu gerade hier sich anhängt, dass er aus der Solidarität mit seinem Volk die Kraft gewinnt, für die Reinheit des Tempelgottesdienstes Sorge zu tragen. Und vielleicht kann man von hier aus, von dieser Einsicht her den Unverstand erahnen, der aus dem Weinen Jesu über den Untergang Jerusalems und über den Untergang seines Volkes ein Gerichts- und Verdammungsurteil aus riesiger Distanz über Israel werden lässt.

Nein, wir werden hier nicht nur umdenken, wir werden auch neu versuchen müssen, unsere tiefen Gemeinsamkeiten zu sehen und unsere Nähe zu erfühlen. Was wäre es wohl gewesen, frage ich mich manchmal, wenn in jener Reichspogromnacht des 9. November 1938 bei dem Brand der wunderbaren neuromanischen Synagoge des Edwin Oppler in der Neustädter Bergstraße in der Nacht und am nächsten Morgen die Christen dieser Stadt nicht nur stumm dagestanden hätten, wie man auf den Bildern sehen kann, mit Gesichtern, denen man nicht ansehen konnte, was die Menschen fühlten oder dachten. Vielleicht fühlten und dachten sie ja auch wenig. Was wäre gewesen, wenn die Christen Hannovers geweint hätten, als die 6.000–8.000 Jüdinnen und Juden erst im Sammellager eingepfercht und dann in Rudeln in Güterwagen verladen wurden? Im Weinen wohnt eine subversive Kraft, vor der sich die Mächtigen fürchten. Die Trauer und das Weinen gerade der jungen Israelis bei dem Mord an Ministerpräsident Rabin ist doch gerade deshalb so hoffnungsvoll gewesen, weil man spürte, mit dem Tod dieses unglaublich einsichtsvollen und wandlungsfähigen Mannes ist der Friedensprozess in Israel nicht zu Ende, auch wenn man im Augenblick so wenig davon spürt. Und wenn ein gemeinsames Weinen zwischen Juden und Arabern um die Mordopfer der letzten Tage in Jerusalem möglich wäre, was hätte das nicht für eine unglaubliche Bedeutung. Und wenn wir in Hannover in den letzten Monaten immer wieder erleben, wie sich die beiden jüdischen Gemeinden gegenseitig das Leben schwer machen, dann wollen wir uns nicht darüber erheben, sondern dem Schmerz in uns Raum geben und zum Guten reden, wo immer dies möglich ist.

»Und als Jesus nahe hinzukam, sah er die Stadt Jerusalem und weinte über sie und sprach: Wenn doch auch du erkenntest zu dieser Zeit, was zum Frieden dient«. So einfach und menschlich handelt und redet Jesus hier, und dazu ist er ja doch auch gekommen, dass eine menschliche Welt Platz gewinnt unter uns. In der sich nicht ein Glaube über den anderen und nicht eine Religion über die andere erhebt, sondern wo wir uns in unserer Nähe ganz tief erkennen. Erkennen, was dem Frieden dient, das werden wir nur miteinander. Eine Ausweitung freilich hat Jesus über die Grenzen Israels hinaus vollzogen. Dass der Mensch zum Träger der Verheißung Gottes, zum Hoffnungsträger werden kann. So wird der Israelsonntag der Kirche zum Sonntag der weltumspannenden Gemeinschaft aller Menschen. Von Menschen sind wir umgeben und werden anderen zu Mitmenschen, über die man sich oft freuen, aber oft auch weinen muss. Menschen vor Gott sind wir alle, die miteinander in Freude und Trauer tief verbunden sind. Menschen unter Gottes Gericht und Verheißung. Menschen in Gottes Welt.

10. Sonntag nach Trinitatis – 3. August 1997

Die erste Utopie der Menschen

> 41 Und als er nahe hinzukam, sah er die Stadt und weinte über sie 42 und sprach: Wenn doch auch du erkenntest zu dieser Zeit, was zum Frieden dient! Aber nun ist's vor deinen Augen verborgen. 43 Denn es wird eine Zeit über dich kommen, da werden deine Feinde um dich einen Wall aufwerfen, dich belagern und von allen Seiten bedrängen 44 und werden dich dem Erdboden gleichmachen samt deinen Kindern in dir und keinen Stein auf dem andern lassen in dir, weil du die Zeit nicht erkannt hast, in der du heimgesucht worden bist. (Lk 19,41–44)

Ich möchte heute, liebe Gemeinde, eine Vorbemerkung machen, ehe ich mit meiner Predigt richtig beginne. Ich denke, wir wissen alle, was die christlichen Kirchen und ein sogenanntes christliches Abendland aus dieser Geschichte in Lukas 19 gemacht und aus ihr gefolgert haben. Sie haben aus ihr ein abschließendes Urteil über das Judentum gelesen. Die Zerstörung Jerusalems im Jahre 70 n. Chr. durch die Römer sei ein Gottesurteil wegen der Ablehnung und Kreuzigung Christi gewesen. Und die Zerstreuung des Volkes Israel unter die Völker dessen notwenige Konsequenz. An der Durchführung dieses vermeintlichen göttlichen Urteils haben viele mitgewirkt.

Ich bin überzeugt davon: Schlimmer kann man Jesus in dieser Frage gar nicht missverstehen. Jesus weint über seine Stadt: Wer weint, der liebt. Wer weint, der ist und bleibt gebunden. Es mag der Schmerz einer Enttäuschung und des Abschieds sein. Es mag der Anfang eines neuen Weges sein. Aber es bleibt ein Weg, der in der gebotenen Selbstachtung die Achtung vor der eigenen Herkunft mit umschließt. Es ist am 10. Sonntag nach Trinitatis im Jahre 1985 leider wieder einmal notwendig zu betonen, dass Jesus Jude war. »Dem Fleische nach«, wie Paulus sagt, nun gut. Aber in seiner menschlichen Erscheinung ist er nichts anderes als ein Jude gewesen. Ich bin überzeugt davon, dass er mit den Juden die Ermordeten von Auschwitz und Treblinka und die Opfer der Pogrome durch die Jahrtausende hindurch beweint. Oder weint er noch mehr über die Mörder, die solches taten? Aber damit sind wir schon bei dem Bibeltext, der vor uns liegt.

»Und als Jesus nahe hinzukam, sah er die Stadt und weinte über sie und sprach: Wenn doch auch du erkenntest zu dieser Zeit, was zum Frieden dient«! Ich habe gestern meine Kataloge mit Werken von Chagall durchgeblättert. Ich dachte, eigentlich müsste doch Chagall diese Szene gemalt haben. Jesus weint über Jerusalem. Ich habe ein solches Bild nicht gefunden. Aber dabei ist mir aufgefallen, eine wie große Bedeutung dieser Vorgang der Beweinung im Alten Testament und dann auch im Werk Chagalls hat. Abraham beweint Sara. David beweint Absalom. Die Klage des Jeremia.

Zu einem Bild bin ich immer wieder zurückgekehrt. Jakob beweint Joseph. Ein schwerer Mann, ganz in sich zusammengesunken. Ganz nach innen gekehrt und für sich selbst. Die Hand stützt den schweren Kopf und verbirgt die Tränen. Weinen ist keine Demonstration. Wer weint, der möchte sich am liebsten ganz auf sich zurückziehen. Der ist plötzlich überflutet von einem Übermaß an Leid und Trauer, von einer Welle, gegen die er keine inneren Dämme mehr bauen kann. Weinen ist eine Sache, die aus mir herausbricht, die ich nur zeige, weil ich nicht anders kann. Wie gesagt, ein Bild von Chagall über Jesu Weinen vor Jerusalem habe ich nicht gefunden. Aber so ungefähr stelle ich mir das vor wie das Bild von Jakob: So zusammengesunken, so in der Trauer, im Weinen zugewandt dem, worum man trauert. Obwohl es doch vielleicht noch etwas anderes ist, um eine Stadt als um ein Kollektiv von Menschen zu trauern als um einen Einzelnen, den man liebt.

Seltsam, dass auch eine Stadt, ein nahezu unüberschaubares Kollektiv von Menschen, Emotionen solcher Art an sich binden und aus sich heraus erwecken kann. Seltsam, und doch auch wieder selbstverständlich, denn die Stadt ist der Lebensraum des Menschen. Vielleicht kenne Sie die kleine Geschichte von dem ostpreußischen Dienstmädchen, das aus Gerdauen stammt, einer gesichtslosen Kleinstadt in der Provinz. Sie kommt in die Großstadt nach Königsberg in Stellung. Die gnädige Herrschaft möchte, dass sie sich zu Hause fühlt, sie zeigt ihr die Stadt, den Zoo, das Schloss und was es immer an Schönem geben mag. Und sie erntet doch nur immer den einen Spruch des Mädchens: »In Gerdauen is es scheener. In Gerdauen is es scheener«. Das geht mir doch auch so, dass mein Herz schneller schlägt, wenn ich über die Elbbrücken in Hamburg fahre oder wenn ich nach langer Abwesenheit den Marktkirchenturm wiedersehe. Wenn ich mich zum ersten Mal nach 40 Jahren in den Straßen der so schön wiederaufgebauten Stadt Danzig – Gdansk – treiben lasse. Die Stadt ist der Lebensraum des Menschen und manchmal ist sie auch der Sterbensraum wie in Hiroshima, diesem Namen, der für das Unausdenkbare steht, wozu Menschen fähig sind. Das Lachen und das Weinen, die Trauer und die Freude liegen dann oft ganz dicht beieinander.

Aber vielleicht hat die Stärke der Gefühle, die einen an eine Stadt bindet, noch einen tieferen Grund. Kulturhistoriker erinnern daran, dass in alter Zeit eine Stadt mehr war als eine Ansammlung von Gebäuden und Menschen, von Märkten, Werkstätten und Wohnungen. Zuallererst ist die Stadt die Schöpfung eines Königs, der im Namen einer Gottheit handelt. Ein Tempel wird gebaut, die Stadtmauer dient der Abwehr des Chaos und der feindlichen Geister und umgrenzt einen heiligen Bezirk: die Stadt. Recht herrscht in dieser Stadt und Ordnung, das Stadtrecht. Freiheit von Sklaverei und Unterdrückung gibt es in der Stadt. »Stadtluft macht frei«. Friede wird in der Stadt gewährt und Asyl. Ungeheures wird von der Stadt erwartet und in ihr geleistet. Die Stadt – so hat jemand gesagt – sei die erste Utopie des Menschen, sei sein erster großangelegter Entwurf auf ein heiles Leben in der Gemeinschaft der vielen Menschen. Und viele von solchen tief in der Geschichte verankerten Erfahrungen und Hoffnungen wirken vielleicht, ja sicher bis heute in mir nach.

Und dann Jerusalem. Wie in einem Brennpunkt sind alle Erwartungen in dieser Stadt versammelt. Schon aus dem Namen hört der Jude die Verheißung. Jerusalem, den Frieden schauen. Jerusalem, die Gottesstadt. Das Himmelreich wird in ihr ausbrechen. Die Völker werden sich in ihr treffen und zur Verständigung zum Frieden kommen. Nein, nicht nur dies. Der ewige Friede wird in ihr anbrechen. Gott selbst wird ihn mit starker Hand gerade dort beginnen lassen. Und dann lest noch einmal in den Kapiteln des zweiten und dritten Jesaja nach und lasst euch begeistern von der begeisterten Sprache, von diesem kühnen Glauben. »Wach auf, wach auf, Zion, zieh an deine Stärke. Schmücke dich herrlich, Jerusalem, du heilige Stadt! Wie lieblich sind auf den Bergen die Füße der Freudenboten, die den Frieden verkündigen, Gutes predigen, Heil verkündigen, die da sagen zu Zion: ›Dein Gott ist König‹«. »Wie ein junger Mann eine Jungfrau freit, so wird dich dein Erbauer freien, und wie sich ein Bräutigam über die Braut, so wird sich dein Gott über dich freuen«. Da liegt sie, die hochgebaute Stadt auf den Bergen unter dem offenen Himmel. Sinnbild und Gleichnis ist sie für die Sehnsucht des Menschen, der mehr zu seinem Leben braucht als ein Dach über dem Kopf. Der Friede braucht und Recht und Gerechtigkeit. Einen Raum zum Leben und Gewissheit zum Sterben. Der die Selbstachtung braucht und die Achtung vor dem anderen, die Liebe, die er empfängt und weitergibt. Den Gott in ihrer Mitte und im Herzen.

»Und als Jesus nahe hinzukam, sah er die Stadt und weinte über sie und sprach: Wenn doch auch du erkenntest zu dieser Zeit, was zum Frieden dient«! Ihr versteht vielleicht jetzt, dass in dieser kleinen Szene das ganze Drama unserer Menschheit liegt. Die Stadt, die die Friedensstadt ist, die weiß nicht, was dem Frieden dient. Die erkennt nicht den Anbruch dieser Gotteszeit. Die hat sich ihre eigenen Gedanken darüber gemacht, auf welchen Wegen Gott und der Messias kommen muss. Die ahnt nicht, wie groß eine Liebe sein kann, dass sie auf der Suche nach den Verlorenen die Gesetze der gottesfürchtigen Rechtschaffenheit selbst überschreitet und sich dabei in die Hände jedes Dummkopfs und Besserwissers gibt. Vor den Toren der Stadt weint Jesus, und es ist wie ein Weinen einer Mutter über ihre Kinder. Vor den Toren der Stadt wird Christus schließlich gekreuzigt. Auch dies geschieht für die Menschen in und außerhalb der Stadt.

Seltsam, liebe Freunde, heute gibt es – denke ich – keine heiligen Städte mehr. Jerusalem mag noch heute eine faszinierende Stadt sein, wie es andere faszinierende Städte gibt. Das Heil erwartet wohl von dort keiner mehr. Verbesserliche, in zäher politischer Arbeit verbesserbare Städte gibt es seitdem. Ein wenig mehr Sicherheit für die Bürger, ein wenig mehr Gastrecht für die Fremden, ein wenig mehr Schutz für die Kinder, dafür lässt sich arbeiten, das lässt sich erreichen. Auch die Kirchen machen aus den Städten keine heiligen Orte. Rom wird durch den Petersdom nicht zur »ewigen« Stadt und Nürnberg, Hannover und Hamburg durch St. Lorenz, Marktkirche und Michel auch nicht. Wenn es seine Richtigkeit hat, dann sind die Kirchen Stätten der Predigt, Stätten des Hinweises auf den Gott, der diese Welt auf ihren manchmal so verhängnisvollen Wegen so liebt, dass er sie nicht aufgibt. Stätten einer zeichenhaften Gemeinschaft untereinander, aber vor allem mit dem, der vor den Toren der Stadt gestorben und auferstanden ist.

Jesus weint um Jerusalem. Um diese kleine Szene sollte es heute gehen. In der alten Kirche hat es Kreise gegeben, die diese Stelle aus der Bibel gestrichen haben. So ohnmächtig wollte man sich Gott nicht gerne denken. Schwäche zeigen, das ist auch heute nicht gefragt. Aber meint denn wirklich einer, dass sich auf dem Weg der Stärke diese Welt retten und erlösen lässt? Meint das wirklich einer?

10. Sonntag nach Trinitatis – 11. August 1985

Sehnsucht nach Verschmelzung

> 2 Und Pharisäer traten zu ihm und fragten ihn, ob ein Mann sich scheiden dürfe von seiner Frau; und sie versuchten ihn damit. 3 Er antwortete aber und sprach zu ihnen: Was hat euch Mose geboten? 4 Sie sprachen: Mose hat zugelassen, einen Scheidebrief zu schreiben und sich zu scheiden. 5 Jesus aber sprach zu ihnen: Um eures Herzens Härte willen hat er euch dieses Gebot geschrieben; 6 aber von Beginn der Schöpfung an hat Gott sie geschaffen als Mann und Frau. 7 Darum wird ein Mann seinen Vater und seine Mutter verlassen und wird an seiner Frau hängen, 8 und die zwei werden ein Fleisch sein. So sind sie nun nicht mehr zwei, sondern *ein* Fleisch. 9 Was nun Gott zusammengefügt hat, soll der Mensch nicht scheiden. (Mk 10,2–9)

Liebe Gemeinde! Mit einfachen Worten wird in diesem Bibeltext das ganze Drama der Menschwerdung des Menschen angesprochen. Drama, das kann eine Komödie, das kann ein einfaches Schauspiel, das kann auch eine Tragödie sein. Die Tragödien sprechen sich am meisten herum, und manchmal hat man den Eindruck, dass die Menschwerdung des Menschen aus lauter Tragödien, aus lauter Krisen, aus lauter Scheitern besteht. Das Gelungene, das Heitere nimmt man selbstverständlicher hin. Das Drama der Menschwerdung, das seltsamerweise in der Ehe eine besondere Zuspitzung erfährt. Aber die ganze Problematik kann nicht darauf eingegrenzt werden. Und deshalb ist dies ein Bibeltext und eine Predigt nicht nur für die Verheirateten und Geschiedenen. Nein, es geht um unser aller ureigenstes Problem.

Und da muss ich nun, geleitet von dem Gespräch Jesu mit den Pharisäern über die Ehe und über die Eheescheidung, dies an den Anfang setzten: Dass Gott den Menschen als Mann und Frau

geschaffen hat. So selbstverständlich leben wir diese unsere Vor-
gegebenheit, dass wir kaum noch das Verwundern drüber wieder-
finden. Selbst bei der Geburt eines Menschen ist vielfach die Überraschung weg, da man das Geschlecht vorher schon weiß. Dabei
könnte es doch auch ganz anders sein. Wie wäre es, wenn ich hier als
Frau vor Ihnen stünde: Pastorin, Stadtsuperintendentin Dannows-
kova?! Ein ganzer Kosmos von Einstelllungen und Lebensschick-
salen ist mit unserem Frausein oder Mannsein vorgegeben. Sicher,
sozial geprägt und damit teilweise auch veränderbar. Aber doch auch
gewolltes Schicksal, eben: Schöpfung. Und wenn es etwa gar keine
Differenzierung von Mann und Frau mehr gäbe? Ein Hauch von
tödlicher Langeweile weht mich an. Nein, in der Polarität von Mann
und Frau, von Frau und Mann ist die Individualität des Menschen
vorgebildet. Gott ist ein Hüter der Individualität und der Polarität des Menschen. Er hat uns so geschaffen und gewollt. Das muss
man – gerade im Blick auf das Kommende – von Anfang an mit
aller Deutlichkeit sagen. Von Beginn der Schöpfung und bis heute
hat Gott den Menschen geschaffen, und er schuf ihn als Mann und
Frau, als Frau und Mann.

Aber damit ist die Frage der Zuordnung in der Polarität der Schöpfung klar gestellt. Um es zunächst ganz technisch auszudrücken: Der
Mensch ist kein geschlossenes, er ist ein offenes System. Nur am Du
wird der Mensch zum Ich. Der Mensch ist ein soziales Wesen, ist
auf Beziehung hin angelegt. Die unendliche Unruhe schafft das in
uns, dass wir uns nicht mehr mit uns selbst zufrieden geben können.
Das Wissen steckt darin, das auch vergessen werden kann, wenn
einer sich auf sich selbst beschränkt, dann ist er voll und ganz verloren. In der Jugend ist das am stärksten spürbar. Ich erinnere mich
noch an die Zeit des heranwachsenden jungen Mannes und an das
Gefühl: Überall wo ich gerade nicht bin, da passiert die Welt. Ich
konnte einfach nicht zu Hause sitzen bleiben, ein Buch in Ruhe zu
Ende lesen. Das hatte auch eine sexuelle, eine erotische Komponente.
Der Mensch ist nicht mit seinem Geschaffensein schon Mensch.
Sondern die Menschwerdung ist, gerade auch in der Beziehung der
Geschlechter, eine Aufgabe, an der man sich bewähren und in der
man scheitern kann. Und das alles – das kommt hinzu – hat man
vielfach ja nicht einfach in der Hand.

In oft uralten Mythen ist diese Grundsituation des Menschen, ist diese Schöpfungssituation dargestellt. Auf dem Theater, in der Oper wird sie uns vorgespielt, wir werden solche Uraussagen über die Polarität des Menschen und ihren Zusammenhang mit dem Glauben in zwei Wochen in der Oper »Moses« hier erleben. Ein solcher uralter Mythos ist die Geschichte von dem schönen griechischen Jüngling Narkissos, ist der Mythos vom Narziss. Narkissos begibt sich auf die Jagd. Die Jagd, sie ist ein im Mythos und im Märchen weit verbreitetes Motiv, das ist die Suche des jungen Menschen nach seiner eigenen autonomen Männlichkeit ausgedrückt, nach Ausdauer, Mut und Kampfeswille. Narziss findet das Gegenteil von dem, was er gesucht hat: an Stelle des Hirsches findet er die Nymphe Echo, an Stelle einer stolzen, unverletzbaren Autonomie findet er den Eros und die Frau.

Hier vollzieht sich im Leben der meisten jungen Menschen eine seelische Veränderung. Sie relativieren ihr Streben nach männlicher oder weiblicher Autonomie, geben sich im Lieben einem Du hin und erfahren darin zum ersten Man ihre eigene, auch geschlechtliche Identität. Sie lassen sich selbst los und bekommen sich vom Du geschenkt.

Anders Narziss: Er kann von der Jagd nach den Hirschen, von der autonomen Selbstbestätigung nicht lassen. Schon die Tatsache, dass er die Frau für die »Nymphe Echo«, die Frau also für das bloße Echo seines Ichs hält, zeigt seine Abwehr einer Beziehung, die das Ich mit einem Du verbindet. Narkissos ruft: »Ich würde eher sterben, als mit dir liegen«. »Mit dir liegen, mit dir liegen«, fleht das Echo. Was die Frau ausdrückt, ist die innere Sehnsucht des Narziss selbst. Aber er flieht vor ihr, der Jäger wird zum Gejagten, der Suchende zum Verfolgten. Den Schluss der mythischen Geschichte kennen Sie. Da die Sehnsucht nach dem Du da ist und unerfüllt bleibt, verliebt sich Narkissos in sein eigenes Spiegelbild im Brunnen. Die Sehnsucht wird so groß, dass nur ein Du sie in der Liebe stillen könnte. So ist das Ende der Geschichte der Dolchstoß in die eigene Brust. Selbstverliebtheit an Stelle der Hingabe an ein Du, das ist der Tod.

Ja, die Sehnsucht nach der Verschmelzung, nach der Einheit und die Angst davor: »Darum wird ein Mann seinen Vater und seine Mutter verlassen und wird an seiner Frau hängen, und die zwei werden ein Fleisch sein«. Die geschaffene Polarität der Geschlechter weckt die Sehnsucht nach dem Du, nach der Verschmelzung, nach der Einheit. »So sind sie nun nicht mehr zwei, sondern ein Fleisch«. Aber mit der Sehnsucht nach Verschmelzung wächst zugleich die Angst. Und die Angst ist schon wichtig: Denn gäbe es nur die Verschmelzung, die Einheit aller Dinge, dann müsste ich mich selbst aufgeben. Dann würde die Einheit mit dem Du die Auflösung meiner selbst bedeuten und alles dessen, was mir wichtig ist. Andererseits: bliebe ich nur bei mir selbst, dann wäre das das Ende der Lebendigkeit und damit meiner selbst.

Also: ein unauflösbarer Widerspruch? An dieser Stelle steht in unserem christlichen Glaubenszeugnis und in unserem eigenen Glauben die Erfahrung der Wirklichkeit der Liebe. Liebe heißt, den Mut haben zu glauben, dass es etwas Drittes gibt. Liebe heißt es. Du musst schon aus dir selbst herausgehen, aus deinen eigenen Grenzen, aus deinem sicheren Haus. Du kannst dich hingeben an ein Du. Dein kleines Ich kann großzügiger werden bis an die Grenze der Verrücktheit. Ja, jedes Lieben ist eine ungeheure Erweiterung meines Selbst, alles gerät ins Schwimmen, wer hätte das nicht schon erfahren. Ein Nein zur geizigen Selbstbewahrung steckt in der Liebe. Ich kann mir kein Leben ohne ein Stück Verrücktheit, ohne eine Obsession, ohne eine Leidenschaft, die mich aus mir selbst herausträgt, denken. Aber andererseits: Die Hingabe kommt zu mir selbst zurück. Das Ich wird größer, wird vielfältiger, wird auch schmerzlicher mit jedem Du. Man wird reicher mit jeder Begegnung, die man in sich hineinlässt. Auch das Unerfreuliche aushalten, das Unauffindbare suchen. Was sind das doch oft für jämmerliche Kreaturen, die nur nach dem Lust- und Glücksprinzip funktionieren, die Menschen verbrauchen und ablegen wie ein durchgeschwitztes Hemd. Das Ich wird größer und tiefer, je mehr an Hingabe, je mehr an Leidenschaft für das Leben anderer es durchzieht. Die Hingabe und Selbstfindung gehören halt zusammen. »Und werden die zwei ein Fleisch sein«. Das Zwei-Sein und das Eins-Sein, geht tatsächlich zusammen in der Liebe.

Lassen Sie mich hier kurz einen Blick in den gesellschaftlichen Bereich werfen, in dem nach meinem Eindruck sich in der Asyldebatte der gleiche Spannungsbogen zeigt. Ausländer raus, das ist der Ruf der Angst vor den eigenen größeren Möglichkeiten. Was wäre

das für eine Bereicherung, wenn wir uns den Menschen aus anderen
Ländern ein Stück weit öffnen könnten. Aber da ist dann zugleich
die Angst vor dem Selbstverlust, als müssten wir uns verlieren, wenn
wir uns dem anderen auftun. Ob wir wohl rechtzeitig die Haltung
von Erwachsenen lernen, die wissen, dass Hingabe nicht Aufgabe
ist, und dass der andere ein Bild meines heimlichen Lebens ist. Wir
können und wollten nicht in der Grenzenlosigkeit zerfließen, aber
wir sollten auch nicht so tun, als säßen wir auf einer sicheren Insel
und um uns wäre das absolute Nichts.

So komme ich mit meiner Predigt langsam an das Ende. Am
Ende steht wie am Anfang die Frage nach Gott in diesem Drama
der Menschwerdung des Menschen. In diesem Prozess von Polarität und Einheit, wo steht da Gott?

»Was Gott zusammengefügt hat, das soll der Mensch nicht scheiden«, ein heikler Augenblick ist das, wenn der Pfarrer bei der Trauung zweier Menschen dies über den zusammengelegten Händen bei-
der sagt. Es klingt so, als ob Gott nur auf der Seite der Einheit, der
Verschmelzung zweier Menschen sei und als würde man sogar eine
unvergebbare Schuld auf sich laden, wenn die Scheidung einer Ehe
sich vollzieht. Gott steht für die Hingabe, so wie er sich selbst für uns
hingegeben hat. Die Besonnenheit, zu der uns Gott geschaffen hat,
und die Hingabe, die Einheit mit den anderen, die gilt es in Gottes
Namen zusammenzudenken und zusammenzuleben. Unnachahm-
lich hat es Matthias Claudius ausgedrückt, als er seiner Frau Rebekka
zu ihrer gemeinsamen Silbernen Hochzeit im Jahre 1797 die Verse
schrieb:

»Ich danke dir mein Wohl, mein Glück in diesem Leben. Ich war
wohl klug, dass ich dich fand. Doch ich fand nicht! Gott hat dich mir
gegeben. So segnet keine andere Hand«:

Gott hat dich mir gegeben, da ist das beides drin. Das Wunder
der Einheit und der Verschmelzung mit einem anderen Menschen.
Und zugleich, dass er nicht ist wie ich, aber dass ich an ihm wachsen kann. Gott hat dich mir gegeben: so aufeinander zugehen und
miteinander leben, in der Ehe oder auch in Beziehungen, die nicht
so umfassend und verpflichtend sind: Das ist Leben.

20. Sonntag nach Trinitatis – 13. Oktober 1991

Zwei Ganze sind wunderbar

2 Und Pharisäer traten zu ihm und fragten ihn, ob ein Mann sich scheiden dürfe von seiner Frau; und sie versuchten ihn damit. 3 Er antwortete aber und sprach zu ihnen: Was hat euch Mose geboten? 4 Sie sprachen: Mose hat zugelassen, einen Scheidebrief zu schreiben und sich zu scheiden. 5 Jesus aber sprach zu ihnen: Um eures Herzens Härte willen hat er euch dieses Gebot geschrieben; 6 aber von Beginn der Schöpfung an hat Gott sie geschaffen als Mann und Frau. 7 Darum wird ein Mann seinen Vater und seine Mutter verlassen und wird an seiner Frau hängen, 8 und die zwei werden ein Fleisch sein. So sind sie nun nicht mehr zwei, sondern *ein* Fleisch. 9 Was nun Gott zusammengefügt hat, soll der Mensch nicht scheiden. (Mk 10,2–9)

Liebe Gemeinde! Ein seelsorgerliches Wort möchte ich gerne finden, nicht den moralischen Zeigefinger hoch erheben. Ob es mir gelingt, ich weiß es nicht. Denn es ist ein Thema, das uns unheimlich betrifft, die Ehe und die Ehescheidung, das Zusammenleben und das Auseinandergehen. Bin ich verheiratet – und ich bekenne, dass ich gerne verheiratet bin –, dann spüre ich die ständige Mahnung um mich herum und in mir selbst; eigentlich sollte deine Ehe doch besser sein. Bin ich durch den – manchmal abgrundtiefen – Prozess einer Scheidung gegangen, dann brauche ich auf das moralische Desaster auf allen Seiten von Anfang an nicht mehr zu warten. Lebe ich allein, vielleicht mit vollem Entschluss und klarer Einsicht schließlich, so habe ich ein Leben lang mit den Mechanismen dieser Gesellschaft zu tun, als genüge es nicht, ein ganzer Mensch zu sein, als finge das Menschsein mit der Ehe an. Nein, ich will die moralischen Zeigefinger nicht vermehren. Ich denke, dass hier jeder seinen eigenen Weg zu gehen und zu finden hat, und ich möchte ihn und sie – so gut ich es kann – für den Augenblick einer Predigt lang auf diesem Weg begleiten. Ich denke, dass dies dem Auftrag Jesu entspricht, der klare theologische Aussagen mit einer geradezu unheimlichen persönlichen Freiheit gegenüber Ehe und Familie verband. An der Zusammengehörigkeit dieser beiden Seiten, da werde ich ein Leben lang herumbuchstabieren.

Das Zusammenleben und das Auseinandergehen. Als Gott die Welt schuf, da gab es zunächst das große Auseinandergehen. Man mache sich das doch bitte einmal klar: Die Welt und der Mensch, die sind durch Scheidung erschaffen. Als Gott die Welt schuf, da trennte er die Welt von sich. Als Gott den Menschen schuf, da trennte er sich vom Menschen und trennte den Menschen von sich. Der Himmel, das Wasser, die Erde, die sind durch Scheidung geschaffen. »Da schied Gott das Licht von der Finsternis und nannte das Licht Tag und die Finsternis Nacht«. Und den Menschen, den schied Gott von der Erde und blies ihm seinen Atem ein. Durch Trennung, durch Scheidung erhält jedes Ding und jedes Lebewesen die ihm von Gott zugedachte Realität, seine Besonderheit.

Von daher ist und bleibt die Trennung, die Scheidung ein großes Thema unseres Lebens. Das kosmologische Prinzip der Trennung geht über in die Entwicklungsgeschichte jedes Menschen. »Darum wird ein Mann (und ich ergänze: eine Frau) Vater und Mutter verlassen«. Menschen gibt es, die kommen nie zu sich selbst, die bleiben ein Leben lang an Vater und Mutter gebunden, die wiederholen ohne Aufhören die einmal gelernten Muster ihres Lebens. Ich sage dies leise und ohne Vorwurf, weil ich wohl weiß, wie erschreckend jeden von uns die plötzliche Erkenntnis von der Gebundenheit seines Lebens gerade in den negativen Erfahrungen überfallen kann. Aber das Ziel eines jeden Lebens darf ich doch wohl wieder ganz laut artikulieren und benennen: vor Gott ich selbst werden. »Was Gott voneinander geschieden hat, das soll der Mensch nicht beieinander halten wollen«. Ich wage diesen Umkehrsatz, und ich denke, ich kann ihn vor Gott und vor Ihnen verantworten. Vor Gott ein ganzer Mensch, eine eigene Person werden; dazu sind wir geschaffen, das hat Gott von uns gewollt. Das steht über unserem Leben.

Das ist die eine Seite. Die andere Seite, das ist die Bestimmung zur Gemeinschaft. Der Mensch ist im Dual geschaffen. »Aber von

Anfang der Schöpfung an hat Gott sie geschaffen als Mann und Frau«. Schön ist das, dass der Mensch als Mann und Frau erschaffen ist. Man stelle sich vor, es gäbe nur Männer auf der Welt, für einen Mann ein schrecklicher Gedanke. Ich hoffe, dass die Frauen ähnlich denken im Blick auf das eigene Geschlecht. Eine Zeitlang mag es ja ganz schön sein in einer Frauengruppe. Nein, der Mensch ist als Mann und Frau erschaffen, was immer auch Mannsein und Frausein bedeuten mag. Welch ein Reichtum an Empfindungen, an Art und Weisen, die Dinge zu sehen und zu erleben, welch eine Vielfalt der Formen, sich für den Menschen zu engagieren. Gut ist das, dass der Mensch – so sehr er ein Einzelner ist und werden muss – auf Gemeinschaft und Zusammenleben hin geschaffen ist. Wie schwierig das auch eines Tages immer werden mag.

Und dann die Dynamik, die durch die Polarität der Geschlechter in unser Leben kommt. Zeiten gibt es, in denen der Mensch fast nichts im Kopf oder besser in den Sinnen hat als das andere Geschlecht. Und dann trifft er sie und sie ihn. Und er weiß: die und keine andere. Und sie zögert, oder ist es umgekehrt? Man versteht sich, man redet, man umarmt sich. Die Luft ist lau und das Leben weit und schön. Eines Tages steht man vor dem Altar: »Was Gott zusammengefügt hat, soll der Mensch nicht scheiden«.

Ich muss jetzt einen Augenblick innehalten, ich muss Ihnen ein Geständnis machen. Ich muss Ihnen sagen, dass ich – je älter ich werde – umso schwerer diesen Satz aus unserer Trau-Agende über die Lippen bringe. Man hat in einer 20-jährigen Tätigkeit als Pfarrer viele, viele Ehepaare getraut, und die letzte ist erst zwei Wochen her. Als ich das zum ersten Mal erlebte, dass eines meiner Trauungspaare nach wenigen Jahren auseinanderging, da hat es mich regelrecht umgeworfen. Was hast du für ein Recht, frage ich mich seitdem immer wieder, die Entscheidung, die zwei Menschen füreinander fällen, mit dem Namen »Gott« zu belegen? Worin willst du das verantworten, diesen Weg der beiden als Gottes Zusammenfügung zu proklamieren und ihn vielleicht eines Tages gerade darin desavouiert zu sehen?

Ich frage eines Tages eine Frau, die den Weg einer Ehescheidung gegangen ist, wie es ihr gegangen sei damit. »Natürlich«, sagt sie, »ich habe mich als Versagerin gefühlt, damals. Ich hatte mir etwas vorgenommen, eine gute Ehe und eine zufriedene Familie. Ich hatte es nicht schafft. Aber lieber wollte ich eine Versagerin sein als weiter unglücklich. Später kam ich dahinter, dass ich viel früher versagt hatte, schon vor der Heirat, bei dem, was man so Partnerwahl nennt. Vielleicht hätte ich mehr ich selbst sein müssen, damals. Nein, ich liebte meinen Mann durchaus noch. Aber ich konnte nicht mehr mit ihm leben. Es war kein Protest, es war wie eine Flucht«.

Ich frage sie, ob es ihr heute lieber wäre, der Pfarrer damals bei ihrer Trauung hätte das Wort Jesu nicht gesagt: »Was Gott zusammengefügt hat, soll der Mensch nicht scheiden«? Sie sieht mich erstaunt an. «Was wäre dadurch anders? Wollen Sie ein Leben ohne Risiko, ohne Schuld und ohne Gewissensentscheidung? Dieser Weg war Gottes Weg für mich. Entscheidendes habe ich dabei gelernt, wenn es auch manchmal durch die Hölle ging, für mich, für ihn. Ich hatte gedacht, ich würde durch die Ehe das hinzubekommen, was mir selbst fehlte und wonach ich mich so sehnte. Nein, ich weiß jetzt, da der Mensch allein in die Welt kommt und allein von ihr geht, muss er für sich allein ein Ganzes sein, und zwei Ganze zusammen, das ist dann wieder etwas Neues und anderes, oft etwas Wunderbares, oft etwas Gefährdetes. Das meint Jesus wohl, wenn er von Gottes Zusammenfügen spricht«.

Ja, liebe Freunde, ich denke, so ist es wohl. Es muss einer erst ein Ganzes werden, und dies vor Gott. Der eine erfährt dies mit dem anderen in der Ehe, und die andere erfährt es vielleicht allein. Ich will nicht aufhören, beide Wege als Gottes Wege zu beanspruchen und als Weg im Glauben zu proklamieren und zu suchen. Zur Gemeinschaft seid ihr gerufen, zum Miteinander seid ihr geschaffen. Gemeinschaftsfähig zu werden und zu bleiben, das ist genauso das große Thema für den, der allein lebt, wie für den Verheirateten. Viele Ehepaare gibt es, die nur sich selbst sehen, und so – als Institution für das private Glück –, so hat Gott die Ehe auch nicht gedacht.

Ja, das Zusammenleben und das Auseinandergehen. Mit einem letzten Gedanken will ich schließen. Die Trennung und das Miteinander, das fällt zusammen. Wir sind nur fähig, Sterbliches zu lieben. Das, was wir verlieren können. Das, wovon man uns trennen kann. Es wäre kein Miteinander, wäre das, was wir lieben, ein ewiger Besitz. Die Ahnung der Trennung, des Abschieds gibt dem Miteinander seine Dichte, seine Intensität.

Ich weiß, dass hier in diesem Gottesdienst einige unter uns sind, und andere tragen wir in unseren Herzen und Gedanken, die schwere, ganz schlimme Zeiten zu durchstehen haben. Ich meine jetzt nicht nur die Ebene der partnerschaftlichen Beziehungen. Eine Einheit von Miteinanderleben und Veränderung ist das, von der keiner weiß, wohin es führt. Ein Wanderer auf einem Weg voller Abschiede grüßte den anderen. Rufen wir miteinander in den Fragmenten, Brüchen und Katastrophen unseres Leben den Gott an, der die Macht hat in dem allen. Was Gott zusammengefügt hat, das ist zuerst und zuletzt auch die Ermutigung, ihn anzuschreien, ihn anzurufen, auf seine Nähe zu warten. An solchen Orten leben wir, aber auch dies vor Gott.

20. Sonntag nach Trinitatis – 20. Oktober 1985

Das Geschenk der Ruhe

23 Und es begab sich, dass er am Sabbat durch ein Kornfeld ging, und seine Jünger fingen an, während sie gingen, Ähren auszuraufen. 24 Und die Pharisäer sprachen zu ihm: Sieh doch! Warum tun deine Jünger am Sabbat, was nicht erlaubt ist? 25 Und er sprach zu ihnen: Habt ihr nie gelesen, was David tat, als er in Not war und ihn hungerte, ihn und die bei ihm waren: 26 wie er ging in das Haus Gottes zur Zeit Abjatars, des Hohenpriesters, und aß die Schaubrote, die niemand essen darf als die Priester, und gab sie auch denen, die bei ihm waren? 27 Und er sprach zu ihnen. Der Sabbat ist um des Menschen willen gemacht und nicht der Mensch um des Sabbat willen. 28 So ist der Menschensohn ein Herr auch über den Sabbat. (Mk 2,23–28)

Liebe Gemeinde! Vordergründig muss ich heute dieses Bibelwort sozusagen gegen den Strich bürsten, muss seine Zielrichtung aus wohlerwogenen Gründen umzulenken versuchen. Da geht Jesus mit seinen Jüngern durch ein Kornfeld, das Korn ist reif, die Ähren stehen hoch. Die Jünger raufen ein paar Ähren aus, wahrscheinlich – wie das David-Beispiel zeigt, das Jesus erzählt – weil sie Hunger haben. Jesus wird von den Pharisäern zur Rede gestellt. Nicht um eine Existenzfrage geht es, dass die Jünger sich an fremdem Gut vergriffen hätten, das käme, wenn wir die Szene nicht nur unter Mundraub verbuchen, bei uns allerhöchstens heraus. Nein, ganz anders, zur Rede gestellt wird Jesus, weil seine Jünger etwas tun, was sie am Sabbat nicht dürfen. Dass sie ernten, dass sie »arbeiten«, wo sie ruhen müssten. Ein gesetzliches Sabbatverständnis, ein gesetzliches Feiertagsverständnis steht also hier im Hintergrund. Gegen die Glaubenspraxis, die vom jüdischen Gesetz her jede erlaubte Bewegung vorschreiben will, verteidigt Jesus sich und seine Jünger mit dem Wort: »Der Sabbat ist um des Menschen willen gemacht und nicht der Mensch um des Sabbat willen«. Ich sehe aber nicht, dass es in unserem Umfeld irgendwo ein solches gesetzliches Feiertags- und Sonntagsverständnis gibt. Nein, ganz im Gegenteil. Da wird ein Feiertag wie der Buß- und Bettag mit einem Federstrich einfach abgeschafft. Wir werden das in den nächsten Tagen zum ersten Mal erleben, ein Buß- und Bettag einfach als normaler Werk- und Arbeitstag. Das setzt sich, und viele werden es vermutlich nicht einmal merken, zumindest mit der langsamen Aushöhlung des Sonntags, ja sicher auch noch fort. Möglich ist dies alles wohl nur dadurch geworden, dass wir diesen Feiertag so wie viele andere nicht mehr mit Sinn und Plausibilität erfüllen konnten.

Einen tiefen Verfall der Sonntags- und Feiertagskultur gibt es zu beobachten und zu diagnostizieren. Und da treffen wir im tiefsten Grunde dann wohl doch wieder auf die biblische Geschichte vom Ährenausraufen am Sabbat, auf die Worte Jesu. Der Sabbat ist um des Menschen willen gemacht. Ob wir das wohl noch einmal wieder lernen, dass der Sonntag der Feiertag zum Heil, zum Wohl und Wehe des Menschen gemacht ist, und wie sich eine solche Feiertagskultur gestalten lässt? Der Menschen ist ein Herr auch über den Sabbat. An Christus, an seinem Umgang mit der Gestaltung von Leben möchte ich heute in dieser Predigt mit Ihnen reden: Wie unsere Sonntage und Feiertage wieder ihr Gesicht gewinnen und unverwechselbar werden in der fließenden Strömung unserer Zeit.

Da muss ich Ihnen, liebe Gemeinde, zunächst ein Stück Anschauung geben. Jeder und jede von Ihnen wird irgendwo einmal eine hohe Feiertagskultur miterlebt haben. In einer jüdischen oder muslimischen Familie vielleicht, auch Aussiedlerfamilien bringen manchmal noch so etwas mit. Aber ich will ein Beispiel erzählen, das vielleicht eine Reihe von Ihnen kennt. Der Anfang des Films »Fanny und Alexander« von Ingmar Bergmann ist für mich ein nahezu unübertroffenes Beispiel einer hinreißenden Feiertagskultur. Da sind die beiden Kinder Fanny und Alexander, die das, wie sich später herausstellt, zunächst letzte Weihnachtsfest im Hause der Großmutter erleben. Man ist zum Gottesdienst in der Kirche gewesen, die gewaltige Domkirche der kleinen Stadt ist gleich nebenan, der Klang der Kirchenglocken geht bis in die Träume hinein. Nun findet sich die große Familie zur Weihnachtsfeier im großelterlichen Hause ein. Das ist keine heile Welt, diese Welt der Großfamilie Ekdahl. Der eine der drei Söhne ist ein Alkoholiker und Versager, der andere ist ein Frauenheld, der jeder Schürze hinterhersteigt. Der älteste Sohn, der Vater von Fanny und Alexander, ist der Schauspieldirektor des Theaters, ein miserabler Schauspieler, aber er liebt sein Theater und seine Familie. Die Familie wird bald, zumindest auf Zeit, auseinanderbrechen. Der Schauspieldirektor wird sterben und Dannys und Alexanders Mutter wird in zweiter Ehe den Bischof heiraten und eine furchtbare Belastungsprobe in ihr Leben bringen. Aber noch sitzen sie in großer Runde um den Tisch, auch die Kindermädchen mittendrin. Die Scherzworte fliegen hin und her, eine Atmosphäre von Wohlwollen und Zuneigung ist in allen Spitzen spürbar. Man wird gut essen, und Oskar Ekdahl wird seine gutgemeinte, aber miserable Rede halten und den Toast auf die von allen geliebte Großmutter ausbringen. Und dann entlädt sich die Festtagsfreude in Gesang und einer wilden Polonaise durch alle Räume hindurch, die Großmutter mit den Enkeln vorne an. Am Ende sinken viele erschöpft in die Sofas nieder. Eine Explosion der Phantasie und der Sinne, lauter Besonderheiten, unerwartete Szenerien, magische Augenblicke. Die Leidenschaft behüteter Kindheit breitet sich aus, kein Wunder, dass Fanny und Alexander lange nicht einschlafen können in dieser Erfahrung der Fülle einer besonderen Zeit.

»Der Sabbat ist um des Menschen willen gemacht, nicht der Mensch um des Sabbats willen«. Seltsam, liebe Gemeinde, bis in die Uranfänge, bis an den Anfang der Schöpfung reicht diese Sonntags- und Feiertagskultur zurück. Schon bei der Schöpfung, schon bei der Erschaffung der Welt ist der Sabbat, ist der Sonn- und Feiertag geschaffen worden. »Und am siebten Tage ruhte Gott von allen Werken, die er gemacht hatte«. Nicht ein Ausruhen von der Arbeit ist das eigentlich, so wie wir manchmal das Wochenende nur noch mit letzten Kräften erreichen und den Sonntag zum Ausschlafen und zum Regenerieren brauchen. Es ist ja doch wohl nicht zu vermuten, dass Gott bei der Erschaffung außer Atmen gekommen sei und eine Ruhepause brauchte. Nein, die Ruhe Gottes am siebten Tage ist die Vollendung der Schöpfung. Sie bezeichnet das Ziel, auf das hin die Welt geschaffen ist. Nicht zur Arbeit ist der Mensch geschaffen, so sehr das alles seinen Sinn haben kann und der Mensch darin auch ein Stück Erfüllung findet. Nicht zur Profitmaximierung, nicht zur Herrschaft ist der Mensch geschaffen worden. Die Ruhe am siebten Tage ist die Vollendung der Schöpfung. Gott ruht in seinen Werken und seine Werke ruhen in ihm. Die Vollendung der Schöpfung liegt genau darin, dass der Schöpfer mit seinem Geschöpf, im Zusammenschluss, in der Gemeinschaft mit ihm ruht. Alle sind betroffen von dieser Ruhe in der Fülle des Lebens, nicht nur die hohen und frommen Herren, alle, Knecht und Magd und Vieh und Land. Der Gottessabbat wird zum Weltsabbat, in der Ruhe des siebenten Tages explodiert die Möglichkeit des Daseins in die Fülle des Seins hinein. Einzigartig ist diese Sicht der Schöpfung als Vollendung des Lebens, in der Feier des Sabbats in der Welt der Religionen, eine soziale und kulturelle Errungenschaft sondergleichen. Über das Christentum ist die jüdische Welterfahrung weltweit zur Selbstverständlichkeit des Wochenrhythmus geworden. »Und also vollendet Gott am siebenten Tag seine Werke, die er machte, und ruhte am siebenten Tag von allen seinen Werken. Und Gott segnete den siebenten Tag und heiligte ihn«. Der Sabbat ist um des Menschen willen gemacht und nicht der Mensch um des Sabbats willen.«

Ja, liebe Gemeinde, die Sonntags- und die Feiertagskultur, tief im Glauben hat sie ihre Wurzeln. Verständlich ist es daher, dass wir so viele Probleme mit der Sonntagsheiligung haben, dass man uns die Feiertage wegnehmen kann, und man merkt es kaum. Nur die Fassaden stehen doch häufig noch da, und der Rhythmus der Zeiten ist unterschiedslos geworden. Aber der Mensch wird krank, die Welt geht zu Bruch, wenn sie kein Ziel mehr hat. Leben drängt auf Vollendung hin, Zeit auf verdichtete, auf erfüllte Zeit. Tage und Stunden wollen vor lauter Besonderheiten in die Luft gehen. Licht, Düfte, Menschen, Räume, Augenblick, Bewegung, Singen, Ruhe, alles verdichtete, konzentrierte Erfahrung von Welt und Mensch. Die Festtags- und Sonntagskultur neu lernen, das bedeutet doch nicht, das Nichtstun, die schläfrige Langeweile über den Sonntag hin erstrecken zu lassen. Alte jüdische und christliche Botschaft ist das: Der Sabbat, der Sonntag, der Feiertag legitimiert sich allein durch die Freude daran. Die Schöpfung kann als Ganzes erlebt werden. Grund zur Freude ist das, dass wir es wagen dürfen, mitten in dem Kampf ums

Dasein, mitten im Kampf um unsere Position einfach einmal auszuruhen. Dass wir es wagen können, mit Gott von unseren Werken auszuruhen und gerade darin die Fülle des Lebens, die Intensität gelebten Lebens zu erfahren. Die tiefe Gewissheit steckt darin, die man so oft vermisst, dass diese Welt als Gottes Schöpfung gut ist. Und dass der Mensch, der so oft eine Bestie Mensch ist, zur Güte erschaffen ist und darin seine Erfüllung findet. Eine Ahnung, ein Heranholen der Zukunft Gottes steckt in jedem Sonntag, den wir wirklich feiern.

Bleibt schließlich noch, liebe Gemeinde, den Ort des Gottesdienstes in dieser Feiertagskultur zu bestimmen. Was ist das doch für eine elende Rede von der »Sonntagspflicht«, die sich um den Gottesdienst rankt. Wie kann etwas Pflicht sein, wenn es etwas zu feiern gibt. Mancher Gottesdienst ist dann wohl auch nicht mehr als ein Pflichtpensum. Aber was ist der Gottesdienst im Kern anderes als eine Anstiftung, als eine Ansteckung zur Freude. Auch wenn es manchmal etwas Ernstes zu bedenken gibt. Du bist erlöst. Du spürst Gottes Nähe. Vertrauen kannst du wagen, Liebe riskieren. Du bist weit mehr, als du von dir selbst hältst. Mit allen Sinnen, in allen Bruchstücken, in allem Desaster lebst du auf Vollendung hin. Gott ruht am Sabbat, am Sonntag, am Feiertag von seinen Werken. Ruht in dir, das kannst du spüren. Die Musik gehört dazu, die mich mitreißt und erfüllt, der besondere Raum, ein Fest der Augen. Eine Explosion in die Fülle des Lebens hinein. Nur so macht jeder Sonntag Sinn, nur so wird er unverwechselbar, nur so wird der Gottesdienst zur Seele des Tages. Der Sabbat ist um des Menschen willen gemacht, ja, Gott sei Dank, dass das noch immer so ist und dass wir das in dieser Gemeinde mit Ihnen allen feiern können.

20. Sonntag nach Trinitatis – 29. Oktober 1995

Vom Begehren

Zu dem Märchen von Hans Christian Andersen »Des Kaisers neue Kleider« füge ich noch ein Wort Jesu hinzu. Im Markusevangelium Kapitel 10 weist Jesus seine Jünger zurecht, die die Kinder abweisen wollen, die angeblich vom Glauben nichts verstehen, und sagt zu ihnen:

> 15 Wahrlich, ich sage euch: Wer das Reich Gottes nicht empfängt wie ein Kind, der wird nicht hineinkommen. (Mk 10,15)

Liebe Gemeinde! »Des Kaisers neue Kleider«. Das ist eine tiefe Weisheit in diesem Märchen, die sich mit der Weisheit der Bibel gut verbinden lässt. Wunderbare Märchen hat Hans Christian Andersen geschrieben, ob er sie nun aus der Volksüberlieferung übernommen oder ganz selbst gedichtet hat. »Die Prinzessin auf der Erbse«, »Die kleine Seejungfrau«, »Der standhafte Zinnsoldat«, »Der fliegende Koffer«, »Das hässliche Entlein«. In unseren Sprachschatz ist das alles übergegangen, auch wenn man die Märchen im Einzelnen vielleicht gar nicht mehr kennt. So sind auch, wie das bei guten Geschichten so ist, viele Zugänge zu dem Märchen von des Kaisers neue Kleider möglich. Ich darf Sie bitten, mir für eine Predigtlänge auf meinem Weg zu folgen, den ich in diese hintergründige Geschichte hineingehe.

»Des Kaisers neue Kleider«: Das ist für mich vor allem anderen eine Geschichte über die Stufen des Begehrens. Das Begehren gehört zu Ihrem und zu meinem Leben. Wer nichts mehr will und begehrt, der ist lebendig tot. Das Begehren ist die Weise des Menschen, Welt zu erobern und in der Welt seinen Ort zu finden. Ich brauche dringend, ich begehre einen Beruf und eine Aufgabe, die mich fordert oder erfüllt. Ausdehnung meiner Person in die Welt hinein ist das, und das bedingt die Verzweiflung, wenn mir dies durch Berufslosigkeit oder Arbeitslosigkeit verwehrt wird oder nicht glücken will. Ich wünsche mir, ich begehre leidenschaftlich einen Partner, eine Partnerin, mit der oder mit dem ich durch dieses Leben gehen kann. Ich erinnere mich noch gut an meine eigene Verzweiflung, als – schon um die dreißig – noch immer nicht die Frau aufgetaucht war, die ich heiraten mochte und die mich wollte. Das Auto, die Wohnung, die täglichen und auch die überflüssigen Dinge. Der Konsum lebt von dem Begehren. Und es weist auf die Stärke des Begehrens als Motor unseres Leben hin, wenn die letzten Gebote des Dekalogs die Grenzen des Begehrens markieren: »Du sollst nicht begehren deines Nächsten Haus, Weib, Kind, Magd, Vieh oder alles, was sein ist«.

»Des Kaisers neue Kleider«: Da ist nun also ein Kaiser, der vor allem schöne Kleider begehrt. Ein wenig seltsam ist das schon, dass es ein Mann ist, der sich so stark über seine Kleider definiert. Den Frauen würde man dies, ob zu Recht oder Unrecht, intuitiv eher zuschreiben wollen. Aber es gibt offenbar auch Männer, die begriffen haben, dass sich der Mensch auch von außen nach innen baut. Ich werde das Erstaunen der Familie eines gerade verstorbenen Freundes nicht vergessen, als sie die Fülle der nahezu ungebrauchten Anzüge und Schuhe sah, die in den Schränken hingen oder standen. Dieser Kaiser liebt eben schöne Kleider. Mit dem Kleiden ist aber eine neue Stufe des Begehrens erreicht. Denn das Begehren geht über meine eigenen, persönlichen Wünsche ein Stück hinaus. Ich begehre vor allem das, was auch anderen gefällt. Die Kleider sind dafür der sprechendste Ausdruck, weil sie so sinnlich, weil sie anschaubar sind. Man kann das positiv sehen: Ich ziehe etwas Schönes an, weil es sowohl mir wie auch den anderen gefällt. Man kann aber auch den leicht kritischen Zungenschlag nicht überhören. Der Neid und die Eifersucht der anderen ist ein kräftiger Motor des Begehrens. In der Bewunderung der anderen diesen leichten Anflugs von Neid zu spüren, das tut doch gut. »Das steht dir ja so toll«. Dieses Eifersuchtsfluidum gehort doch auch zum Leben.

»Des Kaisers neue Kleider«, die beiden Stufen des Begehrens. Ich höre bis zu diesem Punkt kaum eine Kritik an dieser Beschreibung menschlicher Lebensumstände heraus. Und ich gebe dem allen grundsätzlich Recht. Aber dann kommt der Schritt über die gesetzte Grenze des Begehrens weit hinaus. Da ist der Kaiser, der sich die schönsten Kleider wünscht, die es auf der Welt gibt. Von sich selbst wäre er wahrscheinlich gar nicht darauf gekommen, dass dies möglich sei. Aber da tauchen zwei Verführer auf, Betrüger werden sie genannt, die von dem »schönsten Zeug« reden, das man sich denken kann. Von Farben und Mustern, wie man sie noch nie gesehen hat. Das ist die letzte Stufe des Begehrens. Eine Weckung des Begehrens ist das, wie wir es von der Versuchungsgeschichte des Adam und der Eva aus dem Anfang der Bibel kennen. »Wenn ihr von dieser Frucht essen werdet«, sagt die Schlange, »werdet ihr Gutes und Böses, werdet ihr alles wissen und erkennen. Dann werdet ihr sein wie Gott«. Diese letzte Stufe des Begehrens versucht die Stufe der Allmacht zu erklimmen, die von allen begeistert bewundert und von allen Seiten mit Unterwerfung oder mit Ovationen begleitet wird. »Die schönsten Kleider, die es gibt«. Das ist nicht mehr zu toppen, würde man heute sagen. Und seien wir ehrlich, steckt nicht eine solche Versuchung zu absoluter Größe mehr oder weniger in jedem und in jeder von uns selbst? Gibt es wirklich bei der grandiosen Einmaligkeit meiner Person noch andere, die mir überlegen sind?

Und da ist nun die Genialität in dem Märchen von Andersen. Diese letzte Stufe des Begehrens, diese schönsten Kleider, die man sich denken kann, diese Stufe des Absoluten und der Allmacht, die der Mensch offenbar unausweichlich sich wünschen mag. Die entpuppt sich als nichts. Luft sind diese schönsten Kleider der Welt, eine reine Phantasmagorie. Als Hörer und Leser dieses Märchens wissen wir das von vornherein, dass dem Kaiser und den Mächtigen und schließlich dem ganzen Volk die Erfüllung eines Menschheitstraums nur als Luftspiegelung vorgegaukelt wird. Aber die Akteure der Handlung, der Kaiser, die Minister und die anderen, die wissen das alles nicht. Eine Ahnung mögen sie haben, dass man seinen Augen vielleicht doch besser trauen sollte. So wie wir es oft ahnen, dass seltsamerweise je mehr wir haben, was wir begehren, es umso weniger uns zufrieden stellt. Das Haus, die Ehe, das Auto, der Friede erscheinen als die absolute Erfüllung des Begehrens. Aber wenn es da ist, wenn alles erreicht ist, ist es so selbstverständlich, scheint es fast wie ein Nichts zu sein. Es liegt in der Endlichkeit des Menschen ein Negativitätsbedarf, hat ein Philosoph einmal gesagt, den man nur zu seinem Schaden übersieht. Je besser es den Menschen geht, umso schlechter finden sie das, wodurch es ihnen besser geht. Diese Unzufriedenheit wird, nicht nur gegenwärtig auch in Wolfsburg, nicht ganz unbekannt sein: Die große Erfüllung des Lebens, die schönsten Kleider entpuppen sich als ein schwarzes Loch, in dem man glatt verschwinden kann.

Und dann ist da noch dieser zweite geniale Einfall des Hans Christian Andersen: Diese Verknüpfung des Begehrens nach dem äußeren Reichtum mit dem Streben nach dem innere Besitz. Die schönsten Kleider, die es gibt: Die kann nur der sehen, der wirklich klug ist, heißt es, und auch in seinem Amt geschickt. Und wirklich klug sein, das wollen doch wohl alle! Dumm will doch keiner sein, obwohl, wie ich vermute, es durchaus manche sind. Man beobachte doch einmal eine Abendgesellschaft, in der jeder den anderen an Witz, an Schlagfertigkeit, an Reiseerlebnissen und an Kenntnissen zu übertreffen sucht. Aber wer klug ist, ist nicht automatisch weise. Wer klug ist, kreist doch oft genug wieder um sich selbst. Wer klug ist, wird sich herausgefordert sehen, eine Klugheit zu beweisen und zu vermehren. Und so fallen gerade die Klugen, wie es Hans Christian Andersen beschreibt, reihenweise in das Loch der kollektiven Blindheit. Geschichtliche Beispiele dieser unglaublichen Realitätsblindheit gibt es in unserer Vergangenheit und Gegenwart genug.

Ja, so wird das wohl sein. Aber da ist glücklicherweise noch ein Kind. »Wenn ihr nicht werdet wie die Kinder«, sagt Jesus. Er wird damit die Kinder nicht idealisieren und in den Himmel heben wollen. Kinder sind nicht unschuldige und reine Wesen, nein, beileibe nicht. Auch Kinder kennen das Begehren, und wie, und wenn sie das nicht kennen würden, dann wäre etwas faul. Kinder sind nicht klug, und wenn sie altklug werden, geht ihnen Wichtiges verloren. Aber eine bestürzende Erfahrung von Wirklichkeit und von Zeit haben sie, die man oft genug einfach weise nennen muss. Aufschreiben müsst man eigentlich alle Weisheiten aus Kindermund. Und das ist vor allem das: Kinder wissen normalerweise, dass das, was sie geschenkt bekommen, immer größer und mehr ist als das, was sie selbst erreichen werden. Kinder leben vom anderen, von den Eltern, den Großeltern, von den Freunden und Geschwistern her. Dadurch aber haben sie einen Blick auf die Wahrheit, der nicht von dem Streben nach der eigenen Allmacht und der eigenen Klugheit verdunkelt ist. »Aber er hat ja gar nichts an«, sagt das kleine Kind einfach über des Kaisers neue Kleider. »Herrgott, er hat ja gar nichts an«, geht das Gemurmel dann auch durch die Reihen der Erwachsenen. Die Akteure aber müssen ihr groteskes Spiel der Lächerlichkeit bis zum letzten Ende weiterspielen.

»Wenn ihr nicht werdet wie die Kinder«, sagt Jesus. Das Beste am Leben, will er doch sagen, das kann man sich mit allem Begehren, mit aller Klugheit nicht verdienen. Liebe kann man sich nicht verdienen, die wird einem geschenkt. Wer einen Anspruch auf Liebe erhebt, wird sie glatt verlieren. Den Sinn des Lebens kann ich mir nicht selbst erarbeiten, der tritt mir als Hoffnung und Zuversicht entgegen, oder er ist nicht da. Das Reich Gottes kann ich nicht verdienen. Dass Gottes Liebe Ihr und mein Leben trägt, das kann man nur mit ausgebreiteten Armen empfangen. Wer überhaupt kein Gespür für das Wunder dieses Lebens hat und für die Besonderheit jeder einzelnen Stunden, der ist arm dran.

Aber bitte, bitte, so höre ich die Worte des Märchens und die Worte Jesu unisono sagen: Unterdrückt doch, Ihr Erwachsenen, das Kind in euch nicht ganz und gar. Das Kind in euch will alles so erleben wie zum ersten oder letzten Mal. Ein Wunder ist das Leben, auch wenn es mir manchmal schwer auf der Schulter liegt. Ein Wunder ist das Licht an jedem neuen Tag. Zum Staunen ist, dass wir diesen Nachmittag in dieser Runde so miteinander erleben können. Ein unfassbares Wunder bin ich selbst, ist jeder Mensch, der mir begegnet. Gottes Ja liegt über der Welt und unserem Leben, und das Kind in uns wird es erfassen, wird es ans Herz nehmen. Und wird, wenn wir älter werden, es auch mitgestalten können.

Zum 200. Geburtstag von Hans Christian Andersen in Wolfsburg-Ehmen – 28. August 2005

Sich verlassen

1 Dies sind die Worte des Briefes, den der Prophet Jeremia von Jerusalem sandte an den Rest der Ältesten, die weggeführt waren, an die Priester und Propheten und an das ganze Volk, das Nebukadnezar von Jerusalem nach Babel weggeführt hatte. 4 So spricht der HERR Zebaoth, der Gott Israels, zu den Weggeführten, die ich von Jerusalem nach Babel habe wegführen lassen: 5 Baut Häuser und wohnt darin; pflanzt Gärten und esst ihre Früchte; 6 nehmt euch Frauen und zeugt Söhne und Töchter, nehmt für eure Söhne Frauen und gebt euern Töchtern Männer; mehrt euch dort, dass ihr nicht weniger werdet. 7 Suchet der Stadt Bestes, dahin ich euch habe wegführen lassen, und betet für sie zum HERRN; denn wenn's ihr wohlgeht, so geht's euch auch wohl.
10 Denn so spricht der HERR: Wenn für Babel siebzig Jahre voll sind, so will ich euch heimsuchen und will mein gnädiges Wort an euch erfüllen, dass ich euch wieder an diesen Ort bringe. 11 Denn ich weiß wohl, was ich für Gedanken über euch habe, spricht der HERR: Gedanken des Friedens und nichts des Leides, dass ich euch gebe das Ende, des ihr wartet. 13 Und ihr werdet mich anrufen und hingehen und mich bitten, und ich will euch erhören. Ihr werdet mich suchen und finden; denn wenn ihr mich von ganzem Herzen suchen werdet, 14 so will ich mich von euch finden lassen. (Jer 29,1.4–7.10–11.13–14)

Liebe Gemeinde, das liest sich alles so leicht herunter, und das hört sich alles so selbstverständlich an. Aber ich kann den Aufschrei der Empörung noch hören, den der Brief des Jeremia bei den Exilierten in Babylon ausgelöst hat. »Baut Häuser, pflanzt Gärten, nehmt euch Frauen, nehmt für eure Söhne Frauen und gebt euren Töchtern Männer«. Richtet euch ein, packt eure Koffer aus, ihr werdet dort lange bleiben. »Was!« höre ich die Exilierten in Babel schreien. Was

ist es mit der Rückkehr in das Land der Väter und Mütter, das doch
Gott dem Volk Israel gegeben hat? Soll das Unrecht von Vertreibung
und Exil auf einmal prophetisch sanktioniert sein? Vergleichbar wird
die Wut und Empörung der Juden in Babylon sein mit der Wut
und Empörung vieler Vertriebener und Flüchtlinge, als 1965 die
Ostdenkschrift der Evangelischen Kirchen in Deutschland erschien.
»Was!« Die Ostgebiete abschreiben? Den Verlust von Ostpreußen
und Westpreußen und Schlesien und Teilen Pommerns als Gericht
Gottes akzeptieren, als Konsequenz des Unheils, das Deutschland
über seine Nachbarn, über die Juden, über die ganze Welt gebracht
hat? Baut Häuser, da wo ihr seid, schreibt Jeremia ungerührt, und
wohnt darin. Pflanzt Gärten und esst ihre Früchte. Suchet der Stadt
Bestes, dahin ich euch habe wegführen lassen.

Das greift tief hinein in meine persönliche Lebensgeschichte. Deshalb erlauben Sie mir einen kleinen biografischen Exkurs. Ich meine
damit nicht, dass wir in der Stadtkirchenarbeit dieses Jeremia-Wort
»Suchet der Stadt Bestes« immer wieder herangezogen haben, um
die Aufgabe der Kirche zu beschreiben in einer Stadt, in der die
christliche Gemeinde mit vielen anderen lebt. Im Zusammenhang
des Jeremia-Briefes ist das nicht ein Wort an die, die in der Stadt
oder in einem Dorf sowieso zu Hause sind. Ein Wort an die Fremden in einem Ort, ein Wort für die Hereingespülten ist dieses biblische Schreiben. Und ich sehe mich als elfjährigen Jungen mit Mutter
und Schwester am 15. Februar 1945 nachts, die Kirchturmuhr schlug
gerade zwei, auf einem Ackerwagen in ein Dorf in der Lüneburger
Heide einrollen. Irgendwo von den Wellen des Krieges hin gespült.
Noch einmal davongekommen, dem sicheren Untergang entronnen.
Uns Kindern brauchte man das, was Jeremia schreibt, nicht lange zu
sagen. Nach ein, zwei Jahren des Übergangs waren wir am neuen
Ort zu Hause. Aber die Älteren! Baut Häuser? Gebt eure Töchter den
Söhnen des Bauern und redet nicht die Katastrophe herbei, wenn
euer Sohn ein einheimisches Mädchen liebt! Wo bleibt da alles, die
eigene Geschichte, die eigene Identität samt der Sehnsucht nach dem
wunderbaren Land, in dem die Mütter und Väter seit Generationen
zu Hause waren? Das Gefühl des Unrechts der Vertreibung wächst
mit der Zeit, zumindest dieses: Die einen hat's getroffen, die anderen
sitzen auf fester Scholle. Das lässt Menschen doch nicht von einer

Stunde zur anderen los. Geradezu gefährlich pragmatisch scheint Jeremia in seinem Brief zu argumentieren: »Suchet der Stadt Bestes; denn wenn's ihr wohl geht, dann geht's euch auch wohl«. Als ein Meister der Anpassung erscheint der Prophet auf einmal und das kann doch wohl nicht alles sein.

Ich denke, man kann diesen Brief des Jeremia wie auch die Ostdenkschrift der Evangelischen Kirche in der Tiefe nur theologisch, nur aus der Tradition unseres Glaubens heraus verstehen.

Zum jüdischen wie auch zum christlichen Glauben gehört von Anfang an eine seltsame Ortlosigkeit. »Ein wandernder Aramäer war mein Vater« ist das Grundbekenntnis des alten Israel. Ein Nomadenvolk ist das Israel der Väterzeit, und die Verheißung des Gelobten Landes ist im Kern immer als Geschenk und Gabe Gottes, nie als bleibender Besitz verstanden worden. Erst der Zionismus, der im Umgang ja eine ganz säkulare Bewegung war, hat den jüdischen Glauben so eng mit dem Heiligen Land verknüpft. Ein Wanderprediger aus Galiläa und Judäa war der Mann aus Nazareth. »Die Füchse haben Gruben und die Vögel unter dem Himmel haben Nester, aber des Menschen Sohn hat nicht, da er sein Haupt hinlege«. Im Umherziehen hat Christus seine Jüngerinnen und Jünger um sich geschart. »Wir haben hier keine bleibende Stadt, sondern die zukünftige suchen wir«. So hat das der Hebräerbrief aufgenommen. Das »wandernde Gottesvolk« ist eines der prägenden Bilder des kirchlichen Selbstverständnisses geworden. Unterwegs durch die Zeit sind wir. Sicher, die Kirche hat sich immer wieder festgesetzt, ist sogar Staatsreligion geworden. Aber das ist ihr meist nicht gut bekommen. Und die Reformation, deren Geburtstag wir gerade gefeiert haben, hat diese dynamische Struktur wieder neu ins Bewusstsein gebracht, und die Besinnung auf die Reformation versucht, sie im Bewusstsein zu erhalten.

Wir haben keine heiligen Orte wie die Kaaba in Mekka, zu der man einmal in seinem Leben pilgern muss. Wir pilgern nicht nach Wittenberg oder Jerusalem. Wir pilgern nicht nach Rom, um Orientierung zu erhalten, so sehr sich unser Herz nach Gewissheit und Sicherheit in diesen unübersehbaren Zeiten sehnen mag. Und wenn sich Menschen auf den Weg nach Santiago de Compostella oder zu anderen Orten machen, dann ist der Weg das Ziel und das Unterwegssein der

Ort der eigentlichen Erkenntnis. Wenn auch Prostestanten bestimmte Orte einer geballten Frömmigkeit haben, wie es vielleicht für manche die Marktkirche ist, dann doch nur, weil ich hier wiederzufinden hoffe, was ich einmal an diesem Ort empfangen habe. Räume und Orte und Institutionen sind nicht in erster Linie messbare Größen, die man auf eine Dauer stellen kann. Räume und Orte und Institutionen sind entscheidend wichtig durch das, was in ihnen geschieht. Räume, Städte, Orte sind Beziehungsräume. »Ich bin ein Hannoveraner« haben wir in den letzten Tagen in dieser Stadt mehrfach gehört, und der Ausdruck von Stolz oder der Aufruf zum Stolz war darin unüberhörbar. Aber das kann dann doch nur heißen, dass ich diese Stadt als meinen Lebensraum annehme, den ich mitzugestalten habe und den ich auf Zeit mitgestalten darf. Wenn Hannover 96 so katastrophal verliert wie am Freitagabend, dann ist der Stolz darauf, ein Hannoveraner zu sein, sehr schnell dahin. Als ich an diesem Abend von einer kurzen Reise zurückkkam, habe ich am Bahnhof an den Hunderten von langen Gesichtern und hängenden Schultern, auch an der totalen Sprachlosigkeit gründlich davon ausgehen können. Jede Veränderung, jede Katastrophe, natürlich auch jedes Unterwegssein, jedes Exil stellt mich vor die Frage, worauf einer eigentlich sein Leben baut.

Aber damit sind wir, liebe Gemeinde, von den stadtsoziologischen oder den stadttheologischen Fragen längst in den Bereich persönlicher Ortsbestimmungen hinübergewechselt. Baut Häuser, heiratet, lasst heiraten, suchet der Stadt Bestes, betet für sie. Also: Worauf verlassen Sie sich eigentlich? Worauf verlasse ich mich gerade, wenn Dinge in den Blick kommen, die mich aus der Normalität des Lebens hinauszuwerfen scheinen?

Das Wort »verlassen« ist ja eines der hintergründigsten Worte unserer Sprache, »Ich verlasse mich auf dich«, sage ich zu meiner Frau, zu unserem Sohn, zu einem Freund. Nehmen Sie diese Worte wirklich ganz beim Wort. Ich verlasse mich. Ich gehe aus mir selbst heraus. Ich gehe anderswo hin und finde dort Verlässliches. Ich verabschiede mich von allen Bemühungen, mir selbst Sicherheit zu verschaffen und verlasse mich auf einen anderen hin. Ich gehe aus mir heraus, wie ich durch eine Tür ins Freie gehe. Es ist natürlich die Frage, was mich dort hinter der Tür erwartet, durch die ich gehe. Wenn ich mich verlasse, worauf werde ich bauen können?

Sie merken: Sich verlassen, das ist ein Wagnis. Deshalb verkrampfen sich viele Menschen und sagen: Wirklich verlassen kannst du dich nur auf dich selbst. Aber ist man nicht verlassen, wenn man sich nur auf sich selbst verlässt? Kennt der, der so redet, eigentlich sich selbst? Seine Abgründe, seine Verzweiflung, seine Endlichkeit und seine Einsamkeit? Nein, es gibt keine Alternative zu dem »Sich verlassen auf einen anderen, auf eine andere hin«. Es gibt keinen festen Boden unter den Füßen, auf den man sich stellen könnte. Genauer: Wir haben keinen festen Boden unter den Füßen, solange wir stehen bleiben. Es gibt keine unverwandelbaren Voraussetzungen, schon gar nicht in mir selbst, auf die wir unser Denken und Handeln gründen könnten. »Unsere Identität liegt in der Sehnsucht«, hat ein Psychoanalytiker gesagt. Ich werde mich nur selbst finden, wenn ich mich verlasse, um dann wieder zu mir selbst zurückzukehren. Bewegungslosigkeit ist Starrheit, und Starrheit lässt das Sterben ahnen.

Dass das alles keine bloße Theorie ist, das ahnen Sie sicherlich, liebe Gemeinde. Das zeigt die zentrale Rolle, die die Liebe in unser aller Leben spielt. In der Liebe verlasse ich mich auf eine andere, auf einen anderen. Alle Maßstäbe verschieben sich, das Unterste wird zuoberst gekehrt. Aber Liebe bedeutet nun wahrlich nicht, ein schwankendes Schiff zu verlassen, um am sicheren Port zu landen. Auch die Liebe bleibt eine Bewegung auf schwankendem Boden. Ich liebe dich, liebe ich dich, liebst du mich, bin ich geliebt? Liebe weiß das Wichtigste über das Leben, nämlich, dass das Leben Bewegung ist. Dass es nichts Festes gibt. Wer meint, in der Liebe eines anderen vor Anker zu gehen, wird Schiffbruch erleiden. Aber wer überhaupt nicht liebt, ist lebend tot.

»Baut Häuser, pflanzt Gärten, nehmt euch Frauen, suchet der Stadt Bestes«. Wie eine Anweisung klingt dieser Brief des Jeremia, das Leben in Babel als eine solide Basis künftiger Existenz anzunehmen. Aber nein, denke ich, so meint das der Prophet nun wirklich nicht. Eine Bejahung des Unterwegsseins steckt darin. Ein Ja zu dem Weg, den Gott sein Volk und die Seinen führt. Nahezu sofort werden die Verben, die auf ein statisches Leben zielen, durch Verben einer ganz neuen Bewegung abgelöst. Deshalb gehört der Schluss dieses Briefes unbedingt zum Verständnis des Ganzen mit dazu. »Ihr werdet mich anrufen und mich bitten«, lässt dieser Gott den Frauen und Männer nach Babel schreiben. »Ihr werdet mich suchen und mich finden«. Und: »Wenn ihr mich von ganzem Herzen suchen werdet, so will ich mich von euch finden lassen«.

Anrufen, suchen, finden. Ja, das ist die Bewegung meines Lebens. Ich suche dich. Ich suche den, auf den ich mich verlassen kann. Ich suche eine Geschichte, die mir die hellen und die dunklen Seiten meines Lebens zeigt und sie mir erklärt. Ich suche einen Spiegel, in dem ich mich erkennen kann und der mir weiterhilft. Ich suche Gott. Ich suche eine Geschichte, die mir von dem Gott erzählt, der Himmel und Erde geschaffen hat und den Menschen. Sie und Sie und mich auch und noch dazu. Ich suche eine Geschichte, die mir mitten in aller Zerstörungswut die Unantastbarkeit und die Würde des Menschen zeigt. Ich suche eine Geschichte, die mir von der Liebe Gottes erzählt, die so über alles Begreifen geht. Eine Geschichte, die diese Liebe mich spüren, ja tasten und schmecken lässt. Und ich höre, dass dieser Gott sich suchen und finden lässt. Nicht immer, nein, so wie es eben zur Bewegung des Lebens gehört. Aber so, dass ich damit, dass ich davon leben kann.

Und so sage ich jetzt, und ich hoffe, dass Sie mir damit in Ihren Herzen zustimmen können: Ich verlasse mich auf Gott. Ich gehe aus mir heraus und trete durch diese Tür ins Freie. Ein wenig ängstlich noch. Ist da wirklich der, auf den ich mich verlassen kann? Aber er hat versprochen, dass er sich von mir suchen und finden lässt. Und so wage ich es einfach und sage: Ja, ich vertraue. Ich vertraue, dass mein Weg bei dir, Gott, in guten Händen ist. Ja, ich komme und bringe das Geringe mit, das mir gegeben ist. Ein bisschen Glaube, ein wenig Liebe, eine kleine Ahnung von Wahrheit. Wir sind Bettler, das ist wahr. Aber das Wunderbare ist es auf diesem Weg, dass wir vor Gott erkennen, wie unendlich reich wir sind mit diesem Leben.

»Baut Häuser, heiratet, suchet der Stadt Bestes«. Ja, liebe Gemeinde, das Leben geht weiter. Aber vergesst nie, so steht es in diesem Brief nach Babel, dass wir alle unterwegs sind. Immer. Unterwegs zu einem Ziel, das Gott uns setzen wird.

21. Sonntag nach Trinitatis – 5. November 2006

Die Davongekommenen fragen

Auch die Bibel kennt die Erfahrung der großen Flut, die alles vernichtet, und das Rätsel des davongekommenen Lebens.

Im 1. Buch Mose in den Kapiteln 6–8 steht die Erzählung von der Sintflut, die die ganze Erde untergehen lässt und die nur Noah mit seiner Familie und mit einigen Tieren überlebt. So heißt es nach dem Aufhören der Wasserfluten und dem Verlassen der übriggebliebenen Tiere und Menschen aus der Arche:

> 20 Noah aber baute dem HERRN einen Altar und nahm von allem reinem Vieh und von allen reinen Vögeln und opferte Brandopfer auf dem Altar. 21 Und der HERR roch den lieblichen Geruch und sprach in seinem Herzen: Ich will hinfort nicht mehr die Erde verfluchen um der Menschen willen; denn das Dichten und Trachten des menschlichen Herzens ist böse von Jugend auf. Und ich will hinfort nicht mehr schlagen alles, was da lebt, wie ich getan habe. 22 Solange die Erde steht, soll nicht aufhören Saat und Ernte, Frost und Hitze, Sommer und Winter, Tag und Nacht.
> (1. Mose 8,20–22)

Sehr geehrte Damen und Herrn, liebe aus verschiedenen Nationen und Religionen zusammengesetzte Gemeinde!

Es gibt keine Sprache, über Hiroshima und Fukushima zu sprechen. Diese Orte, Hiroshima, Nagasaki, Fukushima, liegen für mein Gefühl ganz dicht beieinander. Die Orte der militärischen wie der angeblich friedlichen Nutzung der Kernenergie, die in Menschheitskatastrophen mündeten. Dass ein Land, Japan, diese beiden Formen apokalyptischer Katastrophen zusammen erleben, durchstehen und verarbeiten muss, lässt mich als Deutschen, der das alles aus der Ferne beobachtet, fest verstummen.

Der Franzose Alain Resnais hat – nach einem Textbuch der Marguerite Duras – den Versuch gemacht, einen Film über Hiroshima zu drehen. »Hiroshima, mon amour«. Man sieht zwei schöne, nackte, unversehrte Körper auf einem Hotelbett. Eine Französin und ein Japaner haben sich ineinander verliebt. Sie sprechen über Hiroshima. Sie sagt ihm, sie haben alles gesehen in Hiroshima. Man sieht, was sie sah. Es ist entsetzlich. Währenddessen bezeichnet seine Stimme die Bilder als verlogen, als unerträglich falsch und oberflächlich. Sie habe nichts gesehen in Hiroshima. Alles, was man tun kann, ist, darüber zu sprechen, wie unmöglich es ist, über Hiroshima zu sprechen. Das Wissen um Hiroshima ist eine beispiellose Selbsttäuschung des menschlichen Geistes.

Es gibt keine Sprache, über Hiroshima und über Fukushima zu sprechen. Für Fukushima gilt das fast noch mehr, weil die Verstrahlung des Menschen, die Verseuchung von Land und Meer auf unermessliche Zeiten so unsichtbar, so schnell vergessen und so wirkungsvoll zu verdrängen ist. Wie verlogen der Umgang mit Fukushima in Teilen der Wirtschaft, in Teilen der Politik ist, meinen wir aus der Ferne auf Schritt und Tritt zu spüren.

Nein, es gibt keine Sprache, angemessen über das Geschehen von Fukushima zu reden. Das Leiden von Mensch, Tier, Erde, Luft, Meer übersteigt alle Dimensionen. Die Künstlerinnen und Künstler, die sich mit dieser Ausstellung dem apokalyptischen Thema »Fukushima« stellen, machen nach meinem Eindruck auch nur in Ansätzen den Versuch, die Erfahrung von Fukushima in Bildern und Installationen darzustellen und umzusetzen. Diese noch immer andauernde Bedrohung allen Lebens, die mit dem 11. März 2011 beginnt, mit dem Erdbeben, dem dadurch ausgelösten Tsunami, mit den Kernschmelzen in 4 der 6 Reaktoren des Kernkraftwerkes. Mit der Unfähigkeit der Betreibergesellschaft, der Tepco, der Störungen Herr zu werden und die Öffentlichkeit adäquat zu informieren. Mit den sichtbaren und unsichtbaren Folgen der Verstrahlung, mit der Umsiedlung von bis zu 150 000 Menschen aus dem ganzen Gebiet, dem Verlust der Sicherheit, von Heimat. Nein, es gibt keine Sprache, über Fukushima zu reden, auch in Bildern und nachgestellten Situationen nicht. Es wäre alles oberflächlich und verlogen. Stattdessen betreiben die Künstlerinnen und Künstler aus

Japan und Deutschland etwas, was ich die ästhetische Umsetzung einer kritischen Bewusstseinsanalyse nennen möchte. Wir gehören alle, ob nah oder fern von dem Geschehen, zu den noch einmal Davongekommenen. Wie kann man, ob nah oder fern, mit dieser Erfahrung von Hiroshima leben? Kann es nach Fukushima noch ein Leben geben, das davon unberührt bleibt? As time goes by? Nur noch Vergessen und Verdrängen nach Fukushima? Aufschlüsse zur Daseinsanalyse nach Fukushima, das erwarte ich von dieser Ausstellung. Machen wir die Probe aufs Exempel. Da ist die Arbeit von Chieko Fumikura-Fuhrmann. »Und dann« hat die Künstlerin sic genannt. Sie ist Japanerin und mit einem Deutschen verheiratet und lebt in Hannover und Kyoto. In einer aufsteigenden Linie hat sie eine denkbare einheitliche Reaktion auf die Erfahrung von Fukushima in verschiedene Bewusstseinszustände zerlegt. In einem Bild lässt sich das alles gar nicht fassen. Hinein spielt die Erfahrung von Zeit, die die Perspektiven und Reaktionen verändert. »Und dann«. Ja, was dann? Mit der Verzweiflung und dem Entsetzen beginnt der Weg und läuft über leise Zeichen der Hoffnung und mündet in das Weiß der Leere und des Nichts. Ich werde nicht fehlgehen in meiner Interpretation, wenn ich diesen Wegecharakter des Bewusstseins beeinflusst sehe von dem »edlen, achtfachen Pfad« der buddhistischen Lehre. Von der Erkenntnis der Situation geht dieser Weg über das Leben und Reden bis zur vollkommenen Freiheit im endlichen Erreichen des Nirwana.

Und ich will die tiefe Wahrheit dieses philosophischen und religiösen Denkens und der daraus erwachsenen Praxis nicht übersehen, die darum weiß, dass es die Gier des Menschen ist, die das Leiden in der Welt schafft. Für die Urgewalt der Gier haben wir doch eine fortdauernde Anschauung in uns selbst und um uns herum. In der Überwindung der Gier ereignet sich die Freiheit des Geistes und der Sinne. Das muss man sich doch wirklich einmal sagen lassen! Wobei ich aus einer höchsten kulturellen Geschichte kommend, hinter jenen höchsten Zustand der Vollkommenheit am liebsten noch einmal ein »Und dann« setzen würde.

Es hat in der europäischen Geschichte ein Ereignis gegeben, das uns Europäer den unmittelbaren Erfahrungen der Japaner von heute vergleichbar macht. Es ist heute bei uns kaum noch bekannt, aber es hat das geistige Klima eines ganzen Kontinents verändert. Im November 1755 zerstörte ein kurzes gewaltiges Erdbeben – mit den dadurch ausgelösten Flutwellen und Großbränden – eine der bedeutendsten und reichsten Städte des Kontinents bis auf den Grund. Die portugiesische Hauptstadt Lissabon ging unter. Die tiefen Erschütterungen des Denkens und Fühlens, die das Erdbeben von Lissabon auslöste, kann man noch immer im Werk Voltaires, im Denken Immanuel Kants und in den Dichtungen Goethes nachempfinden. Das Gefühl, in diese Welt als einer guten Ordnung Gottes in Zeit und Ewigkeit zu Hause zu sein, war in der Tiefe zerstört. Der kosmologische Gottesbeweis, mit dem man aus der wunderbaren Ordnung dieses Lebens auf die Existenz Gottes mit logischer Konsequenz schließen konnte, war auf einmal dahin. Wie kann man in einer Welt sicher und zu Hause sein, die plötzlich in entsetzlichen globalen Katastrophen die tiefe Gespaltenheit dieses Lebens widerspiegelt? Die Einheit von Natur, menschlicher Geschichte und göttlichem Ursprung war zerbrochen und ließ sich nie wieder reparieren. In den Katastrophen des 20. Jahrhunderts erlebte dies alles seine entsetzliche Aufgipfelung. Der Verlust an Weltvertrauen ging einher mit dem Verlust der Gottessicherheit. Das Wort von der »Obdachlosigkeit des Menschen« in dieser Welt wird geboren und wird zum Merkmal einer modernen Zeit.

Es ist dieser Verlust an Weltvertrauen, den ich in der Bilderserie von Chieko Fumikura-Fuhrmann wiederentdeckte. Vielleicht ist er in einem kulturellen Klima, das vom Buddhismus geprägt ist, viel älter als auf unserem europäischen Kontinent. Heute treffen wir uns genau darin. Und entdecken gemeinsam, dass es einen Weg zur Bewältigung eines Lebens nach Lissabon und Fukushima, nach Auschwitz und Hiroshima nur in der persönlichen, nur in der individuellen Bewältigung der Herausforderungen dieses Lebens gibt.

Fragen fordern mich heraus. In der Frage steckt die größere Kraft als in den Antworten, die man schon immer weiß und die doch nicht helfen. Und mir wird deutlich: In einer Zeit, in der die Sicherheit eines geruhsamen und gottgefügten Lebens zerbrochen ist, ist menschliche Existenz eine einzige Herausforderung, sich den Fragen seines Lebens zu stellen. Die Welt ist voll von den lauten oder leisen Fragen nach dem »Warum«? Es sind die Fragen der noch einmal Davongekommenen, die das Scheitern oder den Untergang gesehen und erlebt haben und darin einen Anruf spüren. Sich den Fragen seines Lebens zu stellen und die Herausforderung begreifen, die darin liegt. Das werden die Weichenstellungen meines Lebens sein. Warum, um es nun auch von mir persönlich zu sagen, bin ich im Januar 1945 mit Mutter und Schwester anders als Hunderttausende andere zwar an der Seele verwundet, aber körperlich unbeschadet aus dem Königsberger Kessel herausgekommen? Haben wir die »Wilhelm Gustloff« nur um Tage verpasst, die zur gleichen Zeit mit 9.000 Menschen an Bord, darunter 4.000 Kindern in der Ostsee unterging? Von Fragen solcher oder anderer Art ist das Leben jedes Menschen voll. Man kann sie verdrängen, überhören. Man kann aber auch eine eigene Antwort darauf zu finden suchen.

An dieser Stelle kommt in meinen Gedanken der Bibeltext ins Spiel, den ich am Anfang der Predigt gelesen habe. Noah steigt mit seiner Familie und den Tieren aus der Arche. Die Flut hat sich verlaufen. Eine ganze Erde, die Menschheit ist in den Wassern ertrunken. Er allein ist mit den Seinen übrig geblieben. Er ist in extremer Weise ein Davongekommener. Warum gerade er? Fragen, von denen der Mann offenbar weiß, dass es darauf keine Antwort gibt. Er versucht sie, mit seiner Person zu geben. Wortlos baut er dem Herrn einen Altar, opfert nach seiner Sitte. Wie schon beim Bau der Arche, hört der Mann jenseits der Katastrophe eine Stimme, die er als Stimme seines Gottes zu erkennen meint. Er hört sie sagen: »Solange die Erde steht, soll nicht aufhören, Frost und Hitze, Sommer und Winter, Tag und Nacht«. An diese Zusage wird er sich halten. Das Leben wird zu einem unverdienten Geschenk für den nächsten Tag.

Nein, es gibt keine Sprache, über Hiroshima und Fukushima, über Stalingrad und Nine Eleven zu reden. Aber ich kann aus den offenen Fragen der Katastrophen dieser Welt und meines Lebens heraus eine Stimme hören, die sich an einer anderen Welt orientiert, als ich sie in eben diesen Katastrophen vor mir sehe. Eine Antwort auf die Frage, warum das alles geschieht, wird sie mir nicht geben. Aber sie sagt: »Nun komm. Wo ist dein Altar«? Der gegen die Wirklichkeit durchgehaltene Impuls ist in dieser Stimme, dass es anders werden soll und kann. Der Bann des Untergangs kann gebrochen werden, zum Rechten, zum Guten kann es sich wenden. Die Stimme Gottes höre ich daraus, den ich in Christus kennengelernt habe, der den Weg der Gerechtigkeit und der Liebe ging. Andere mögen andere

Verbindungen suchen, das ist in Ordnung. Wichtig ist nur, diese Stimme zu hören, die sagt: »Geh los!«. Ein wenig mehr Gerechtigkeit, ein wenig mehr Liebe in dieser doch so wunderbaren Welt mit Tag und Nacht, Sommer und Winter könnt ihr doch schaffen.

Die Fragen bleiben. Aber ich höre die Stimme dieses Gottes: Diese Welt wird nicht so bleiben, wie sie ist. As time goes by. Das liegt so nahe. Aber täusche dich nicht. Deine Zeit ist nicht unendlich, die Tage und die Begegnungen sind nie einander gleich. Empfange jeden Tag als Geschenk, gib Leben weiter. Diese kleinen Schritte der Aufmerksamkeit, der Erinnerung, des Gedenkens. Diese kleinen Schritte der Zuwendung und der Zuneigung, das wird es sein.

Kunstgottesdienst aus Anlass der Ausstellung »As time goes by« im Kubus Hannover zum Thema »Fukushima« – 14. September 2014

Mitleid als subversive Kraft

1 Als Jesus aber das Volk sah, ging er auf einen Berg und setzte sich; und seine Jünger traten zu ihm. 2 Und er tat seinen Mund auf, lehrte sie und sprach: 3 Selig sind, die da geistlich arm sind; denn ihrer ist das Himmelreich. 4 Selig sind, die da Leid tragen; denn sie sollen getröstet werden. 5 Selig sind die Sanftmütigen; denn sie werden das Erdreich besitzen. 6 Selig sind, die da hungert und dürstet nach der Gerechtigkeit; denn sie sollen satt werden. 7 Selig sind die Barmherzigen; denn sie werden Barmherzigkeit erlangen. 8 Selig sind, die reinen Herzens sind; denn sie werden Gott schauen. 9 Selig sind die Friedfertigen; denn sie werden Gottes Kinder heißen. 10 Selig sind; die um der Gerechtigkeit verfolgt werden; denn ihrer ist das Himmelreich. (Mt 5,1–10)

Liebe Gemeinde! Ein Christ sein, ein reformatorischer Christ sein, ein Mensch, der sich dem reinen und lauteren Evangelium zugewendet hat, wie die Reformatoren wie Martin Luther das zu sagen pflegten, das bedeutet: ein Mensch der Seligpreisungen sein. Das ist eigentlich alles, was am Reformationstag zu sagen ist, mit diesem Anfang der Bergpredigt in unseren Köpfen und Herzen. Damit könnte ich auch schon wieder aufhören, wenn das nicht entfaltet werden müsste. Eine reformatorische Gemeinde sein, eine Gemeinde, der das reine und unverfälschte Evangelium aufgegangen ist, das ist, ein Volk der Seligpreisungen sein. Eine Stadt, in der das Evangelium wenigstens ab und zu, zu gewissen Zeiten und an gewissen Orten im Schwange ist, ist eine Stadt der Seligpreisungen. Selig seid ihr, euch ist zu gratulieren, glücklich seid ihr zu nennen, hoch zu preisen. Selig sind, die da geistlich arm sind, selig sind die Leidtragenden, selig die Ohnmächtigen – die, die Luther als Sanftmütige übersetzt, aber dieses Element der Hilflosigkeit steckt darin. Selig sind, die Frieden machen, die der Gerechtigkeit so nachstreben, das sie unbequem werden. Selig seid ihr alle, ein Volk der Seligpreisungen, eine Stadt, über der das Heil Gottes liegt. Es sei denn, dass es keine Armen, Leidtragenden, Frieden Schaffenden, Gerechtigkeit Suchenden in ihren Mauern gibt. Das kann ich mir doch aber gar nicht denken.

Aber was heißt das denn nun alles, liebe Gemeinde? Nehmen wir die erste Seligpreisung, pars pro toto, als Beispiel für alle anderen. »Selig sind, die geistlich arm sind«, übersetzt unser Reformator Martin Luther. Das ist schief übersetzt, denke ich, zumindest heute missverständlich. Als ob zwischen der Lukas-Fassung, die die Armen glücklich preist, und dem Matthäus-Wortlaut, der die Armen im Geiste selig nennt, ein ganz gravierender Unterschied bestünde. Dort die materielle, hier die geistige Armut. Nein, »Selig sind die Ausgebrannten«, muss die Fassung bei Matthäus wohl im Deutschen heißen. Selig sind, die am Ende sind, leer und ohne Hoffnung, gesamtpersönlich, gesamtpersonal ist das gemeint. Kommt hier also die Armut des Menschen groß heraus? Fängt hier, ganz unmittelbar aus dem Munde Jesu, schon am Anfang der Evangelien, diese grandiose Glorifizierung des Kreuzes an, diese Verherrlichung der Schwäche, die nur eine Bemäntelung der eigenen Unfähigkeit ist, mit Schwachheit umzugehen und damit fertig zu werden? Armut wird dann zum Reichtum von innen, Leiden zur Pädagogik Gottes, mit der er Menschen erzieht. Ein theologischer Sadismus ist das wohl, der Menschen dort, ganz unten, festzuhalten sucht, wo sie ganz unten sind.

Friedrich Nietzsche, der besessene Kritiker des Christentums, hat darin wohl vom Christentum mehr verstanden, als wir meinen. Im »Antichrist« sind diese wütenden Sätze zu lesen. Alles Erbärmliche, die ganze Ghetto-Welt der Seele, alles Missratene, den ganzen Auswurf und Abhub der Menschheit hat das Christentum zu sich herüber geredet. Das Evangelium der Niedrigkeit macht niedrig.

Aber nein, das ist der Ton der Seligpreisungen nicht. Etwas Hochziehendes, nicht etwas Niederdrückendes liegt darin. Etwas Aufstehendes, etwas Aufständisches, wie es die Reformation war, nicht etwas Fesselndes ist darin zu spüren. Vielleicht liegt der kleine, aber entscheidende Unterschied darin, dass nicht die Armut, sondern die Armen selig gepriesen werden. Dass nicht das Leid, sondern die Leidenden selig genannt werden. Nicht der Frieden als immerwährende Glücklichkeit des Seins, sondern die, die Frieden schaffen im Schweiße ihres Angesichts und es erleiden, dass der Friede in Mostar oder wo auch immer nicht hält und die Kugeln wieder fliegen und der Hass alles andere niederwalzt. Selig, glücklich sind die Leidenden, die Armen, die Friedenschaffenden, weil es so unglaublich schwer ist, das auszuhalten, und weil darum Gott selbst zu ihnen kommt, weil Gott an ihrer Seite ist.

Es gibt diese schöne Geschichte vom Hl. Franz von Assisi, die mir wieder eingefallen ist, als in den letzten Wochen so viel von Assisi wegen des Erdbebens, wegen des Todesunglücks und der Zerstörung unschätzbarer Kunstwerke die Rede war. So bedroht ist auch alles, was groß und schön und erhaben ist. Da schliefen die Brüder eines Nachts zusammen, als um Mitternacht einer entsetzlich schrie. »Ich sterbe, ich sterbe«. Alle erwachten erschreckt. Der Heilige Franz erhob sich und sagte: »Steht alle auf und macht Licht«. Als es geschehen war, sagte er. »Wer hat gerufen, ich sterbe?« Der Betreffende meldete sich: »Ich bin es«. »Was hast du, Bruder, dass du sterben willst?« »Ich sterbe vor Hunger«. Da ließ der Heilige Franz sogleich den Tisch herrichten und klug und liebevoll, wie er war, aß er selbst mit ihm, damit jener sich nicht zu schämen brauchte, allein zu essen. Und nach seinem Wunsche aßen auch alle anderen mit. Nachdem sie gegessen hatten, sagte Franz zu den anderen: »Meine Brüder, ich sage euch, jeder soll auf seine Natur achten. Und wenn einer von euch mit weniger Nahrung auskommt als die anderen, so soll derjenige, der mehr braucht, sich nicht gewaltsam nach dem Maß des anderen richten wollen, sondern seine Natur beachten und seinem Leib das Nötige geben, damit dieser fähig ist, dem Geist zu dienen. Denn Gott will Barmherzigkeit und nicht Opfer.«

Die Geschichte vom heiligen Franziskus, liebe Gemeinde, ist – wie ich denke – eine schöne, herzerwärmende Geschichte. Und sie kann zum Gleichnis werden, so wie jede den Menschen in der Tiefe erschütternden Geschichte zum Gleichnis werden kann für das, was und wer Gott ist und was er tut. Das ist die Erfahrung, die der Glaube macht und die ihn immer wieder lebendig werden lässt und gegenwärtig. Da ist ein Mensch am Ende. Da ist er ausgebrannt, müde, in seinen Idealen gescheitert, vom Schmerz zerquält und gemartert, allein zurückgelassen, umsonst das Tun auch

in dem besten Leben, was hat man schon erreicht. Ich sterbe, ich
sterbe, dieser Ruf auf meinen Lippen und in meinem Herzen. Und
da geht das Licht an, unbegreiflich, aber unübersehbar. Unerwartet,
überwältigend sagt die Stimme. »Wer hat denn hier gerufen. Was
hast du, Bruder, Schwester«? Und da isst und trinkt einer mit mir,
auf dass ich mich nicht schäme wegen meiner Schwachheit. Da ist
eine Kraft da in einem Versagen und in meiner Müdigkeit, da geht
es weiter, da kommt Gott in Christus zur Welt und kommt zu mir.
Dieser Gott fängt ganz in der Tiefe zu reden und zu handeln an, der
Gott, der – wie Luther sagt – ein Backofen der Liebe ist mit seiner
Wärme und mit seiner Glut. Und der mir sagt, dass er den Menschen, dass er mich nicht über mein Vermögen hinaus beschweren
wird. Der Gott ist es ja doch, der die Barmherzigkeit in Person ist
und darum Barmherzigkeit und nicht Selbstaufopferung oder Selbst-
erniedrigung als Lebensziel der Menschheit kennt.

Es ist im letzten Jahr ein bemerkenswertes Buch des amerika-
nischen Stadtsoziologen Richard Sennett erschienen mit dem Titel
»Fleisch und Stein«. Der Autor geht der Frage nach der anderen
Stadt nach, der Frage also: Was ist mit dem Christentum denn wirklich Neues in unsere Welt hineingekommen? Er lässt das Athen des
Perikles vor unserem geistigen Auge vorbeiziehen mit dem Versuch,
aus der Nacktheit und Schönheit des Körpers die Maße des Lebens
zu gewinnen. Er lässt das Rom des Kaisers Hadrian vor uns auftauchen mit dem Versuch, an der Darstellung der eigenen Größe und
Macht den Gehorsam der Menschen zu erzwingen. Das Christentum aber, aus dem sich die Städte des Mittelalters und der Reformation entwickeln, entfaltet eine ganz andere Kraft. Die Grundlage
des Zusammenlebens in der Gemeinschaft, gerade in den Städten,
und deshalb blühen die Städte auf, das wird das Mitleid. Das wird
der Diakon, der durch die Mietskasernen und die Obdachlosenasyle
geht, der in die Pesthäuser hineingeht, oder wie Martin Luther sein
Haus zum Pesthaus macht. »Städte werden durch Barmherzigkeit
zusammengehalten«, schreibt der Pariser Theologe und Philosoph
Petrus Abaelardus. Jede Stadt ist eine geschwisterliche Gemeinschaft.
Das Mitleid wird zur Seele der Stadt, und das bleibt, solange noch
ein Funken des Christentums in ihr ist. Die Seligpreisungen sind
die Seele und der Geist, sind die Konturen dieser anderen Stadt.

Selig sind die Ausgebrannten, die Leidenden, die Friedensstifter, die
Gerechtigkeit suchen, die Barmherzigkeit, denn der barmherzige
Gott ist bei ihnen und in ihrer Mitte. Das Niveau einer Stadt und
der Menschen, die in ihr leben, erweist sich an der Sensibilität, die
sie für die Menschen hat, die am Ende, die ganz unten sind.

Das Mitleiden aber ist eine gewaltige, eine subversive Kraft.
Es stößt nicht die, die gefallen, gräbt nicht die Gruben, in die die
zum Untergang Bestimmten gestoßen werden. Gegen die Macht
der Stärke und gegen die natürliche Selektion der Stärkeren setzt
der christliche Glaube, setzen die Seligpreisungen Jesu ein unend
liches Ja zum Menschen und zum Leben. Die Wiederherstellung der
unableitbaren Würde des Menschen ist das Ziel der Wege Gottes
mit dieser Welt. So wie ich es vor Jahren in Chicago in der riesigen
Versammlung der Schwarzen bei der Operation Push, der Nach-
folgeorganisation der schwarzen Bürgerrechtsbewegung, bei Jessie
Jackson erlebte. Da waren die schwarzen Haushaltshilfen, die Schuh-
putzer und Kofferträger, die Fabrikarbeiter und Arbeitslose zu Tau-
senden beisammen und stimmten manchmal weinend ein in den
Ruf, den der Redner vorgab: »I am somebody. I am to be respected,
I am to be honoured«. Die Würde des Menschen ist die von Gott
zugesprochene Würde, nicht die durch Leistung erbrachte. In die
Sprache der Seligpreisungen übersetzt: Ich mag krank sein, alt und
einsam, ich mag überfordert sein, Angst haben, mag versagen, da
geht etwas radikal bei mir in die Brüche. Ich bin jemand, ich bin
Gottes geliebter Mensch.

Ob wir das in unseren Städten noch leben können? Ob die Stadt
noch diese Seele hat? Die Städte mit dem wachsenden Individualis-
mus von Menschen, die den christlichen Glauben allenfalls noch als
Balsam für die eigene Seele verstehen und nicht mehr als gesellschaftliche Kraft, die die Augen für das Miteinander öffnet. Da kommt
vielleicht ein Reformationstag gerade recht. Ein Reformationstag,
der uns auf die Mitte des Evangeliums weist und uns das Aneignen
und Zugreifen lehrt, will ja doch Gottes Wort und Nähe nie zu
einem Besitz werden, den man in die Schatzkammer der eigenen
Geschichte legen kann. Und so schließe ich meine Predigt mit dem
berühmten Wort Luthers aus seiner Schrift an die »Ratsherren aller
Städte deutschen Landes«, das Sie sicher mit dem nachdenklichen

Ernst oder Schmunzeln der historischen Distanz hören werden, aber auch als Mahnung zu einer lebendigen Aneignung des Evangeliums verstehen werden. »Liebe Deutschen, kauft, weil der Markt vor der Tür ist, sammelt ein, weil es scheint und gut Wetter ist, braucht Gottes Gnade und Wort, weil es da ist. Denn das sollt ihr wissen, Gottes Wort und Gnade ist ein fahrender Platzregen, der nicht wiederkommt, wo er einmal gewesen ist. Er ist bei den Juden gewesen, aber hin ist hin, sie haben nun nichts. Paulus brachte ihn nach Griechenland, hin ist auch hin. Nun haben sie den Türken. Rom und lateinisch Land hat ihn auch gehabt, hin ist hin, sie haben nun den Papst. Und ihr Deutschen dürft nicht denken, dass ihr ihn ewig haben werdet, denn der Undank und Verachtung wird ihn nicht lassen bleiben. Darum greift zu und haltet zu, wer greifen und halten kann; faule Hände müssen ein böses Jahr haben«.

Wie gut, dass Gottes Wort auch ein solches gewichtiges Lutherwort noch übersteigen kann. Menschen der Seligpreisungen. Stadt der Seligpreisungen – Vision und Wirklichkeit. Noch sind die Umrisse, die Mauern dieser Stadt zu erkennen. Ach, dass wir doch darin eine neue Wohnung finden.

Reformationstag – 31. Oktober 1997
St. Marien Osnabrück

Nackt sein

Liebe Gemeinde! »Wir wollen jedoch nicht nackt dastehen«, schreibt der Apostel Paulus. Nackt. Heute am Volkstrauertag, an dem wir der Toten, der Gefallenen und Ermordeten aller Kriege, aller Heer und aller Lager gedenken, habe ich dabei meine eigenen Gedanken. Als erstes habe ich die Bilder eines Films vor Augen. »Nacht und Nebel« heißt er. Viele von Ihnen kennen ihn vermutlich. Die Konzentrationslager am Tage der Befreiung. Halbnackte, ausgemergelte Gestalten am Stacheldraht, zu kraftlos, um noch zu winken. Und dann die Berge nackter Leichen, von Baggern in ein Riesenloch zusammengeschoben. Bilder der letzten, der äußersten Erniedrigung des Menschen, ja, da ist dann schon nichts mehr an Achtung und Würde, nichts mehr an Respekt von der angeblich unverlierbaren Größe des Menschen, des göttlichen Geschöpfes. Nur noch Leblosigkeit und Verachtung und Anonymität des Leidens und eine restlose, totale Nacktheit: »Und wir wollen ja doch nicht nackt dastehen«.

Der andere Gedanke. Ich habe gestern in eine Schublade meines Schreibtisches gegriffen und habe die letzten Briefe meines mit

19 Jahren in Russland gefallenen Bruders herausgeholt. Briefe, im Stehen mit Bleischrift geschrieben, kaum leserlich, mit schnellen Sätzen. »Wir liegen wie üblich im Schützenloch. Gestern Nacht sind wir aus einer heiklen Stellung in eine etwas ruhigere Gegend gekommen. Ruhe hat man uns auch hier nicht gegönnt. Augenblicklich ist hier auch kein Mann zu entbehren. Gewaschen habe ich mich schon seit Wochen nicht mehr. Ich kann auch schon sagen, Schuh und Strümpfe sind zerrissen, durch die Hose pfeift der Wind«. Und dann, 14 Tage vor seinem Tod, im Oktober 1943 am Ladoga-See: »Über eines bin ich mir hier in Rußland in Hinsicht auf meine spätere Berufswahl im klaren geworden. Menschenarzt werde ich wohl kaum werden. Ich habe hier so viele Tote und schrecklich verstümmelte Russen und auch Kameraden gesehen«. Die Nacktheit und Brutalität des Todes, die Verstümmelung des Menschen, zu denen bald er selbst gehören sollte, der Gefreite mit dem Notabitur und mit dem Eisernen Kreuz II. Klasse im Namen des Führers und Obersten Befehlshabers der Wehrmacht. Nackt und erbarmungslos ausgesetzt. »Und wir wollen ja doch nicht nackt dastehen«.

Nackt zu sein, das ist nur da schön, wo man geliebt wird. Ein Leben lang aber fühlt sich der Mensch auch ausgesetzt, auch nackt im Sinne von bloß. Schon das Kind erlebt wahrscheinlich den Augenblick der Geburt als Ansturm des Fremden, die ihn nackt und frierend hinterlässt. Der Zustand vor der Geburt erscheint als die verlorene Geborgenheit. Mühsam muss dieses Ur-Trauma der Geburt von den Eltern aufgefangen werden. Die Tücher, in die wir die Kinder wickeln, sind wohl so etwas wie ein zweiter Mutterleib. Kaum hat der kleine Mensch Vertrauen gefasst zu seiner Umwelt, sich in sie eingehüllt wie in ein schützendes Gewand, da muss er wieder hinaus in die zugige Kälte des Fremden. Die Entwicklung der Ich-Identität setzt ein, die eigene Person muss unterschieden werden von der Umwelt. So geht es weiter, immer neue Prozesse der Herauslösung aus dem bisher Vertrauten und hinein ins Fremde, nackt, bloß und schutzlos, ohne Dach über dem Kopf und unbehaust. Bis er eines Tages da liegt in dem Kleid, dessen Hemd – als letztes – keine Taschen hat. Nein, vielleicht schlimmer noch, bis hinein in das Sterben, das wir uns gegenseitig bereiten, hilflos und höhnisch zugleich, dem andern selbst im Tod seine Würde nehmend.

»Und wir wollen ja doch nicht, nein, wir wollen doch nicht nackt dastehen«.

Das ist das Seufzen und das Stöhnen, von dem der Apostel redet. Das ist Stimme der Sehnsucht, die uns ein Leben lang begleitet. Aus der Geborgenheit kommend, sind wir ein Leben lang dahin unterwegs. Einmal ein Haus über dem Kopf haben, einmal endgültig ankommen. Einmal eine Gemeinschaft ohne Auseinandersetzungen, eine Ehe ohne Streit, eine Welt ohne Feindschaft und ohne Krieg. Einmal in einem Glaubensleben, der durch nichts und niemand mehr erschütterbar ist. Das Seufzen und das Stöhnen, laut oder leise. »Der dunkelste und tiefste Grund in der menschlichen Natur ist Sehnsucht, ist Schwermut« hat der Philosoph Schelling geschrieben. Warum? Weil wir nicht sind, was wir sein wollen. Weil wir zerstören, wovon wir leben. Weil wir dem anderen neiden und absprechen, was wir für uns selbst mit großer Selbstverständlichkeit beanspruchen. Weil wir mit uns selbst uneins sind. Weil wir in der Fremde sind und andere zu Fremden machen. Darum das Seufzen und das Stöhnen, die Stimme der Sehnsucht noch und noch. Weil wir ja doch nicht nackt dastehen wollen und können, weil so ja kein Mensch leben kann, in der Zugluft, ohne Liebe, ohne Hoffnung. Eben: so erbarmungslos nackt.

»Denn darum seufzen wir auch und sehnen uns danach, dass wir mit unserer Behausung, die vom Himmel ist, überkleidet werden, weil wir lieber nicht entkleidet, sondern überkleidet werden wollen, damit das Sterbliche vom Leben verschlungen wird«. Eine Behausung, die vom Himmel ist, damit das Sterbliche vom Leben verschlungen ist. Ist da nicht auf einmal ein anderer Ton? Mitten in der Stimme der Schwermut ein plötzlicher Anflug von Gewissheit? Ja, ist das Seufzen, das Stöhnen und das Schreien vielleicht selbst schon die Therapie? So, wie ich bei dem, der tief in Apathie und Depressionen sitzt, schon gewonnen habe, wenn er nur zu reden anfängt, mögen dies auch fürchterliche Verwünschungen und Selbstanklagen sein. Der weiterhelfende Moment des Angesprochenwerdens. Da ist eine wortlose Not, die zur Sprache kommt. Da ist eine Starre, die sich löst. Da ist ein Zustand, den ich aus mir hinaus und gen Himmel schreie. Mein Gott, so kann das doch nicht weitergehen, dass wir uns gegenseitig an den Kragen wollen, einander bedrohen und vernichten. So kann das doch nicht weitergehen, dass Menschen in aller Seelenruhe den Krieg der Sterne vorbereiten und wir nicht einmal darüber reden. So kann das doch nicht weitergehen, das wir nicht einmal einen kleinen Verhandlungsaugenblick lang nackt und wehrloser sein wollen als die anderen, und so erst recht nackt und jämmerlich sind in diesem ständigen Umschlag von Angst in Aggressivität. Wir haben es doch selbst erlebt, die Folgen. Ich kann die Tränen noch erinnern, die Tränen um Bruder, Verwandte, Freunde. Ich kann die Last der ungeweinten Tränen noch erspüren, der Tränen um Juden, Zigeuner, Kommunisten. Anders sind wir alle geworden durch die Geschichte, durch die wir gegangen sind. Anders zumindest in der Selbsterkenntnis, in der Sehnsucht, ja im Schrei. Wir wollen ja doch nicht nackt dastehen, nein, wir wollen und wir können es nicht.

Und nun wagt Paulus einen kühnen Satz. Ein Satz, der einem den Atem nehmen müsste, wenn man ihn je ganz verstünde. Ich meine den Satz: »Damit das Sterbliche vom Leben verschlungen wird«. Kühn und atemberaubend ist dieser Satz deshalb, denke ich, weil mir zuerst und zuletzt das Gegenteil im Blicke ist, dass das Leben im Sterben untergeht. Zu oft habe ich an Sterbebetten gesessen, bin hinter Särgen hergegangen, um das nun wirklich ganz genau zu wissen, wie da das Leben eines Menschen gegen den Tod angekämpft und in oft langen und bitteren Todeskämpfen am Ende immer unterliegt, die Seele in einem letzten Atemzug ausgehaucht. Und dass eines Tages auch mein eigenes Leben sich gegen den Tod nicht mehr zu wehren wissen wird und untergeht.

Paulus wagt den Gegen-Satz. Damit das Sterbliche vom Leben verschlungen wird. Ein ungeheurer Satz. Das Tote, das lebendig wird. Ein Mensch, der Augen in den Kopf bekommt, Ohren, ein Gefühl. Ein Kämpfer, der zum Friedensstreiter wird. Einer, den nichts erschüttern kann, wird zu einem, der sich bewegen lässt. Einer, der nur das lebt, was er vor Augen, in der Tasche hat, wird erfüllt von Glaube, Hoffnung, Liebe. Kommt in Bewegung, wird ein anderer. Geht in den Tod hinein und wird gehalten. Kraft der Auferstehung Jesu Christi von den Toten ist das um uns, in uns, mit uns. Das Sterbliche wird verschlungen in das Leben.

Wenn man all dies noch eine Weile in sich nachklingen lässt, so findet es, denke ich, sein Echo. Mein Eindruck ist, dass wir alle ein

Stück dadurch verändert sind, dass wir glauben. Sicher nicht in dem Maße, wie wir es uns selbst manchmal wünschen würden. Der Geist, den wir erhalten haben, ist mit den Paulusworten ein Arrabon, eine Anzahlung auf das Ganze. Nicht viel ist es manchmal, die anderen merken es am schnellsten. Und dennoch, man kann es ja nur von sich selber sagen. Ich denke, ich wäre ein ganz anderer Mensch, wenn ich nicht glauben würde. Die Andersartigkeit des Glaubenden besteht aber vermutlich genau darin, dass er das Elend dieser Welt in sich wachhalten kann, weil er um deren Bestimmung weiß. Es ist der Glaubende, der diesen Satz spricht. »Wir wollen ja doch nicht nackt dastehen«. Die Scham, die Trauer, die Wut über die Erbärmlichkeit menschlicher Existenz, die kaum ausgesprochen werden, und dies im Angesicht des Lebens.

So lasst uns am Volkstrauertag wirklich Trauerarbeit leisten. Uns das Elend vergangener, gegenwärtiger und möglicher künftiger Vernichtung vor Augen halten lassen. Nein, wir werden das Angesicht dieser Erde nicht verändern. Gott ist es, der uns dazu bereitet hat, hinein mit uns in diese Bewegung vom Tod zum Leben. Damit das Sterbliche vom Leben verschlungen wird. Nackt sind und sind wir, aber mit Sehnsucht, mit Hoffnung, mit Gewissheit und mit Glauben.

Volkstrauertag – 18. November 1984

Bettler sind wir

Dieser Psalm 139, von dem ich nur den Anfang gelesen habe, das ist ein unzeitgemäßer Text. Und unzeitgemäße Gestalten sind die Figuren von Ernst Barlach, über die ich mit Ihnen einen Augenblick lang zum Abschluss dieser Ausstellung in der Marktkirche nachdenken möchte. Vielleicht liegt es an dieser Unzeitgemäßheit, dass viele Menschen, meiner Erinnerung nach, die Skulpturen wie die Dramen Barlachs in den Nachkriegsjahren nach 1945 am besten verstanden haben. Damals standen viele Menschen ohne Absicherung da. Ausgebombte, Flüchtlinge, Heimkehrer. Nur mit einem Koffer in der Hand, nicht wissend, wie es morgen weitergehen würde. Froh, noch einmal davongekommen zu sein die einen, bitter, zerstört die anderen. Sozusagen auf dem Nullpunkt unserer Existenz. Ausgesetzt. Da war es als tägliche Erfahrung zu spüren, dass das menschliche Leben samt der Verstrickungen der Weltgeschichte hineinsteht in eine andere Existenz. Ja, dass unsere Alltagserfahrungen bestimmt, gelenkt, hinterfragt werden von einer Dimension, die man nicht sieht. Die man in solchen und anderen Augenblicken spürt. Die man verdrängen und vergessen kann und die im Unbewussten doch als Ahnung da ist, dass sie eines Tages wieder massiv mein Leben bestimmen wird. Es ist die Erkenntnis, die der Psalm aus-

spricht. Dass man von Menschen nicht reden kann, ohne von Gott
zu reden. »Herr, du erforschest mich und kennest mich«. Und auch
die andere Erkenntnis ist damit verbunden. Dass man von Gott
nicht reden kann, ohne vom Menschen zu reden. Seit der Menschwerdung des Gottessohnes, seit der Geburt, dem Leiden und der
Auferstehung Christ ist das unumkehrbar so. Diese Grunderfahrung,
dass das Sichtbare und Unsichtbare aufeinander stoßen, nein, dass
sie ineinander hineinstehen. Das ist die existentielle künstlerische
Grunderfahrung auch von Ernst Barlach. Das macht wohl auch das
Unzeitgemäße aus, das ihn doch immer wieder von Zeit zu Zeit verstärkt aktuell sein lässt. Diese Erfahrung, mit der man immer erst
am Anfang ist. »Diese Erkenntnis ist mir zu wunderbar und zu hoch,
ich kann sie nicht begreifen«.

Da schreibt Ernst Barlach noch vor dem 1. Weltkrieg 1912 sein
zweites Drama »Der arme Vetter«. Die Geschichte des jungen Mannes Hans Iver ist es, den der Eindruck des Unbedingten, die Jenseits-
erfahrung gepackt hat, der unter den Banalitäten des alltäglichen
Lebens und der alltäglichen Menschen nicht mehr heimisch werden
kann. Der daran zugrunde gehen wird. Siebenmark – nomen est
omen –, der Verlobte des Fräulein Isenbarn, die als Einzige ihn versteht. Siebenmark ist der besondere Exponent dieses dünkelhaften
Philistertums. »Habe Sie nicht manchmal Momente«, so schreibt
Hans Iver dem Siebenmark, »wo Sie, verarmter Vetter, den hohen
Herrn in seinem Glanz vorüberfahren sehen? Das heißt: Sie spüren's in sich, als käme Ihnen etwas nahe von dem ein Verwandtes
zu sein Ihnen wissbar ist. Und das Herz stockt Ihnen. Sie schnappen
nach Luft und Sie brüllen wie ein Vieh auf in Ihrem Elend. Sie, Herr
Siebenmark, brüllen Sie nicht auch manchmal über Ihr Elend?« Aber
Siebenmark kennt solche Beschwerden nicht. Mit ihm zusammen
haben viele vergessen, woher sie kommen und wer sie sind. Dass der
»Arme Vetter« der »Arme Vetter Gottes« ist.

Die Ausstellung »Lost Paradise Lost« in der Marktkirche und
in den anderen Kirchen hat für mich einen heimlichen Mittelpunkt. Wahrscheinlich wird es für jede und jeden von Ihnen ein
anderes Zentrum sein. Für mich ist es die Gestalt des blinden Bettlers auf Krücken von Ernst Barlach in dieser Kirche. Ich bin aus
einem anderen Anlass vor 14 Tagen in Lübeck gewesen und ein

Besuch in Lübeck ohne einen Gang vor die Katharinenkirche ist für mich undenkbar. Klein sehen sie dort oben aus, die drei Figuren aus der »Gemeinschaft der Heiligen«, die Ernst Barlach schließlich in Klinkerbrand fertiggestellt hat. Der Bronzeguss des »Bettlers« wirkt gewaltig. Erdensschwer. Ganz von dieser Erde ist er, die Krücken fesseln den Mann geradezu an den Boden. Dieser Mensch wird nicht eilig laufen und hurtig springen. Er wird sich nicht in die Lüfte erheben können. Und dennoch: Sein Gesicht ist schräg nach oben gewandt. Blind, und doch sehend. Stumm und doch redend, niedergedrückt und doch lauschend auf eine andere Stimme, eine andere Welt. »Herr, du erforschest mich und kennst mich. Ich sitze oder stehe auf, so weißt du es«. Dieser Bettler, wie Barlach in seinem »Selbsterzählten Leben« schreibt, diesem großartigen Buch, das ihn auch als einen großen Erzähler ausweist. »Diese Bettler, die mir Symbole für die menschliche Situation der Blöße zwischen Himmel und Erde waren«. Nicht einfach eine Demutshaltung ist das. Die Dialektik von Elend und Größe ist mit zu bedenken. Es sei des Menschen Würde, Gottes zu bedürfen, hat Blaise Pascal gesagt. Ganz Mensch, ganz eine menschliche Gestalt in der Hinfälligkeit des Irdischen ist der Bettler, und doch umweht von einer anderen Wahrheit. Menschliche Existenz pur, zwischen Erde und Himmel ausgespannt.

In der Gestalt des blinden Bettlers auf Krücken ist das am deutlichsten vermieden, was Barlach manchmal bei der Aufführung seiner Dramen kritisierte: »Wenn sie es nur nicht immer so aufgekratzt symbolisch machen würden! Ganz einfach müssen sie es bringen. Der Herr ist nichts anderes, als, wie es auf dem Zettel steht, ein ›Herr‹. Das Symbolische versteht sich von selber«. Solchen Versuchungen erliegt Barlach, wie ich denke, manchmal selbst. Zu sehr Symbolik ist manche Plastik, zu sehr Metapher. »Die Flamme« beispielsweise. Und die Entheroisierung des Kriegstodes wie auch die Internationalisierung des Gedenkens, das neben dem deutschen auch des französischen und des britischen Soldaten gedenkt, ist in unser Bewusstsein eingegangen, dass man den Riesenskandal um das Magdeburger Ehrenmal kaum noch verstehen kann. Aber der blinde Bettler, das ist einer von dieser Welt, wie sie auch hier vor dem Portal der Marktkirche stehen. Und doch zugleich eine Gestalt einer anderen Welt. »Es hat der Geist sein Gleichnis in der Form erkoren«.

Auf dieses Wort seines Dichterfreundes Theodor Däubler hat sich
Ernst Barlach immer wieder berufen.

Einen letzten Schritt möchte ich in der Betrachtung der Skulpturen Barlachs und in der Vergegenwärtigung seines Denkens noch
gehen, und in diesem Schritt lässt Barlach die Theologie seiner Zeit
und sicher auch unsere eigene Glaubenswahrnehmung ein ganzes Stück weit hinter sich. Wer so wie Barlach das Schicksal des
Menschen an die Erfahrung Gottes und die Erkenntnis Gottes
an das Schicksal des Menschen knüpft, spricht mit der Krise des
Menschen auch die Krise Gottes in der Perspektive menschlicher
Erfahrung an. Nur wenige Jahre vor der Gestaltung der Skulptur
des »Blinden Bettlers auf Krücken« hat Barlach sein Drama »Die
Sündflut« geschrieben. »Was ist das für ein Gott?« fragt Barlach,
der seine Schöpfung widerruft, weil sie ihm nicht gefällt? In der
Tragödie der Menschheit ist die Tragödie Gottes ins Auge gefasst,
der sich gezwungen sieht, seine Welt zu vernichten. Und durch die
Geschichte von Noah und seinem Gegenspieler Calan geht eine sich
verändernde Erscheinung, von der die Engel sagen. »Wir kennen
dich in jeder Gestalt, wir finden dich an jedem Ort«. Als ein vor-
nehmer Reisender erscheint Gott auf dieser Erde am Anfang und am
Ende dann – als Bettler. Und es ist ja keine Frage, dass jede Mensch-
heitstragödie, die es in persönlicher oder in umfassender geschichtlicher Erfahrung gibt, die Frage nach der Glaubwürdigkeit Gottes
stellt. Wo war Gott, wo und wer ist er, wenn es ihn denn gibt? Sich in
Gott hineinstürzen, mit ihm eins werden. Er mit meiner Niedrigkeit,
ich mit seiner Herrlichkeit, ist die eine Antwort, die Ernst Barlach in
seinem Drama der Sündflut gibt. Sich an den Gott halten, der auch
in Christus in den Tiefen des Lebens an unserer Seite ist: Das ist die
andere Antwort. Beide Antworten sind Aufforderungen, die Anker
weit ins Unbekannte hinauszuwerfen. Und so mag es wohl sein,
dass der »Bettler auf Krücken« und die beiden anderen Figuren des
Lübecker Fries Gestaltungen der grundlegenden Bestimmtheit des
Menschen sind. Die »Frau im Wind«, die sich dem Sturm aussetzt,
von dem du nicht weißt, woher er kommt und wohin er geht und
der zur Chiffre für den Geist Gottes wird. Der »Singende Kloster-
schüler«, dessen Existenz die Hingabe an das Loben der Schöpfung
ist. In der Mitte der blinde Bettler, der Unsagbares sieht und hört

und empfängt. Aber wird es nicht doch so sein, in der für Barlach unlösbaren Beziehung zwischen Mensch und Gott, dass die drei Gestalten des Figurenfries von Lübeck auch Erscheinungen dessen sind, denen Barlach in einer eigenen Holzschnittfolge unter dem Titel »Die Wandlungen Gottes« auf die unfassbare Gestalt zu kommen suchte? Der Gott, der in so ständig wechselnder Gestalt in der Natur, in der Musik in Begegnungen und alltäglichen Erfahrungen, ja als Bettler durch die Zeiten geht? Den nur die, die ein Auge dafür haben, unter den Verhüllungen erkennen?

»Herr, du erforschest mich und kennst mich. Ich sitze oder stehe auf, so weißt du es. Von allen Seiten umgibst du mich und hältst deine Hand über mir«. Bleiben wir am Ende dabei, die Barlach'schen Gestalten als Ausdruck menschlicher Selbsterforschung zu verstehen. Eine Identitätsbestimmung ist es, die die Bruchstellen individueller und geschichtlicher Erfahrungen kennt, aber die Gottesbeziehung nur als unablösbar vom Sein des Menschen betrachten kann. Einer offenen, einer nie abgeschlossenen Identitätsfindung ist hier Stimme und Gestalt gegeben. »Das Ich ist ein Anderer« hat der jüdische Philosoph Emmanuel Levinas gesagt. Das Ich, das ein anderes in sich aufnimmt und gastlich bei sich wohnen lässt, wird ein anderes werden. Verletzungen wie Schönheit, ja, wie Gottesgegenwart, brechen die selbstgenügsame Identität des Menschen auf. In diesem Aufschließen des Menschen für das ganz andere sind sich Psalm 139 und Ernst Barlach bei all ihrer sonstigen Verschiedenheit sehr einig. Auch in der Zuversicht, dass wir diese Spur im Vertrauen auf die Güte Gottes und seiner Schöpfung letztlich doch getrost verfolgen können. »Ja, Herr, ich sehe«, sagt Awah (Eva) in der »Sündflut«, die schöne, die von dem Engel wachgeküsst ist. »Wir werden leben. Der Rabe fliegt, die Taube fliegt, der Berg der Rettung ragt über der Flut«. Land ist in Sicht, die Spur des Lebens ist zu erkennen. Und das Wort der alten lateinischen Abendmahlsliturgie macht Mut für solche Zukunft: Grandis nobis restat via. Ja, Bettler sind wir vielleicht alle. Aber einen großen (grandis), einen weiten Weg haben wir noch zu gehen.

Meditation über Skulpturen von Ernst Barlach in der Marktkirche Hannover – 12. November 2000

Rundfunkandachten

Nachts schlafen die Ratten

Liebe Hörer, wie geht es zu, wenn ein Mensch sich verändert, wenn er einen neuen Anfang findet? Ich möchte Ihnen dazu eine Geschichte erzählen.

Da ist ein sommerlicher Spätnachmittag in den Trümmern des zerbombten Hamburg. Inmitten ein neunjähriger Junge. Ein Mann steht überraschend vor ihm. Er hat ein Messer in der Hand und einen Korb. Und Erde an den Fingerspitzen. »Du schläfst wohl, was«, fragte der Mann. Der Junge: »Nein, ich schlafe nicht, ich muss aufpassen«. Der Mann nickte: »So, dafür hast du wohl den großen Stock da«. – »Ja«. »Worauf passt du denn auf. Auf Geld, was«? – »Nein, auf Geld überhaupt nicht«. Der Junge schwieg und sagte es nicht. Der Mann hatte Futter im Korb für seine Kaninchen. Er sagte zu dem Jungen. »Du kannst sie sehen. Viele sind noch jung. Willst du?« – »Ich kann doch nicht. Ich muss doch aufpassen«, sagte der Junge unsicher. »Immerzu?«, fragte der Mann, »nachts auch?« – »Nachts auch. Immerzu, immer«. – »Schade«, sagte der Mann und drehte sich um. »Wenn du mich nicht verrätst«, sagte der Junge schnell, »es ist wegen der Ratten«. »Wegen der Ratten?« – »Ja, die essen doch von Toten. Da leben sie von«. – »Wer sagt das?« – »Unser Lehrer« – »Und du passt nun auf die Ratten auf?«, fragte der Mann. »Auf die doch nicht«. Und dann sagte der Junge leise: »Mein Bruder, der liegt nämlich da unten« Er zeigte mit dem Stock auf die zusammengesackten Mauern. »Unser Haus kriegte eine Bombe. Er ist viel kleiner als ich. Er ist vier. Er muss ja noch hier sein«.

Der Mann sah von oben auf den Jungen und sagte plötzlich: »Ja, hat dein Lehrer euch denn nicht gesagt, dass die Ratten nachts schlafen?« »Nein«, flüsterte der Junge, »das hat er nicht gesagt«.   »Na«, sagte der Mann, »das ist aber ein Lehrer. Nachts schlafen die Ratten doch. Nachts kannst du ruhig nach Hause gehen. Weißt du was? Jetzt füttere ich schnell meine Kaninchen, und wenn es dunkel wird, hole ich dich ab. Vielleicht kann ich eins mitbringen. Ein kleines, oder was meinst du?« »Ich weiß nicht«, sagte der Junge, »wenn sie wirklich nachts schlafen. Aber wenn ich eins kriegen kann, ein Kaninchen?« – »Ich will mal versuchen«, ruft der Mann schon im Weggehen. »Ja«, ruft der Junge, »ich warte. Ein Weißes vielleicht«.

Was ist da passiert, liebe Hörer, in dieser Geschichte, die Wolfgang Borchert geschrieben hat? Ein Junge lag in einem staubigen Trümmerloch und bewachte seinen Bruder. Eine Aufgabe, viel zu groß für diesen kleinen Mann. Und nachher: Der Junge steht in der Abendsonne und wartet auf den Mann mit dem Korb. Ein Junge verbrachte seine Zeit in einem sinnlosen Kampf gegen den Schlaf und gegen die Ratten. Und nachher? Der Junge hat eine Aufgabe. Er wird für ein Kaninchen sorgen. Er wird ihm einen Stall bauen, er wird Futter sammeln, sein weißes Fell streicheln. Das alles bedeutet doch: Ein Mensch ist neu geworden.

Leicht gesagt, können Sie einwenden, das mit dem Neu-Werden. Der Junge hätte noch lange mit dem Stock die Ratten jagen können, wenn nicht der Mann mit dem Korb gekommen wäre. In der Tat. Der Mann war nicht nur freundlich mit dem Jungen. Er war einfach unersetzbar. Denn er hat dem Jungen eine Chance zum Neuanfang gegeben. Er hat das Zwangsritual der endlosen Rattenwachen durchbrochen, als er sagte: »Nachts schlafen die Ratten doch«. Nachts kannst du ruhig nach Hause gehen. Der Mann hat diesen Satz gewagt. Obwohl die Ratten nachts wach sind. Obwohl sie herumlaufen und an den Toten nagen.

So ist das mit dem Neu-Werden. Einer gibt dir eine Chance. Einer spricht mich von meiner Vergangenheit los. Einer sagt. »Ich hätte eine Aufgabe für dich«. Einer gibt mir Selbstvertrauen. Bekommen wir Chancen? Geben wir Chancen?

»Ja«, rief der Junge, »ich warte. Wir haben noch Bretter zu Hause. Kistenbretter für den Stall«. »Ja«, rief er ihm nach, »ich warte bestimmt.«

Rundfunkandacht im NDR/WDR – 7. August 1972

Eine wahre Geschichte

Liebe Hörer, ich möchte Ihnen eine Geschichte erzählen, die mich sehr betroffen hat. Es ist eine traurige, aber im letzten doch eine tröstliche Geschichte, und darum möchte ich sie weitergeben.

In dem Lastwagen hocken eingepfercht die kleinen Judenkinder, ungefähr drei Dutzend. Fenster und Türen sind luftdicht verschlossen. Der Fahrer hat vorhin einen Hebel betätigt, die Abgase des Motors strömen in das Wageninnere. Er kennt das schon. Nach einer Weile schaltet er den Lautsprecher ein, ob da hinten noch geredet wird. Oftmals hört er verzweifelte Schreie. Eine Kinderstimme: »Fahren wir nach Hause«? Eine Männerstimme: »Ja«. Ein anderes Kind: »Ob meine Puppe noch da ist?« – »Ich glaube« – Noch einmal ein Mädchen: »Erzähl uns eine Geschichte«. Pause. Dann. »Als ich so alt war wie ihr, mochte ich abends nie einschlafen. Mir war bang vor dem Dunkel. Aber bei mir saß meine Mutter. Sie versprach mir immer etwas. Einmal sagte sie: Träume, die wären ein wunderbares Land. Und je eher ich meine Augen schlösse, umso eher wäre ich in diesem Lande. Der Mann unterbricht sich. Er hustet. »Na endlich«, denkt der Fahrer, »zähe Typen«. Doch jetzt hört er wieder die Stimme. »Ich habe mich später Abend für Abend auf meine Reisen ins Traumland gefreut. Was meint ihr, was es alles da zu sehen gab und zu spielen! Selbst feindliche Tiere wohnten wie Freunde beisammen. Löwen und Lämmer, Katzen und Mäuse. Einmal traf ich auf der Traumreise einen Kirschbaum, in dessen grünem Laub es überall knallrot leuchtete. Ich wusste nicht, wie ich die Kirschen erreichen sollte. Mir fiel mein Luftballon ein. Ich blies ihn auf, so dass er groß und schön wurde. Ich aber, ich wurde ganz leicht und stieß mich ein wenig ab vom Boden und schwebte zwei, drei Meter mit dem Ballon in die Luft und suchte mir den besten Platz in den Ästen des Kirschbaums. Bis heute kann ich die Aussicht und den Geschmack nicht vergessen. Schlaft auch jetzt, Kinder«, sagte der Mann matt, »das Traumland ist nie weit, wenn man müde ist und gute Gedanken hat«

Der Fahrer schüttelte den Kopf: »Selbst im letzten Augenblick bescheißt der Kerl die Leute noch«.

Eine Stunde später werden die kleinen Kinder und der Mann in eine Grube gekippt. Ein Vorgesetzter brüllt den Fahrer an: »Wie

kommt der Mann in den Wagen? Wir brauchen Ärzte, du Vollidiot!«
»Er muss sich eingeschlichen haben, er hat den Kindern was vor-
gelogen, vom Traumland und so.«

Liebe Hörer, was ist eine wahre Geschichte? Das fragt der Erzähler. Da ist der Mann vorne im Führerhaus. Für ihn ist die ganze
Geschichte von vorne bis hinten erlogen. Da sind die Kinder hinten auf dem Wagen. Sie werden mitgerissen von der Schönheit der
Geschichte, fliegen mit bunten Luftballons in ein Traumland mit
weiter Aussicht und herrlichen Kirschen. Alles andere bleibt weit
dahinten, der dunkle Wagen, die Angst, das unbestimmte Ziel. Eine
leichte Sache, mit erfundenen Geschichten kleine Kinder zu trösten?
Das Entscheidende ist nicht, was der Mann sagt, sondern was er tut.
Er steigt zu ihnen auf den Wagen, obwohl er das Ziel kennt. Er fährt
mit ihnen und indem er das tut, wird der Ring der Verlassenheit und
Einsamkeit und der Angst rund um die Kinder aufgesprengt. Er sitzt
bei ihnen, wie früher die Mutter an ihrem Bett saß und entführt sie
in ein Traumland des Friedens und des Glücks, in dem selbst die
feindlichen Tiere miteinander spielen. Obwohl doch das Gas strömt.
Obwohl es die letzte Fahrt ist. Das ist wohl die äußerste Belastungsprobe für einen Menschen, der von einer anderen Welt weiß. Und
das, was ich meist nur vom Hörensagen kenne, entdecke ich hier im
Vollzug: Nachahmung Christi. Ja, in dem Tun dieses Mannes meine
ich, das Angesicht Christi zu entdecken, und es spricht zu mir von
Solidarität. Hier wird das selbstlose Opfer der Liebe nachvollzogen,
wie es in Christus erbracht wurde. Dass es Geschichten wie diese
gibt, macht mir Hoffnung für uns alle. »Fahren wir nach Hause?«
fragte die Kinderstimme: »Ich glaube, ja«, sagte der Mann. »Erzähl
uns eine Geschichte«.

Rundfunkandacht im NDR/WDR – 8. August 1972

Göttliche Traurigkeit

Sechsundsiebzig Jahre war er alt. Und wenn man ihn fragte, was er über sich selbst denke, dann räumte er ein, dass es mitunter schwierig sei, mit ihm zusammenzuleben. Er verabscheue Gefühlsausbrüche, Weibertränen und Kindergeschrei. Lärm und alles Unvorhergesehene sei ihm zuwider. Kurzum. Er war ein alter Egoist.

Es begann eigentlich damit, dass er einen Traum hatte. Es war ein unangenehmer Traum, wie ihn viele von uns kennen. Er träumte von seinem eigenen Tod. Er sah seinen Leichenzug, und dann gingen die Pferde durch und der Sarg kippte um. Aus den Trümmern ergriff ihn eine Totenhand und zog ihn unwiderstehlich zu sich. Voller Entsetzen erkannte er in dem Toten sich selbst. Schweißbedeckt wachte er auf und murmelte seinen Beruhigungsspruch. 76 Jahre sei er alt und eigentlich ginge es ihm ganz gut. Aber er nahm dann doch das Auto und nicht das Flugzeug für seine Reise.

Es wurde eine Reise in die Vergangenheit. Er kam an dem Haus vorbei, in dem er als Kind mit seinem Eltern und Geschwistern gewohnt hatte. Das alte Haus am Wald mit seinen vielen Erdbeerplätzen. Erinnerungen zogen auf. Ach ja, was war er doch für ein Junge gewesen mit seinen hochfliegenden Idealen und Plänen. Und dann die Geschichte seiner ersten Liebe mit der Cousine, die schließlich doch den Bruder heiratete. Ihm wurde warm ums Herz. An der nächsten Tankstelle lachte ihm ein großer blonder Mann aus einem breiten Gesicht entgegen. »Ja, ja, Herr Doktor, Sie fahren spazieren. Soll ich den Tank ganz füllen?« Er erkennt mich wieder, dachte der Mann. »Erinnern Sie sich? Sie haben mir doch auf die Welt geholfen wie meinen Brüdern. Und gesorgt haben Sie für uns, wie Sie es für alle getan haben, damals, als Sie hier Doktor waren«. Er weigerte sich hartnäckig, sich das Benzin bezahlen zu lassen. »Beleidigen Sie uns nicht, Herr Doktor, wir können auch großartig auftreten, auch wenn wir auf dem Dorf leben«. Ich hätte hier bleiben sollen, dachte der Mann. Es war eine Reise in seine Vergangenheit, in der er überall sich selbst begegnete. Und der alte Egoist mit seiner Abscheu vor Gefühlsausbrüchen, Lärm und Kindergeschrei lernte auf dieser Reise etwas kennen, was Paulus einmal die »göttliche Traurigkeit« genannt hat. Es ist die Traurigkeit über mich selbst, wenn ich mir begegne und wie in einem Spiegel erkenne, was aus mir geworden ist und was aus mir hätte werden können. »Göttlich« aber ist die Traurigkeit, wenn sie mich nicht den verpassten Gelegenheiten meines Lebens nachtrauern lässt, sondern der Anstoß wird zu etwas Neuem bei mir selbst.

Es hatte damit begonnen, dass der Mann in der Nacht von seinem eigenen Tod träumte. Es endet damit, dass aus dem alten Egoisten nach Ablauf eines Tages, ja, ein Mensch geworden war. Er hatte mit jungen Leuten Freundschaft geschlossen, die er in seinem Auto mitgenommen hatte. Er hatte zum ersten Mal mit seiner Schwiegertochter ein langes und persönliches Gespräch gehabt, in dem herauskam, was sie und seinen Sohn bedrückte. Und als der alte Mann abends in seinem Bett lag und träumte, da flossen diesmal Kindheit und die Ahnung des Endes ineinander. Da war sie wieder, die göttliche Traurigkeit, die auch den Abschied und das Ende kennt, die aber eingefasst und übergossen ist von Zuversicht und Heiterkeit. Er selbst schilderte seinen Traum so: »Ich schaute lange nach den Eltern, die auf der anderen Seite des Wassers saßen. Ich sah meine Brüder und Schwestern und Sara, die den kleinen Sohn im Arm hatte. Ich rief nach ihnen, aber sie hörten mich nicht. Ich träumte, dass ich am Wasser stand und über die Bucht hin rief, aber der laue Sommerwind trug den Ruf fort. Trotzdem hegte ich keinen Kummer, im Gegenteil, es war mir leicht ums Herz«.

Rundfunkandacht im NDR/WDR – 20. September 1973
»Wilde Erdbeeren« von Ingmar Bergmann war einer von Dannowskis Lieblingsfilmen.

Predigttexte

Personen

Filme